CHRISTIANE LEICHER

Die verborgenen Kräfte unserer Ahnen

Unheilsame Muster aus der Familie aufspüren und lösen

INHALT

VORWORT

*Unsere Vorfahren wirken in uns weiter,
mal hilfreich und oftmals bremsend. Doch wir können entscheiden,
wie wir damit umgehen.*

Piraterie, Drogenhandel, Verbrechen, verbotene Liebschaften, Waffenhandel, okkultes Priestertum, Kriegsverbrechen, kriminelle Machenschaften, Intrigen, Geheimbünde, Morde, Abtreibungen, Kuckuckskinder, Vergewaltigungen: Was auch immer bei unserer Ahnenvielfalt von sieben bis neun zurückliegenden Generationen geschah (so lange reichen die Übernahmen mindestens), ist in uns, in unserem Unterbewusstsein, gespeichert – tief, geheimnisvoll, unentdeckt. Wie ein Schatten. Stark beeinflusst werden wir außerdem von den Glaubenssätzen, Überzeugungen und Prägungen, die unsere Ahnen aus ihren Erfahrungen gewonnen haben. Und genau das kann ziemlich bremsend sein. Es kann uns davon abhalten, das zu leben, was wir eigentlich leben wollen. Es kann uns daran hindern, unser Potenzial zu entfalten und ganz wir selbst zu sein.

Wir tragen die Informationen vieler Generationen in uns, sie sind in unserem Unterbewusstsein wie in unserem Zellgedächtnis gespeichert und steuern maßgeblich unsere Gefühle, Gedanken und Handlungen. Wenn ich mit dem Titel dieses Buches von den verborgenen Kräften unserer Ahnen spreche, beschreibt das treffend, wie wenig wir von den Lebensumständen unserer Vorfahren wissen, deren Auswirkungen wir dennoch bis heute zu spüren bekommen. Das meiste davon liegt für uns im Dunkeln, weil schon allein der Detailreichtum jeden Chronisten überfordern würde. Aber oft handelt es sich auch um Informationen, die aus guten Gründen bewusst verschwiegen wurden. Gerade diese Gegebenheiten sind es jedoch, die einen prägenden Einfluss auf das Leben damals und – wie mittlerweile auch wissenschaftlich bewiesen werden konnte – heute haben. Schlagen sich doch vor allem Traumata, extreme Lebensumstände sowie Verhaltensweisen und so weiter nicht nur massiv im Energiefeld nieder, das uns alle umgibt und durchdringt, sondern ebenso in der (epi)-genetischen Struktur, sodass sie generationenübergreifend unterschwellig präsent bleiben.

ZURÜCK ZUR EIGENEN KRAFT

Ursprünglich und in unserem tiefsten Wesen sind wir alle von Ruhe und Gelassenheit, von Vertrauen und bedingungsloser Liebe erfüllt. Doch wir haben unser »wahres Wesen« im Laufe unseres Erdendaseins mit Mangelempfinden, Angst und weiteren negativen Gedanken und Mustern überfrachtet und irgendwann ganz vergessen. An dieser Stelle kommt die Ahnenarbeit, wie ich sie verstehe und Ihnen hier vorstellen möchte, ins Spiel: Je mehr wir nämlich von den über Generationen hinweg überlieferten und übernommenen negativen Angst- und Mangelprogrammen erkennen und auflösen, desto mehr kommen wir zurück in unser ursprünglich heiles Grundgefühl entspannter Gelassenheit. In der Folge erleben wir wieder die Fülle, das Glück und die Liebe in unserem Inneren wie auch in unserem Umfeld. Bringen wir Licht in die verborgenen Kräfte unserer Ahnen, wird unser ganzes Leben heller.

Dann können wir die Dinge um uns herum sein lassen, wie sie sind. Wir können sie erst einmal annehmen und »bei uns« bleiben. Aus unserer Mitte heraus können wir klarer erkennen, was wir tun müssten, um eine positive Veränderung in unser Leben einzuladen. Zentriert und klar können wir auch die subtilsten Mangel- und Angstprogramme in uns noch besser erforschen und ihnen zu Leibe rücken. Wir beginnen, die Reihen unserer Ahnen als Kraftquelle und nicht mehr als Bremse und Last zu empfinden, und kommen in unsere eigene ursprüngliche Kraft.

Es ist mein inniges Bestreben, Ihnen diese Möglichkeit zu vermitteln. Es war eine innere Stimme, die mich wiederholt dazu aufforderte, und ich hatte sie lange genug ignoriert, bis mich sogar einzelne meiner Mitmenschen, speziell ein lieber Freund, anhielten, mir selbst an den Fersen zu bleiben und dieses Buch endlich zu schreiben. Und hier ist es nun.

Es ist ein Weg. Ahnenarbeit tut sich nicht über Nacht. Doch von Anfang an ist sie befreiend und macht Sie stärker.

Ich möchte Sie einladen: Haben Sie den Mut, zumindest mit einer der in diesem Buch angesprochenen Thematiken in Ihrem System gute und heilsame Erfahrungen zu machen! Dazu ist es entscheidend, erst einmal die Aspekte zu identifizieren, die Sie möglicherweise daran hindern, Ihre eigene Ihnen innewohnende Schönheit zu erkennen und Ihr Potenzial zu leben. Das scheint am Anfang etwas mühsam zu sein, denn es handelt sich ja um verdrängte Erfahrungen, die wir »wegzuschieben« versucht haben, eben weil wir sie als zu schmerzhaft, als zu angsterregend empfanden. Der Lohn ist die Mühe aber allemal wert, denn nach dem Erkennen eröffnen sich Ihnen Möglichkeiten, die Sie sich vielleicht in Ihren kühnsten Träumen nicht haben vorstellen können. Das wird Sie sicher dazu ermutigen, weiter auf diesem Weg voranzuschreiten und so in immer mehr Bereichen Ihres Lebens Klarheit und ein grundlegendes Gefühl des Gutseins zu gewinnen.

Dabei wünsche ich Ihnen von ganzem Herzen viel Erfolg!

Ihre Christiane Leicher

DURCH AHNENARBEIT ZU WAHRER KRAFT

Können Jahrtausende wechselvoller Menschheitsgeschichte spurlos an uns vorübergegangen sein? Es ist eine Geschichte, die unsere Vorfahren hautnah miterlebten. Ohne einen genauen Blick auf das epigenetische Erbe unserer Ahnen können wir daher kaum kraftvoll und frei sein.

UNFASSBAR VIELE FACETTEN

»Jeder Mensch ist eine kleine Gesellschaft.«

NOVALIS

Kennen Sie das? Sie träumen von einer Südseeinsel, von Schlachtfeldern oder von irrealen Vorgängen, die mit Ihrem jetzigen Leben auf den ersten Blick nichts zu tun haben. Sie verspüren Gelüste, Neigungen, Sehnsüchte, Befindlichkeiten, Eigenarten in sich und haben keine Ahnung, woher sie wohl kommen könnten – haben Sie doch ganz biedere und brave Eltern gehabt. Oder Ihre Eltern waren völlig ausgeflippt und Sie sind so brav geraten, vielleicht sogar ängstlich, Sie trauen sich keinerlei Verhalten zu, das auch nur im Entferntesten von der Norm abweicht. Auf welche Art auch immer, Sie denken manchmal, Sie seien völlig aus der Art geschlagen.

Vielleicht können Sie mit Ihren Eltern wenig anfangen, Sie fühlen sich bei ihnen »gefangen«. Sie stoßen Sie ab, gleichzeitig bewundern Sie sie und fühlen sich bei ihnen geborgen. Vielleicht empfinden Sie sich in vielerlei Hinsicht als von ihnen unverstanden, gleichzeitig sind sie die Einzigen, die Ihnen Halt geben.

Bei solchen Entdeckungen fragen wir uns: Was sind das für verschiedene Strömungen in mir? Woher kommen sie? Wer bin ich eigentlich? Woher komme ich? Woraus ist der Stoff meiner Träume? Wie entstehen meine inneren Befindlichkeiten? Habe ich Angst vor meinen verrückten Träumen, Wünschen, Ideen, vor meinem tiefen Verlangen in mir, vielleicht ganz anders sein zu wollen, als mein Umfeld es anscheinend verlangt? Was beeinflusst mich so? Warum fühle ich mich so unfrei, so getrieben, so ferngesteuert? Wieso kann ich nicht aus meiner Haut?

Fragen über Fragen, die sich uns hier stellen können. Als ich angefangen hatte, die Geheimnisse wie auch die bekannten Ereignisse, die Überzeugungen, Glaubenssätze und Gedankenformen meiner Ahnen in mir zu erkennen und zu entschlüsseln, konnte ich für vieles eine Erklärung und daraufhin fast immer auch eine Lösung finden. Es war tatsächlich oft so, dass ich die von mir unbewusst übernommenen Befindlichkeiten, Gefühle, Erfahrungen, Programmierungen und Aktivitäten meiner Ahnen zum Teil auf den Tag genau wiederholte. Hinter solche Geheimnisse zu kommen, das ist der Weg zur Freiheit, zu dem ich Sie hier einlade.

SCHRITT FÜR SCHRITT DIE GEHEIMNISSE LÜFTEN

Jetzt werden Sie vielleicht einwenden: »Aber ich weiß doch kaum etwas über meine Ahnen. Wie soll ich da einzelne Geschehnisse, geschweige denn Geheimnisse entschlüsseln und Schatten erhellen?« Nun, Sie können es langsam angehen lassen. Wenn Sie mit den Methoden, die ich Ihnen hier vorstelle, zu arbeiten beginnen, werden Sie wahrscheinlich erstaunt sein, wie viel Sie tatsächlich über Ihre Vorfahren wissen. Zumindest geht das den meisten von uns so. Da gibt es so viele Erzählungen aus der Familie, die Sie vielleicht von klein auf immer wieder gehört haben. Außerdem können Sie sich bei passender Gelegenheit im Verwandtenkreis erkundigen. Unsere Angehörigen wissen oft deutlich mehr über unsere Ahnen, als sie von sich aus äußern würden. Auch im Internet kann man erstaunliche Einzelheiten erfahren. Ganze Kirchenbücher, Standesamt-Eintragungen und so weiter sind dort online einsehbar. Darüber hinaus ist das gesamte, auch das geheime, nicht weitergegebene Wissen ja in jedem von uns im Unter- beziehungsweise Zellbewusstsein gespeichert und abrufbar. Wenn Sie diesen Weg verfolgen, können

Sie durch Ihre eigene Aktivität zum Meister, zur Meisterin Ihres Lebens werden. Wie Sie dabei vorgehen können, erkläre ich in diesem Buch.

Wenn Sie beginnen, Ihr Genogramm – Ihren Stammbaum – aufzustellen, wird bereits sehr viel ans Tageslicht kommen, das Ihnen bislang nicht so bewusst war. Nach und nach können Sie dann aber auch an die wirklichen Geheimnisse in Ihrer Familie herankommen. Geheimnisse entstehen meist aus der Angst heraus, für etwas bestraft oder verurteilt zu werden. Die Furcht, dass man entdeckt, an den Pranger gestellt, aus der Familie ausgeschlossen wird oder das Ansehen verliert, ist ganz oft ein Motiv für die Geheimhaltung. Scham und Moral, Stolz, Ego und Eitelkeiten sind weitere Ursachen für Geheimnisse. Gerade die Generationen vor uns mussten sich noch deutlich mehr den Geboten der Kirche, der Gesellschaft und des politischen Systems fügen und oft schlimme Zeiten durchleben.

In den Kriegen wurden zum Beispiel deutlich mehr Frauen vergewaltigt, als wir vielleicht annehmen. Wurden sie dabei geschwängert, wählten viele die Option, das Kind ihrem Ehemann »unterzuschieben«, allein um der Schmach zu entgehen, als »unrein« zu gelten oder sogar verstoßen zu werden. Ein solches Geheimnis um den wirklichen Vater oder Großvater ist eines der vielen, die möglicherweise in uns gespeichert sind.

Manchmal gibt es so ein ungewisses Gefühl, wenn es um die Eltern oder ihre Vorfahren geht. Einer solchen Spur lässt sich folgen.

Viele Geheimnisse haben ihren Ursprung in den Kriegserfahrungen unserer Ahnen, die, oft um selbst zu überleben, grausame Handlungen begangen haben oder miterleben mussten. So kann es sein, dass wir bei den unterschiedlichsten Aktivitäten ein merkwürdiges subtiles Schuldgefühl, Unwohlsein oder Angst verspüren, obwohl wir uns überhaupt keiner Schuld bewusst sind, und ganz sicher haben wir auch keine grausame Tat begangen.

Fahnenflucht, Verrat, Duldung von Unrecht, Anklagen, verschwörerische Pakte, Intrigen, Gewalt – dies alles sind Geschehnisse, die unsere Ahnen bestimmt nicht an die große Glocke hängten. Trotzdem sind solche Ereignisse als Informationen im Unterbewusstsein der Nachfahren gespeichert. Alles, was je geschah, geglaubt und gedacht wurde, ist als Information, als feinstoffliche Energie in dem kosmischen Feld gespeichert, in dem wir Menschen leben. Dies und die Angelegenheiten, die uns individuell betreffen und in unserem Zellbewusstsein archiviert sind, unterliegen dabei keinerlei Wertung. Das bedeutet, dass sie ähnlich wie bei der Festplatte Ihres Computers einfach aufgenommen werden, ohne eine Kategorisierung nach moralischen oder sonstigen Kriterien zu erfahren. Die Wertung erfolgt durch unser Herz und unseren Verstand.

Über das bereits Erwähnte hinaus gibt es meist auch viele bekannte und gar nicht »geheime« Ereignisse im Leben unserer Vorfahren, die uns blockieren können. Ein zu früher Tod in der Ahnenreihe kann zum Beispiel bei uns bewirken, dass wir eine unerklärliche, aber tiefe »Überlebensschuld« empfinden. Sich dieser Zusammenhänge bewusst zu werden reicht meist schon aus, um das ungute Gefühl nachhaltig aufzulösen.

DER AUFWAND LOHNT SICH

Selbstredend gab es auch günstige bis glückliche Umstände und positive Aktivitäten im Leben unserer Ahnen, die ebenfalls auf uns und in uns wirken. Sie geben uns Rückendeckung und Stärke. Diese Prägungen wollen wir natürlich nicht überwinden, sondern sie nutzen und uns mit ihnen verbinden.

Das Ganze ist mit einem gewissen Aufwand verbunden. Doch haben wir erfolgreich ein wenig »gebuddelt« und nach der hier vorgestellten Methode unsere Ahnenreihe ein Stück weit erkundet, gehen uns immer mehr Lichter auf, die sich zu einem regelrechten Kronleuchter der Erkenntnis und Erleuchtung auswachsen können. Die Unklarheit, die von inneren Schatten und Geheimnissen herrührt, wird in innere Klarheit, Kraft und Stärke umgewandelt. Aus undefinierbaren Gefühlen wie Schuld, Angst und einem schlechten Gewissen entspringen Stärke, Energie und Tatkraft. Aus unserem durch Zweifel und Angst blockierten Denken entstehen ein tiefes Vertrauen und der Glaube an uns selbst. Wir hören auf, Spielball der Ereignisse zu sein, und fangen an, den Ball selbst in die von uns gewünschte Richtung zu werfen. Aus der Abhängigkeit entsteht Eigenverantwortung.

Aus der Erkenntnis der Zusammenhänge resultieren innere Ruhe und Gelassenheit, die mit keinem Geld der Welt zu bezahlen sind.

All das können wir erreichen, wenn wir uns mit unserem Unterbewusstsein beschäftigen und es »entstressen«. Wir können aus den Wertungen und Verurteilungen, die sich aus unseren von den Ahnen übernommenen Programmierungen heraus entwickelt haben, aussteigen und in uns frei werden. Wir können ein verzeihender, vergebender und unabhängiger Mensch werden. Einer, der die Großartigkeit, die bedingungslose, allumfassende Liebe und das strahlende Licht in sich erkennen und leben kann. Der die Schönheit von Mutter Erde sieht und die Liebe in sich anzunehmen vermag. Ein Mensch, der die innere und äußere Fülle annimmt, der aus seiner permanenten Opferrolle aussteigt und imstande ist, sein Leben mittels seiner Schöpferkraft und seines Geistes selbst zu lenken.

Diese innere Freiheit, die zum Beispiel über die Befreiung von einschränkenden Glaubenssätzen entsteht, ist die Voraussetzung für ein wirklich anhaltendes Wohlgefühl in uns. Die innere Freiheit basiert auch auf der Unabhängigkeit von anderen in dem Sinne, dass sich mit ihnen zu vergleichen und zu konkurrieren in keiner Weise lohnt. Innerlich frei können wir nicht nur uns selbst, sondern auch andere annehmen und lieben, ohne sie zu manipulieren oder von ihnen manipuliert zu werden.

HIN ZU WAHRER SCHÖPFERKRAFT

Für mich gibt es keinen Zweifel: Ursprünglich ist der Mensch als einzigartiges, universelles, göttliches, kreatives und ganzheitliches Geschöpf der Liebe erschaffen worden, dem ein grenzenloses Potenzial zur Verfügung steht. Dieser heilige Ursprung ist im Laufe der Menschheitsentwicklung mit negativen Erfahrungen, Programmierungen und Glaubenssätzen so überlagert worden, dass wir ihn nicht mehr wirklich wahrnehmen. Wir glauben, dem Schicksal ausgeliefert zu sein. Und wir nehmen uns getrennt vom universellen Geschehen und den anderen Menschen wahr. Dies alles ist eine Täuschung, eine Illusion! Denn wir können viel verändern, wenn wir an uns arbeiten, wenn wir die Schöpferkraft in uns annehmen, wenn wir erkennen, wer wir wirklich sind, wenn wir es wirklich wollen, wenn wir an uns glauben, uns wirklich wertschätzen und lieben!

Unsere tiefinnere Schöpferkraft ist völlig frei von den Programmierungen unseres Zellbewusstseins. Unser göttlicher Kern ist reine Liebe. Schließen wir uns ganz bewusst an diese einmalige Kraft in uns an, können wir die uns behindernden Programmierungen erlösen. Mit dieser Kraft arbeite ich bei meinen Lösungsübungen.

Doch wie kommen wir zu diesem ganzheitlichen Wissen, zu dieser ganzheitlichen Wahrnehmung? Der Schlüssel liegt in unserer Entscheidung, den Weg der Erlösung zu gehen und nicht mehr den Weg von Schuld und Angst. In dem Moment, in dem Sie der geistigen Welt Ihre Bereitschaft verkünden, sich ihr wieder zuzuwenden, unterstützt und hilft sie Ihnen in jeder erdenklichen Richtung.

GANZHEITLICHE BALANCE

Ich beziehe in der Arbeit in meiner Praxis alle Ebenen mit ein: die spirituelle, geistige, emotionale, physische, psychische und außerkörperliche. Analytik, Kinesiologie, Psycho-Kinesiologie, Geistheilung, Seelenarbeit und das systemische Arbeiten der Familientherapie sind Bestandteile meiner Vorgehensweise. Aus all diesen Elementen setzt sich eine Balance zusammen – und genauso nenne ich auch meine Sitzungen.

Was bedeutet Balance? Über die Einbeziehung aller Ebenen, Positionen und Zeiten eines Menschenlebens balanciere ich das menschliche System aus und bringe es wieder in seine Kraft, in Energie, Freude und Glück. So kann jeder seine ureigenen Selbstheilungskräfte, die er von Anfang an in sich trägt, wieder aktivieren. Indem die negativen Programmierungen abfließen, können die neuen positiven Programmierungen fruchten. Abfließen lassen kann man die negativen Informationen, indem man über das Erkennen an diese Energien andockt, sie sozusagen scannt und entlarvt, sich an sie zurückerinnert und sie entschlüsselt. Jetzt hat man die nötige Klarheit und kann sich entscheiden, sie loszulassen und zum Beispiel an Mutter Erde abfließen zu lassen, ohne dass dieser dadurch ein Schaden entstünde. Man kann sich ebenso entscheiden, sie dem göttlichen Licht, den Engeln oder seinem Höheren Selbst zur Lösung und Heilung zu überlassen. Jeder hat hier seine Vorlieben. Im Kapitel zum Handwerkszeug stelle ich Ihnen einige Möglichkeiten genauer vor.

Mit den Angeboten in diesem Buch haben auch Sie die große Chance, Ihre Negativprogrammierungen zu erkennen. Ich werde Ihnen aus meiner langjährigen Praxiserfahrung viele der inneren Bremsen aufzeigen. Sie gehen mit dem Geschriebenen in Resonanz und können sich dadurch scannen, sich erkennen und spüren, ob es da noch Dinge gibt, die Sie sich tunlichst anschauen sollten, um frei zu werden und sich von jeglichem Stress zu befreien. Ist das ein Angebot?

MEIN WEG ZU DEN AHNEN

Auch für mich stand am Beginn der Reise zu meinen Ahnen persönliches Leid. Letztlich brachte es mir große Befreiung.

Als ich das Licht dieser Welt erblickte, wäre sicher niemand auf die Idee gekommen, dass ich eines Tages ein Buch mit diesem Inhalt verfassen würde. Oder vielleicht doch? War es mir vorherbestimmt? Habe ich von einem meiner Ahnen genau diese Aufgabe übernommen? Hat meine Seele mich auf ebenjenen Lebensweg geschickt, um daran zu reifen und mich an diesen Punkt zu bringen, damit ich Ihnen hier darüber berichten kann?

Mein Leben mit all meinen Erfahrungen und Schicksalsschlägen hat mich meine Berufung immer stärker spüren, erfahren und erkennen lassen. Ich musste den Umständen meines Daseins auf den Grund gehen und viele Ereignisse hinterfragen, um mein Dasein wieder lebenswert zu machen. Denn ich fühlte mich lange Zeit unwohl mit meiner Situation. Meine ganze Energie floss in meine Familie, mich selbst schien es gar nicht mehr wirklich zu geben. Ich funktionierte zwar, lebte aber nicht in der wirklichen Fülle.

Als ich sechsundzwanzig Jahre alt war, starb mein erstes Kind einige Wochen nach einer Herzoperation. Ich bekam noch drei gesunde Kinder und doch hatte ich über lange Phasen hinweg kein wirklich glückliches Lebensgefühl. Langwierige chronische Krankheiten kamen hinzu.

Irgendwann reichte es mir und ich wollte wissen, wie das Leben spielt und wo die Ursachen meiner Misere zu finden wären. Ab diesem Zeitpunkt belegte ich jedes Jahr mindestens zwei Selbsterfahrungsseminare, besuchte kinesiologische Kurse,

Transzendenz- und Intuitionsseminare, ließ mich systemisch schulen und absolvierte die Ausbildung zur Heilpraktikerin (Psychotherapie). Ich nutzte fortan all die erlernten Wege und Methoden für mich und meine Familie. Mithilfe der Kinesiologie konnte mein mittlerer Sohn von einer Neurodermitis geheilt werden. Das war ein erster großer Erfolg. Doch etwas in mir trieb mich weiter an zu forschen, ich wollte bis zu den Wurzeln des jeweiligen Problems vordringen. Ich musste die Ursache hinter den Symptomen, den Blockaden, den negativen Programmierungen, dem Stress und den Krankheiten herausfinden und sie ganzheitlich – das heißt auf körperlicher, emotionaler, geistiger und seelischer Ebene – lösen und integrieren.

ENDLICH KLARHEIT!

Schließlich kam ich zu einer Ausbildung, die sich mit den Ahnen beschäftigte. Ich fing daher an, mich mit meiner Familie und mit meinen Vorfahren zu befassen. Als ich hier erste Zusammenhänge erkennen durfte, liefen mir kalte Schauer über den Rücken: In jeder Generation meiner Familie gab es eine Frau, die ein Kind verloren hatte. Ich habe es den Frauen aus meiner Sippe also eins zu eins nachgemacht! Ich spürte, dass diese Programmierung in mir einen wesentlichen Anteil am Tod meines Kindes hatte. Ebenso durfte ich erkennen, dass der Vater meines Kindes entsprechende Programmierungen in sich trug, die dieses Geschehen ebenfalls anzogen und möglich machten.

Neben alldem spürte ich seit jeher eine tiefe undefinierbare Sehnsucht in mir. Ich konnte gar nicht wirklich sagen, wonach. Ich fühlte mich oft nicht erkannt und angenommen. Ich fühlte mich unverstanden und unvollständig. Meine innere Sehnsucht konnte immer nur für kurze Zeit durch andere Menschen befriedet werden. Ganz schnell war sie wieder präsent. Es war das Gefühl, nicht wirklich angekommen zu sein. Mir fehlte etwas in meinem Leben, das ich nicht definieren konnte. Als ich mich mit meiner Familie auseinandersetzte, wurde mir auch in diesem Zusammenhang wieder ganz anders, weil ich erneut erstaunliche Parallelen entdeckte: Meine Großmutter durfte den Mann, den sie liebte, nicht heiraten. Er galt der Familie als nicht standesgemäß. Sie wurde mit einem deutlich älteren Witwer verkuppelt, der Frau und Kind im Kindbett verloren hatte. So hatten beide, meine Großmutter wie auch mein Großvater, in ihrer Beziehung Sehnsucht nach anderen, verloren gegangenen Personen. Diese Sehnsucht war nicht zu stillen, da Frau und Kind des Großvaters tot waren und das Verbot der Liebesheirat zu Zeiten meiner Großmutter unumgänglich war. Nun lebte ich die unerfüllte Sehnsucht meiner Vorfahren in meiner eigenen Beziehung und in meinem Leben aus.

Ein abgegangener Zwilling bei der Schwangerschaft meiner Mutter kam noch erschwerend dazu. Ich verspürte die Sehnsucht nach diesem nie geborenen Menschen, der immerhin anfänglich mit mir im Bauch meiner Mutter existiert hatte und dann verstorben war.

Für all das fand ich folgende Erklärung: Die Ereignisse, die sich in meinem Leben zutragen, zeigen mir meine Programmierungen auf. Unwillkürlich ziehe ich im Außen Situationen, Reaktionen und Ereignisse an, die meinen Gedanken, Befindlichkeiten und Glaubenssätzen entsprechen. Diese Zusammenhänge sind auch als »Gesetz der Anziehung« bekannt (siehe Kapitel »Das Resonanzprinzip«). Und vor allem: Die Hintergründe zu entdecken ist bereits der erste Schritt zur Befreiung.

VERBLÜFFENDE PRÄZISION

Im Laufe meiner Forschungen habe ich entdeckt, dass wir die von den Ahnen übernommenen Inhalte zum Teil auf das Jahr, den Monat und sogar den Tag und die Stunde genau nachmachen. Die nicht erkannten und dominant übernommenen Muster in uns dirigieren unsere Handlungen und Erfahrungen bis zu 80 Prozent. Das zu bemerken kann zuweilen sehr schmerzhaft sein, es ist aber auch eine gute Gelegenheit hinzusehen, zu erkennen und sich damit von diesen negativen Mustern zu befreien. So habe ich mich aufgemacht, die übernommenen Gedanken, Befindlichkeiten, Einstellungen, Muster und Programmierungen folgendermaßen zu entschlüsseln:

- Woher kommen sie?
- Wie beeinflussen sie mich?
- Was kann ich dagegen tun?

Ein Beispiel zur Veranschaulichung: Nehmen wir an, ich habe Glaubenssätze meiner Urgroßmutter väterlicherseits in mir gespeichert, gleichzeitig die Glaubenssätze meines Urgroßvaters mütterlicherseits. Die Urgroßmutter war überzeugte Pazifistin, der Urgroßvater überzeugter Kriegsbefürworter. Sie ist alt geworden, er ist früh gestorben. Habe ich nun diese Informationen alle in mir vereint, so bin ich unbewusst permanent hin- und hergerissen zwischen Pazifist und Krieger, zwischen früh sterben oder lange leben. Allein dadurch, dass ich nun aber die Wirkung dieser Muster in mir erkenne und bewusst verabschiede, können sie schon abfließen und ich bin nicht länger Spielball dieser alten, unbewusst übernommenen Programmierungen.

Es geht darum, eine Programmierung zu erkennen, anzunehmen und zu erlösen. Das mag anfangs kompliziert wirken, doch lesen (und erkunden) Sie bitte weiter. Es lohnt sich sehr!

Dank meiner vielen Klienten, Erfahrungen und Ausbildungen durfte ich solche Zusammenhänge bereits unzählige Male entdecken. Und ich durfte entsprechende Methoden zur Erkennung und Lösung weiterentwickeln und zusammenführen. Dies alles werde ich nun Schritt für Schritt an Sie weitergeben.

DAS PRINZIP DER AHNEN

Niemand ist eine Insel – das wussten unsere frühen Ahnen sehr genau. Und so prägt uns bis heute ein Dazugehörenmüssen um (beinahe) jeden Preis.

Wir haben in unserem Zellbewusstsein nicht nur die Erfahrungen unserer unmittelbaren Vorfahren gespeichert, denn unsere grundsätzlichen Verhaltensmuster strecken ihre Wurzeln bis in die Frühzeit des Menschen. Dort aber galten völlig andere Gesetze, als wir sie heute kennen und zumindest in unserem Alltag wahrnehmen. Nur im Zusammenhalt der Gemeinschaft konnte der Homo sapiens überleben und sich vor den Gefahren schützen, die in der Natur lauerten oder von anderen Stämmen ausgingen. So hatte jeder Einzelne eine klar zugeordnete Rolle und Funktion, die er einhalten und erfüllen musste. Es herrschte das Gruppenbewusstsein. War jemand ausgeschert, gefährdete er die Sicherheit der Gruppe und wurde ausgegrenzt und verstoßen. Ohne den Schutz und die Versorgung über die Sippe jedoch war er den allgegenwärtigen Gefahren ausgeliefert. Meistens bedeutete dies für die betreffende Person den sicheren Tod.

Dieses unbedingte Dazugehörenmüssen ist in unserem Zellbewusstsein immer noch als Überlebenswille gespeichert: ein instinktives, automatisiertes Muster in unserem Gehirn und in unserem menschlichen System. Es hat absolute Priorität vor allen anderen Körperfunktionen.

Was bedeutet dies aber für uns im Hier und Jetzt? Haben wir uns nicht schon lange vom Gruppenbewusstsein zum »Individualbewusstsein« weiterentwickelt? Natürlich konnten wir im Lauf der sehr langen Zeit seit den Anfängen der Menschheit immer mehr Individualität, Autonomie und Unabhängigkeit gewinnen, obwohl wir auch heute nicht wirklich autark leben. Denn niemand ist eine Insel, wie es sprichwörtlich heißt, und die Rollen der einzelnen Gruppenmitglieder haben sich infolge des gesellschaftlichen und technologischen Fortschritts nur verlagert.

Unsere Sippe, das sind heutzutage unsere Eltern, Großeltern, Urgroßeltern, Onkel, Tanten, Cousins und so weiter, also unsere gesamte Familie, in die wir hineingeboren sind. Unser Unterbewusstsein differenziert nämlich nicht zwischen der Sippe in der Steinzeit und der Familie beziehungsweise den heute üblichen Bezugspersonen im weitesten Sinne. Es ist darauf programmiert dazuzugehören, um zu überleben. Unbewusst bemühen wir uns also permanent, durch angepasstes Verhalten unseren Platz in der Sippe einzunehmen und zu behalten.

Das ist uns vor allem dann nicht bewusst, wenn Regeln der Familie tief in uns gespeichert sind, die für unsere heutige Logik keinen Sinn ergeben. Doch der tief verwurzelte Überlebensmechanismus in unserem Unterbewusstsein steuert uns. Und dieser Überlebensmechanismus bedient die übernommenen Gesetze und Regeln der Sippe, er befolgt oder kompensiert ihre Denkmuster, Prägungen und Glaubenssätze. Und er lebt außerdem die Traumata und Automatismen der Ahnen, auch wenn diese Muster in uns zu Unglück, Krankheit oder zum frühen Tod führen.

ZUR SIPPE GEHÖREN, UNBEDINGT!

In meiner eigenen Erfahrung und in meiner langjährigen Praxis mit Klientinnen und Klienten habe ich schon die erstaunlichsten Versuche gesehen, den eigenen Platz in der Sippe zu behalten oder zurückzuerobern. Es kann schlimmstenfalls ein stark selbstschädigendes Verhalten daraus entstehen.

Hat sich die Familie immer mehr verzweigt, sind in die Sippe immer mehr unterschiedliche Muster, Programmierungen und Glaubenssätze eingeflossen. Entsprechend komplex und unvereinbar können unsere übernommenen Muster sein. Erschwerend kommen die Kriegserfahrungen unserer Ahnen hinzu. Haben Sie vielleicht auch manchmal das Gefühl, in unserer überwiegend doch friedlichen Zeit in Ihrem Alltag wie auf einem »Schlachtfeld« zu stehen? Fühlen Sie sich nicht auch ab und zu unglücklich, schuldig und unbefriedigt, angegriffen, schlecht behandelt oder ausgeschlossen, obwohl es offensichtlich von den äußeren Faktoren her überhaupt keinen Grund dazu gibt? Vielleicht tragen Sie auch eine tiefe Trauer in sich, von der Sie nicht wissen, woher sie kommt. Auch Krankheiten können wir nachleben, um uns »sippenkonform« zu verhalten.

DIE BALANCE DER SIPPE

Es ist mir sehr wichtig, immer wieder zu betonen, dass auch positive und schöne Programmierungen unserer Ahnen in uns vorhanden sind. Sie können wir natürlich freudig annehmen, ohne sie verändern zu müssen. Mit ihnen können wir glücklich und dankbar sein. Die positiven Prägungen, dieses Erstarken unserer Ahnen infolge ihres Überlebens in schweren Zeiten, können wir auch dazu nutzen, unsere negativen Überzeugungen und gewisse Ängste vor dem Leben und der Zukunft zu heilen.

Die gesamte Sippe, jetzt Familie, ist in ihrem Zusammenspiel in einer ausgeklügelten Balance, in der jedes Familienmitglied eine klare Position und Rolle erfüllt. Genauso wie früher in der Steinzeitsippe hat jeder in seiner Position eine klare Aufgabe, auch wenn es heutzutage nicht vornehmlich ums Überleben geht, sondern zum Beispiel darum, systemische Dysbalancen auszugleichen – eine Aufgabe, die beispielsweise das sogenannte schwarze Schaf einer Familie übernimmt, also ein Mensch, der unter Umständen genau deswegen »aus dem Rahmen« fällt, weil er die Muster eines ebenso ungewöhnlichen, aber abgelehnten oder vergessenen Vorfahren wiederholt, um ihn in der Sippe zu halten. So ist es sehr wichtig, diese Ursachen beim Lösen der Programmierungen ganzheitlich miteinzubeziehen. Denn über das Zusammenspiel der Großsippe erkennen wir erst das komplexe Zusammenspiel in uns selbst und können es dadurch ganzheitlich erfassen. Wir erkennen all unsere gelebten und umgesetzten, aber auch abgelehnten und versteckten Muster über den Rückbezug auf uns.

Position Sippenchef

Nehmen wir zum Beispiel den sogenannten Sippenchef. Das ist aus systemischer Sicht der zuerst Geborene, also das älteste Geschwisterkind in einer Familie. Er hat durch seine Position eine bestimmte balancierende Wirkung auf die Gesamtfamilie, genauso wie der Mittlere, der Jüngste und so weiter. »Balancierende Wirkung« bedeutet aber leider nicht, dass es jedem Sippenmitglied gut gehen soll. Es bedeutet, dass die übernommenen Glaubenssätze über die eigenen, also über die individuellen und persönlichen Vorstellungen gestellt werden. Die Übernahmen von den Ahnen können dann bei einem Erstgeborenen zu folgenden Glaubenssätzen geführt haben:

- »Meine individuellen Wünsche und Bedürfnisse unterstehen dem Sippenwohl.«
- »Nur über die Macht meiner Sippe habe ich Bedeutung und kann sein.«
- »Ich muss über meine Sippenchefposition die nachfolgenden Geschwister ›entthronen‹, um in meiner Position zu bleiben.«
- »Meine Größe und Souveränität hängen vom Goodwill der Sippe ab.«

Wenn uns die Tatsache, dass wir solche Programmierung von den Ahnen übernommen haben, nicht bewusst ist, kann es sein, dass wir uns auch in unserer »Chefposition« dem Leben hilflos und ohnmächtig ausgeliefert fühlen und glauben, dominiert zu werden, Spielball des Lebens zu sein. Ebenso können wir tief in uns das Gefühl haben, andere Personen dominieren und »besitzen« zu müssen, um auf diese Weise Macht über sie ausüben zu können und so selbst zu überleben. Die Lösung könnte hier darin bestehen, diese Programmierung zu erkennen, um dann zur Selbstbestimmung zu finden und eine natürliche Autorität zu entwickeln.

Natürlich geht es nicht darum, alle Schuld auf die Vorfahren zu schieben und sich so aus der eigenen Verantwortung zu stehlen. Verantwortlich für unser Denken, Fühlen und Handeln sind wir immer selbst.

Fassen wir bis hierhin einmal zusammen: Erkennen wir die Zusammenhänge der Programmierungen zwischen uns und unseren Ahnen, gewinnen wir im Hier und Jetzt Klarheit bezüglich unserer Befindlichkeiten, Reaktionen und Handlungen. Wir verstehen unsere Verhaltensweisen, wir können sie uns anhand unserer Ahnengeschichten erklären und uns dadurch viel besser vergeben und verzeihen, genauso wie wir den anderen vergeben und verzeihen können. Wir können den übergeordneten großen Zusammenhang erkennen, der uns sonst verwehrt bliebe. Wir können das Zusammenspiel der verschiedenartig wirkenden Kräfte in unserem System über unsere Sippe durchschauen und allein schon dadurch den Harmonisierungsprozess anstoßen. So bringen wir wieder eine echte Balance in unser Leben.

Gehen wir also in die Praxis, um das bisher Gesagte anschaulicher und für Sie und Ihr Leben konkret nachvollziehbar und anwendbar zu machen.

DAS HANDWERKSZEUG

Meine Balance-Sitzungen gehen oft sehr tief und können ungeheuer viel bewirken. In diesem Kapitel gebe ich Ihnen die wesentlichen Methoden daraus weiter – verbunden mit der herzlichen Einladung, sie selbst zu nutzen und damit zu arbeiten. Sie haben das Potenzial, Ihr Leben nachhaltig zu befreien.

MEINE ARBEITSMETHODE

»Mir wurde in der Sitzung bewusst, wie viel ich von meinen Ahnen trage, um es ihnen irgendwie leichter zu machen und sie nicht zu ›verraten‹. Das war für keinen hilfreich. Und es durfte aufhören! So eine Befreiung!«

EINE KLIENTIN

Lassen Sie mich zuerst kurz beschreiben, wie ich in meiner Praxis vorgehe: Ein Klient kommt mit seinem Problem zu mir. Er erzählt mir alles, was ihm auf dem Herzen liegt. Ich frage ihn nach seiner Familie und fange an, den Stammbaum – das Genogramm – seiner Familie zu erstellen. Ich zeichne, soweit vorhanden, die Geschwister, den Ehepartner und die Kinder sowie die Eltern- und Großelternebene und so weiter auf.

In diesem Stammbaum halte ich außerdem alle bekannten Informationen fest. Ich markiere die zu früh Gestorbenen und ihre Krankheiten oder Unfälle, ich notiere Abgänge, Abtreibungen und gestorbene Kinder. Auch emotionale Programmierungen, mögliche unterschwellige Abmachungen und mehr oder weniger stillschweigende Vereinbarungen der Familie werden festgehalten. Wie sind die Eltern miteinander umgegangen? Was gab es für Schicksalsschläge? Liegen traumatische Kriegserfahrungen vor? Namensgleichheiten? Gleiche Geburts- oder Sterbedaten? Gab es Symbiosen? Sind die Eltern zusammen alt geworden? Gab es viel Streit? Betrug? Halbgeschwister (bekannt, unbekannt)?

Erlange ich den Eindruck, dass es zum Beispiel aus Kriegszeiten noch unbekannte Halbgeschwister, Onkel, Tanten et cetera gibt, frage ich über den kinesiologischen Muskeltest (ab Seite 38) das Unterbewusstsein meines Klienten aus. Dabei muss ich darauf achten, dass er wie auch ich die Fragen nicht mit dem Willen, dem Verstand beeinflusst, sondern dass die Antworten frei fließen und vorbehaltlos akzeptiert werden. Habe ich die wichtigen Ereignisse ausgetestet, bespreche ich sie mit meinem Klienten. Anhand des aufgezeichneten Stammbaums erkennt er die Zusammenhänge und gewinnt intuitiv an Klarheit.

Nehmen wir an, er erfährt über den Muskeltest, dass er im Unterbewusstsein gespeichert hat, nicht gesund sein zu dürfen. Eine mögliche Erklärung hierfür wäre, dass er unterschwellig glaubt, die gesundheitlichen Probleme seiner Mutter nachahmen zu müssen, um ihr seine Zuneigung zu zeigen und sie zugleich in der Sippe zu halten. Solche Zusammenhänge haben einen gravierenden systemischen Einfluss! Oder mein Klient hat zum Beispiel Schwierigkeiten mit dem Erfolg – und dann sieht er in seinem Stammbaum die Erfolglosigkeit der Männer »über ihm« und kann die Ursache für seine Schwierigkeiten erkennen. Vielleicht glaubt er als nachgeborener Mann, seine Ahnen nicht »überholen« zu dürfen. Natürlich ist das Ganze noch viel komplexer, aber wir fangen ja langsam an.

Haben wir die Hintergründe des Problems anhand der Informationen über die Sippe und mithilfe des Stammbaums erkannt, geht es ans Abfließenlassen. All die erkannten und ausgetesteten behindernden Programmierungen sind im Bewusstsein des Klienten (und Therapeuten) gespeichert. Jetzt bediene ich mich all meiner Lösungsmethoden, die im Folgenden noch beschrieben werden.

Ist die Heilungs- und Reinigungssitzung beendet, stelle ich über den kinesiologischen Muskeltest die Abschlussfragen, die Sie ebenfalls im Folgenden finden. Es ist sehr wichtig, dass der Klient sich selbst mit seiner positiven Veränderung noch »wiedererkennt« und sein Umfeld ebenfalls, sodass alle Familienmitglieder und inneren Positionen die Veränderung positiv annehmen können. Gehen wir nun so ins Detail, dass Sie die Methode selbst nutzen können.

DAS GENOGRAMM

Das Genogramm – die Übersicht über alle Verwandtschaftsverhältnisse in Ihrer Sippe – ist der Schlüssel zur Auflösung alter Muster und Glaubenssätze.

Um in eine ganzheitliche Balance zu kommen, ist ein umfassendes Erkennen aller Familienzweige, auch der angeheirateten, sehr wichtig. Die Gesamtfamilie ist ein komplexes, balanciertes System, in dem jeder Einzelne eine klare Funktion und Position hat, die sich auf alle anderen Mitglieder auswirkt. Das Ganze ist in Balance, auch wenn es den Einzelnen dabei oftmals nicht gut geht. Doch sie stützen das System. Alles darin ist verbunden – unabhängig davon, ob die Einzelnen noch leben oder nicht mehr. Die Verbundenheit bleibt. Im Schlechten wie im Guten. So ist es bei meinen Balancen – meinen Sitzungen – sehr oft der Fall, dass es auch einigen Familienmitgliedern des Klienten danach deutlich besser geht, obwohl sie gar nicht bei mir waren, sondern deren Kind, Mutter, Tante oder Großvater.

DAS GENOGRAMM ZEICHNEN

Wie gesagt erstelle ich bei meinen Klienten ein Genogramm, in dem ich das gesamte vorhandene Wissen über mehr oder weniger bedeutende Ereignisse und Eigenschaften der Sippe aufzeichne. Ich nehme alles Bekannte in dem Stammbaum auf und ziehe daraus meine Schlüsse, die ich nach und nach erkläre. Auf der gegenüberliegenden Seite finden Sie das Schema eines solchen Genogramms, noch ohne weiterführende Details.

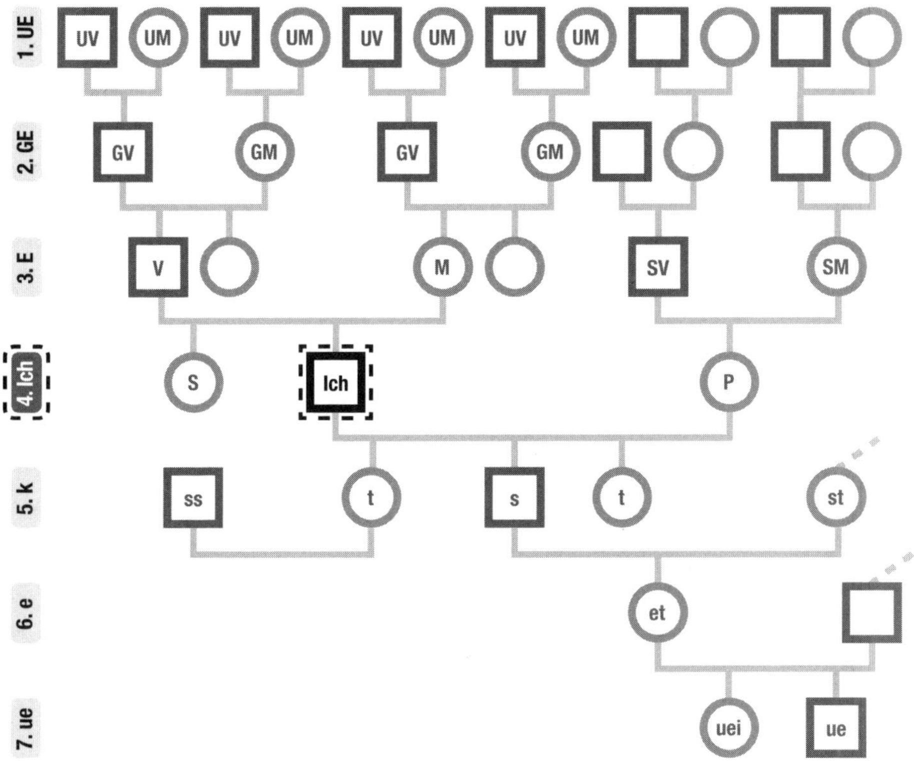

□	Mann	e	Enkel	V	Vater	s	Sohn
○	Frau	ue	Urenkel	M	Mutter	t	Tochter
1.	Generation	UV	Urgroßvater	SV	Schwiegervater	ss	Schwiegersohn
UE	Urgroßeltern	UM	Urgroßmutter	SM	Schwiegermutter	st	Schwiegertochter
GE	Großeltern	GV	Großvater	P	Partner	et	Enkeltochter
E	Eltern	GM	Großmutter	S	Schwester	uei	Urenkelin
K	Kinder						

Vereinfacht dargestellt das Grundmuster für die Systematik eines Genogramms

Sie beginnen mit sich selbst. Etwa in die Mitte eines möglichst großen Blattes schreiben Sie »Ich« und machen einen Kreis darum, wenn Sie eine Frau sind, ein Quadrat, wenn Sie ein Mann sind. Sie zeichnen einen kurzen senkrechten Strich nach oben, darüber einen waagerechten Strich, auf dem rechts ein Quadrat mit einem V für Ihren Vater kommt, links ein Kreis mit einem M für Ihre Mutter. Von der Linie Ihrer Eltern aus gehen nach unten Ihre Geschwister ab – sie kommen parallel zu Ihnen selbst. Ältere Geschwister stehen immer links und die jüngeren rechts. In dem Beispiel auf Seite 31 geht es also um einen Mann, der eine ältere Schwester hat. Die Eltern haben nur diese beiden Kinder und keine weiteren aus anderen Beziehungen. So viel lässt sich schnell erkennen. Diese Abbildung beschreibt natürlich nur eine musterhafte Sippe: Immer gibt es zwei Eltern und ein bis zwei Kinder. Das ist in der Realität nicht so häufig, wo Partner wechseln, Kinder aus weiteren Beziehungen hinzukommen und andere Einflüsse vom Schema abweichen. So wie das Leben eben spielt.

In einem Genogramm steckt einiges an Arbeit. Doch die lohnt sich sehr. Orientieren Sie sich auch an den Genogrammausschnitten, die im Buch verteilt sind.

Wenn Ihre Eltern schon einmal verheiratet waren, bevor sie in die Beziehung kamen, aus der Sie entstammen, dann zeichnen Sie diese anderen Partner und auch eventuelle Halbgeschwister von Ihnen mit ein. Auf Ihre eigene Ebene tragen Sie nun auch Ihren aktuellen Partner oder Ihre Partnerin ein, zudem frühere Partner. Darunter kommen die Kinder und darunter wiederum Enkel, wenn Sie bereits welche haben. Sie füllen also das Genogramm in alle Richtungen aus – nach unten Kinder, Enkel und auch deren Partner. Zu den Seiten Ihre Partner, Ex-Partner und Geschwister samt Partner. Nach oben Eltern, Onkel, Tanten, darüber Großeltern, Großonkel, Großtanten, dann die Urgroßeltern und so weiter – soweit Sie es wissen oder in Erfahrung bringen können. Überlegen

Sie außerdem, ob es vielleicht sehr früh Verstorbene, Verschollene, Verschwiegene oder andere gab, die fast nur erahnbar sind, ohne dass jemand genauer über sie gesprochen hätte. Auch sie können im Gesamtsystem wichtig sein.

Schreiben Sie bei jedem Einzelnen mit dazu, was Sie wissen: Geburtsdatum, eventuelles Todesdatum, bestimmte Unfälle oder Krankheiten, Kriegserfahrungen, vielleicht auch Charakterzüge oder irgendetwas Besonderes, das Sie für diesen Menschen für typisch halten oder – vor allem bei den Generationen, die Sie gar nicht mehr kennengelernt haben – Dinge, die man sich in der Familie von diesem Menschen erzählt hat. Lassen Sie sich ganz hineinfallen in die Energie Ihrer Familie, tauchen Sie ein in die Erinnerungen und notieren Sie alles, was Ihnen einfällt. Am Ende kann auf Ihrem Blatt ein ziemliches Gekritzel und Durcheinander entstanden sein. Und doch erkennen Sie darin die Grundstruktur, das Grundmuster Ihrer Sippe.

BEFREIUNG DURCH ERKENNTNIS

Schon das Aufschreiben und Aufzeichnen der Struktur und der Details Ihrer Familie kann sehr befreiend wirken. Natürlich können Sie nur notieren, was Sie wissen. Es aber so auf den Punkt und in eine schematische Übersicht zu bringen, das kann Ihnen eine ganze Menge bewusst machen. Mit welcher Person gehen Sie in Resonanz? Wo ist noch etwas offen? Wo spüren Sie eine Last, eine Trauer, Angst oder Wut? Wo wiederholen sich Muster, Krankheiten, Todesfälle? Wo ahmen Sie in Ihrem Leben etwas nach, was ein Vorfahr bereits lebte? All das kann Ihnen bereits zeigen, wo es noch etwas für Sie zu lösen gibt.

WAS ZEIGT UNS DAS GENOGRAMM?

Nachdem ich mehrere Generationen aufgezeichnet habe, teste ich bei meinem Klienten mit dem kinesiologischen Muskeltest aus, von welchen Ahnen er welche Programme übernommen hat. Die Übernahmen können in mehrere Richtungen vererbt sein:

- Sie können innerhalb einer Generation weitergegeben und übernommen worden sein, also *horizontal.*
- Sie können über die Generation(en) hinweg stattfinden, also *diagonal* oder *vertikal.*

Die erste Generation kann die zweite Generation beeinflussen, ebenso die dritte, vierte, fünfte und so weiter. Bei den Übernahmen gibt es auch Generationssprünge. Ich habe im Bild von Seite 31 als Beispiel eine ganz vereinfachte Darstellung gewählt, die auch nur auf drei Generationen vor und drei nach dem Ich beschränkt ist. Doch Programmierungen werden bis in die siebte, nicht selten auch neunte Generation weitergegeben. So weit können natürlich nur die wenigsten ihren Stammbaum nachverfolgen, auch die Informationen werden in der Regel spärlicher, je weiter die Ahnen in der Vergangenheit lebten. Da es jedoch bei jedem Menschen Hauptprogrammierungen gibt, die über Generationen wiederholt werden, ist das kein so großes Problem, weil wir sie über die Nachahmung der jeweils nachfolgenden Generationen in ihrem Wesen erkennen können.

Wir bleiben, wenn wir heiraten und selbst eine Familie gründen, aus Sicht unserer Eltern in der Kinderposition, wandern jedoch gleichzeitig selbst in die Elternposition. Nun haben wir die Eltern- und Kinderposition in uns samt deren Übernahmen. Genauso verhält es sich mit allen weiteren Positionen. Wir können gleichzeitig in der Enkel- und Großelternposition sein, ebenso in der Urenkel- und Urgroßelternposition, wir können Großtante und Großnichte sein, Großonkel und Großneffe.

Sie merken schon: Ahnenarbeit ist sehr komplex. Lassen Sie sich davon bitte nicht erschrecken oder bremsen. Beginnen Sie einfach mit Ihrem Genogramm und probieren Sie es aus. Sobald Sie mit einer solchen eigenverantwortlichen Heilungsarbeit beginnen, wird sich etwas tun. Ganz unabhängig davon, ob Ihr Genogramm vollständig und in allen Details richtig ist. Wenn Sie achtsam vorgehen, werden Sie genau die Punkte herausspüren, an denen noch etwas auf Erlösung und Heilung wartet. Und um genau diese Punkte geht es, nicht um historische oder wissenschaftliche Genauigkeit.

Sie können an Ihrem Genogramm vieles erkennen:

◇ Welche Muster ziehen sich über Generationen hinweg? Das Sterben von Kindern, Krankheiten, Verlust des Partners, Alleinbleiben, finanzielle Probleme, Unfälle, Gewalterfahrungen, Grundstimmungen von Gereiztheit, Anklage oder Trauer, Opferhaltung und so weiter.
◇ Ängste aller Art, Panik, noch nicht gelöste Themen der unterschiedlichsten Art, die gelöst werden wollen.
◇ Prägungen der individuellen und kollektiven Art: über Weiblichkeit, Männlichkeit, Kindsein, Beziehungen, berufliche und finanzielle Erfolge und so weiter.
◇ Letztlich alle Negativerfahrungen und die daraus resultierenden Vorstellungen vom Leben, wie »Mir kann nichts Gutes widerfahren«, »In dieser Welt darf man nicht glücklich sein«, »Man muss sich dem Schicksal und den Stärkeren ergeben«.
◇ Es lassen sich Glaubenssätze herauslesen wie »Nur wenn ich es schwer habe, kann ich überleben / zur Sippe gehören«.
◇ Mit wem gehen Sie in Resonanz? Bei wem spüren Sie beispielsweise Schuldgefühle, Mitleid oder Scham?
◇ Achten Sie auch auf Positives – wo finden Sie Potenziale bei Ihren Ahnen, die Sie selbst noch ausbauen könnten?

DIE ANGEHEIRATETE SIPPE UND VERDRÄNGTE PERSÖNLICHKEITSANTEILE

Die angeheiratete Sippe zeigt uns im Genogramm sehr oft die verdeckten, versteckten, verdrängten und abgelehnten Programmierungen der eigenen Sippe, die sogenannten Schattenseiten auf. Das Ganze ergibt einen Sinn, wenn wir erkennen, dass wir immer in eine Spiegelsippe einheiraten, die unsere nicht ausgelebten Anteile bedient, wozu wir selbst aus unterschiedlichsten Gründen keine Motivation haben oder nicht in der Lage sind. Daher ist es sehr aufschlussreich, auch die Verwandtschaft unserer Partner mit aufzunehmen. Das muss nicht sofort und beim ersten Mal passieren – lassen Sie sich immer die Zeit, die Sie brauchen, um einzelne Themenbereiche zu verarbeiten, und gehen Sie dann einen Schritt weiter.

Lernen sich zwei Menschen kennen, hat das Unterbewusstsein schon in Bruchteilen von Sekunden erkannt, ob diese Liaison funktioniert oder nicht. Passen die inneren Programmierungen zusammen, greifen sie wie zwei Zahnräder ineinander, die sich gegenseitig in Bewegung bringen. Der eine bedient sowohl die übereinstimmenden Programmierungen wie auch die Schattenseiten des anderen – und umgekehrt. Ein außergewöhnliches Beispiel für die Bedienung der Schattenseiten liefert der folgende Fall aus meiner Praxis.

ALLZU MORALISCH

Eine Klientin stammte aus einer tiefgläubigen Sippe, in der Moral und die Einhaltung der Gebote über allem standen. Sämtliches unmoralisches Fehlverhalten wurde streng geahndet. Körperlichkeit und Sexualität waren verpönt beziehungsweise sehr eingeschränkt. Das äußere Ansehen war deutlich wichtiger als das individuelle Wohlergehen. Diese Klientin tat sich schließlich mit einem Mann zusammen, der aus einer zerrütteten Familie stammte, in einer Straßengang aktiv war und mit Waffen bestückt regelrecht Schrecken verbreitete. Sie wurde schwanger, ließ das Kind aber abtreiben. Daraufhin wurde sie von ihrem Vater ein Jahr lang geächtet. Den Mann heiratete sie schließlich sogar, was ihre Eltern todunglücklich machte. Sie konnten jedoch nichts dagegen unternehmen.

Was lief da ab? Wie kam es zu dieser erstaunlichen Konstellation? Wie ich im Kapitel »Lebensgesetze kennen« noch ausführlich darstellen werde, sind wir ganzheitlich angelegte Wesen, die alle Archetypen und Persönlichkeitstypen in sich tragen. Daher ist es wichtig, die unterschiedlichen Anteile in sich integriert zu haben, um sie unter Kontrolle zu bekommen. Von uns selbst abgelehnte, abgespaltene und verurteilte Anteile kommen uns im Außen, über Situationen und Menschen, entgegen, damit wir uns mit ihnen auseinandersetzen, und bringen uns sehr oft in prekäre Situationen.

Die Eltern meiner Klientin hatten die »unmoralische Seite« in ihrem Leben vollständig negiert und zum Teil abgespalten, da sie jegliche Lebensfreude und auch die natürliche Freude an der Sexualität in Bausch und Bogen verdammten. Diese abgespaltenen, negierten und verurteilten Anteile der Eltern mussten aber trotzdem – natürlich in angemessener und sozialverträglicher Weise – bedient werden, waren sie doch auch in der Gesamtsippe als Anteile vorhanden (sieben bis neun Generationen zurückliegend gab es ganz sicher Ahnen, die genau diese sogenannten unmoralischen Seiten exzessiv auslebten).

Die Klientin nun kompensierte mit ihrer Partnerwahl ihren Mangel an diesen Anteilen. Natürlich beruht die Kompensation der abgelehnten Anteile immer auch auf Gegenseitigkeit. So hat meine Klientin für ihren Ehemann wiederum seine moralische, ethische und religiöse Seite verkörpert, die er selbst nie gelebt und die er wiederum abgelehnt hat. In ihrer Symbiose hatten sie das illusionäre Gefühl, »vollständig« und dadurch »sicher« zu sein.

DER KINESIOLOGISCHE MUSKELTEST UND DIE TESTFRAGEN

»Der Charakter besteht in einer chronischen Veränderung des Ichs, die man Verhärtung nennen möchte.«

WILHELM REICH

Beim Aufzeichnen und Hineinspüren in das Genogramm sind Ihnen sicherlich einige Muster aufgefallen. Doch auch wenn Sie nichts Auffälliges dabei bemerkten, können Sie im nächsten Schritt die Punkte ausfindig machen, wo es dennoch etwas zu tun gibt. Das Mittel dafür ist der kinesiologische Muskeltest in Verbindung mit bestimmten Testfragen.

MUSKELSPANNUNG UND TIEFERES WISSEN

Der Mediziner Wilhelm Reich (1897–1957) erkannte, dass der Körper Lebensereignisse energetisch speichert und sich als präzises Messinstrument darstellt. Die Reich'schen Ideen wurden in den USA unter anderem in die Chiropraktik und die Massageschulen übertragen, zu denen auch die angewandte Kinesiologie gehörte, die von Joseph Goodheart (1918–2008) entwickelt wurde. Er entdeckte den Zusammenhang zwischen Muskeln, Meridianen und Organen und erfand den kinesiologischen Muskeltest. Er erkannte, dass die Muskelspannung des Körpers eine Rückmeldung über seinen funktionellen Zustand liefert und sich psychische und physische Vorgänge darüber zeigen.

ANGST VOR ENTLARVUNG

Bei einer Klientin, deren Genogramm ich erstellt hatte, fand ich im kinesiologischen Test heraus, dass ein Fahnenflüchtiger zwei Generationen zuvor ihr Handeln noch negativ beeinflusste. Wir hatten zuvor über so etwas nicht gesprochen, doch solche Informationen sind unbewusst in uns gespeichert. Zu mir gekommen war die Frau, weil sie seltsame Ängste in sich bemerkt hatte – eine diffuse Angst, entlarvt zu werden, die sich bis zur Todesangst steigern konnte. So konnte sie beispielsweise wochenlang keine Briefe öffnen und wusste nicht, warum. Nach der Balance-Sitzung informierte sich die Frau bei ihrer Familie – und tatsächlich gab es einen Deserteur, der nur lange Zeit verschwiegen wurde. Da meine Klientin es als hemmendes Programm in sich gespeichert hatte, war es für sie elementar wichtig, es zu erlösen.

Über den kinesiologischen Muskeltest kann ich das Unterbewusstsein meiner Klienten, in dem alle Informationen gespeichert sind, über Ja- und Nein-Antworten austesten. Ich kann das Unterbewusstsein wie eine Festplatte des Computers befragen. Dazu habe ich im Laufe meiner langjährigen Praxis eine eigene Methode entwickelt: Um die relevanten Muster aus dem Ahnenfeld herauszufinden, gehe ich die wahrscheinlichen Programmierungen durch, die sich meiner Erfahrung nach aus dem zuvor geführten Gespräch mit dem Klienten und aus seinem Genogramm ergeben haben.

Ich stelle also gezielt Fragen – und es sind Fragen, die der Klient mit seinem Bewusstsein wahrscheinlich nicht würde beantworten können. Ich frage aber nicht sein bewusstes Ich, sondern seinen Körper und darüber die unbewusst gespeicherten Inhalte. Dazu bitte ich ihn, den Arm nach vorn auszustrecken. Und dann drücke ich bei jeder Frage sanft den Arm nach unten und der Klient hält leicht dagegen. Kann er den Arm halten, wenn ich eine bestimmte Frage stelle und damit eine bestimmte Thematik anspreche, weiß ich, dass er damit in einem inneren Gleichgewicht ist. Bleibt der Arm stark, hat der Klient mit dem Thema keinen Stress. Kann er den Arm nicht halten, hat er mit der angesprochenen Thematik, mit diesen Programmierungen, Automatismen und so weiter ein Problem. Das heißt, er verliert hier sein inneres Gleichgewicht. Dank dieser Methode können also auch Thematiken herausgefiltert werden, von denen meine Klienten längst nicht alles oder sogar überhaupt nichts wissen. Außerdem erleben sie, dass *sie selbst* es sind, die die Antwort geben, indem sie stark oder schwach testen.

DEN MUSKELTEST SELBST DURCHFÜHREN

Damit Sie mit Ihrem Genogramm gut weiterarbeiten können, ist es wichtig, dass Sie diesen Test an sich selbst durchführen können. Denn damit haben Sie die Möglichkeit, sich über Dinge bewusst zu werden, an die Sie auf andere Weise kaum herankommen können. Sollten Sie mit dem Test auch nach einigem Üben nicht gut zurechtkommen, können Sie auch einfach Ihre Intuition nutzen.

Den Test allein zu machen ist aber sehr gut möglich, und zwar über die Finger oder über die Beine. Es ist allerdings entscheidend, dass Sie versuchen, beim Testvorgang in einer »neutralen« Position zu sein, also den Muskeltest nicht willentlich beeinflussen wollen. Auch der unbewussten Antwort, die Ihnen der Muskeltest gibt, sollten Sie offen gegenüberstehen und sie nicht willentlich über Ihr Ego beeinflussen wollen. Sie können sich beim Testen mit Ihrem Bewusstsein an das wahre Bewusstsein, das Höhere Ich oder wie immer Sie es nennen wollen anschließen und Ihr Ego damit ausschließen. Sie können sich mit der Wahrhaftigkeit verbinden, die überhaupt kein Interesse daran hat, Sie zu betrügen und Ego-Programme aufrechtzuerhalten.

DEN KINESIOLOGISCHEN MUSKELTEST SELBST DURCHFÜHREN

Beim Muskeltest über die Finger schließen Sie Daumen und Zeigefinger zu einem Kreis und gehen mit einem Finger der anderen Hand in den Fingerkreis. Sie stellen sich dann eine Frage und versuchen, die Finger auseinanderzuziehen. Fällt Ihnen das Auseinanderziehen des Fingerkreises beim Gedanken an die angesprochene Thematik ganz leicht, gilt dies als schwach testend, was so viel wie Nein heißt. Sie werden also davon belastet. Bleibt der Fingerkreis fest und stabil, gilt dies als stark testend, was so viel wie ein Ja bedeutet. Sie testen stark und haben mit der Thematik kein Problem.

Beim kinesiologischen Muskeltest über die Beine heben Sie im Sitzen oder Stehen ein Bein etwas hoch und versuchen, es mit einer Hand herunterzudrücken. Gelingt Ihnen das nicht, gilt dies als stark testend, was so viel wie ein Ja bedeutet. Geht es leicht, gilt dies wieder als schwach testend, was so viel wie Nein bedeutet.

Sie können beide Testarten ganz leicht für sich untersuchen, indem Sie sich zunächst Fragen stellen, die Sie auch bewusst beantworten könnten. Wenn Sie beispielsweise Katharina heißen, fragen Sie sich: »Heiße ich Katharina?« Oder Sie fragen: »Gehe ich gern zum Zahnarzt?« So bekommen Sie ein Gefühl dafür, wie Ihr Körper mit Ja oder Nein antwortet.

Auf die beschriebene Weise können Sie selbst über den kinesiologischen Muskeltest Themen und Überzeugungen herausfinden, die Sie belasten, und schon sind Sie auf einer höheren Stufe der Erkenntnis.

DIE TESTFRAGEN

Beim kinesiologischen Muskeltest ist die Art der Fragen entscheidend. Sie müssen klar und eindeutig mit Ja oder Nein zu beantworten sein. Sie sollten sich unmissverständlich nur die jeweilige Frage stellen und nicht gleichzeitig schon an die nächste denken. Innere Klarheit ist sehr wichtig dabei, ebenso das wirkliche Annehmen der möglichen Antwort. Alles Willentliche sollte ausgeschlossen sein.

Meine ersten wesentlichen Fragen an das Unterbewusstsein meiner Klienten sind die folgenden. Wenn Sie ein wenig Übung mit dem kinesiologischen Muskeltest haben, können auch Sie sich diese Fragen stellen. Wählen Sie sich dafür anhand Ihres Genogramms eine Thematik aus, die Ihnen »verdächtig« vorkommt. Irgendetwas, wo Sie vermuten, dass eine Thematik aus Ihrem eigenen Leben daher rühren könnte. Oder nehmen Sie eine bestimmte Person, bei der für Sie noch etwas offen zu sein scheint, wo Sie irgendetwas Ungelöstes fühlen. Fragen Sie sich dann mithilfe des kinesiologischen Muskeltests:

- ◇ Bin ich ich? (Immer bezogen auf die entsprechende Thematik)?
- ◇ Stecke ich (bei der entsprechenden Thematik) in einer anderen Identität (der Mutter, des Vaters, der Großmutter, des Großvaters und so weiter)? Der frühe Tod von Mutter oder Vater etwa kann zur Folge haben, dass wir den Verlust durch die Übernahme der Identität des Verstorbenen zu lindern und/oder auszugleichen versuchen.
- ◇ Habe ich eine Lebensberechtigung im Hier und Jetzt? (Ist in meiner näheren familiären Umgebung jemand – Mutter, Vater, ein Zwilling, ein Geschwisterchen, ein Onkel, eine Tante und so weiter – gestorben, empfinde ich als Überlebender oftmals eine Überlebensschuld.)

Aus Letzterem ergeben sich folgende Fragen: Liebe ich mich noch / lieben die anderen mich noch / gehöre ich noch zu meiner Familie, wenn ich

- gesund bin,
- Freude in meinem Leben habe,
- einen liebenswerten, gesunden Partner habe,
- (gesunde) Kinder habe,
- erfolgreich im Beruf bin und genügend Geld zum Leben habe,
- im Luxus lebe,
- Freunde habe,
- kreativ bin,
- friedvoll und liebevoll mit mir umgehe,
- in mir angekommen bin,
- unabhängig von äußeren und inneren Manipulationen bin,
- all diese positiven Ereignisse gleichzeitig in mein Leben ziehe,
- mein eigener Herr / meine eigene Herrin bin,
- meine Eltern mit meinem Geld, Erfolg, Glück, innerem Frieden, meiner Freude und so weiter »überhole« oder bereits »überholt« habe?

Machen Sie sich Notizen zu Ihren Antworten. Und folgen Sie Ihrer Intuition, wenn Ihnen irgendetwas auffällt. Sie können natürlich auch weitere, selbst gewählte Fragen stellen. In den weiteren Kapiteln dieses Buches finden Sie außerdem zu einzelnen Themenbereichen konkrete Fragen, die Sie gegebenenfalls testen können. Haben Sie all die behindernden Informationen zu Ihrem momentanen Themenbereich erkannt und wissen Sie, wen Sie über Ihr Verhalten in der Sippe halten zu müssen glauben, geht es ans Abfließenlassen dieser ungünstigen und einschränkenden Programmierungen.

DIE PROGRAMMIERUNGEN ABFLIESSEN LASSEN

Mein Ansatz ist ganzheitlich und daher möglicherweise für Sie zunächst ungewohnt. Ich lade Sie ein, sich einfach einmal darauf einzulassen und eigene Erfahrungen damit zu machen.

Für das Abfließenlassen der behindernden Muster aus dem System gibt es viele Möglichkeiten. Ich beschreibe Ihnen hier ein paar der Methoden, die ich in meiner Praxis nutze. Ich beginne mit gezielten Augenbewegungen, wie Sie sie auch selbst machen können. Am Ende gehe ich auf meditative Lösungsübungen ein, die schwerpunktmäßig in den weiteren Kapiteln eine Rolle spielen werden. So können Sie sich auch selbst sehr gut weiterhelfen.

AUGENBEWEGUNGEN

Dr. Dietrich Klinghardt ist einer der führenden Experten in der Psycho-Kinesiologie. In dieser Forschungsrichtung geht man unter anderem davon aus, dass wir mit gezielten Augenbewegungen bestimmte Bereiche unseres Gehirns und unseres Körpers positiv beeinflussen können. Genau das machen wir uns auch beim Abfließenlassen ungünstiger alter Programmierungen zunutze. In meiner Praxis habe ich damit bereits sehr gute Erfahrungen gesammelt. Wenn Sie also mithilfe des kinesiologischen Muskeltests herausgefunden haben, dass Sie ein bestimmtes Muster von Ihren Vorfahren übernommen haben, dann können Sie in den folgenden Schritten vorgehen.

BEFREIUNG DURCH AUGENBEWEGUNGEN

- Erfragen Sie mithilfe des Tests, welches Organ oder welches Körperteil durch dieses Muster belastet wird – die Leber vielleicht, die Milz, der rechte Arm, das Knie oder das Gehirn, der Magen oder allgemein die Muskulatur.
- Im nächsten Schritt testen Sie, welche Augenbewegungen hilfreich sind, um das Organ zu entlasten und das Muster aufzulösen – vielleicht eine waagerechte Pendelbewegung oder eine Bewegung auf und ab oder die Diagonale.
- Legen Sie dann eine Hand an das Organ oder die ertestete Körperstelle, denken Sie an das fragliche Muster oder Thema und vollführen Sie dann etwa drei Minuten lang diese Augenbewegung. Außerdem können liegende Achten, mit dem Auge nachgefahren, eine effektive Abfließmethode sein, die sich immer auszuführen lohnt.
- Testen Sie am Ende erneut, ob das Organ oder die Körperstelle noch immer von diesem Familienmuster beeinträchtigt wird. Wenn nein, dann ist dieses Thema erst einmal abgeschlossen. Wenn ja, dann erfragen Sie eine weitere Augenbewegung oder nutzen eine der meditativen Lösungsübungen aus diesem Buch, um sich vollständig von dem Muster zu befreien.

Vielleicht erscheint Ihnen diese Methode – zumindest anfangs – etwas zu komplex. Nutzen Sie dann vielleicht einfach die meditativen Lösungsübungen, die ich Ihnen zu den einzelnen Themen an die Hand gebe.

AKUPRESSUR, KLÄNGE UND FARBEN

In meiner Praxis nutze ich zusätzlich die Möglichkeit, die Muster, Programmierungen, Glaubenssätze und so weiter positiv über Akupressurpunkte zu verändern, zum Beispiel am Kopf. Ich halte dann das obere Hinterhaupt des Klienten mittig mit zwei oder drei Fingerspitzen und gleichzeitig die Stirn mittig mit der anderen Hand. Ich halte diese Stellen so lange, bis ich vorn und hinten einen gleichmäßig klopfenden Puls spüre. Dann lasse ich los und halte mit beiden Händen die seitlichen Schläfen mittig, bis ich erneut gleichmäßig auf beiden Seiten den Puls spüre. So bringe ich das gestresste System wieder in Balance. Ich wiederhole das Ganze noch einmal. Als letzten Kopfpunkt halte ich hinten mit den Fingern den oberen Hinterkopf und vorn gehe ich mit meinen Fingerkuppen auf die Nasenspitze, und zwar wieder so lange, bis ich den Herzschlag synchron pulsieren spüre. Diese Punkte bewirken darüber hinaus einen Stressabbau im Gehirn. Man kann sie sich auch selbst halten und dabei an das zu lösende Thema denken.

Auch mit Klang- und Farbfrequenzen können alle Körpersysteme energetisch »gereinigt« und in Harmonie gebracht werden. Mit Chakra-Stimmgabeln und anderen Klangkörpern zum Beispiel wird der Körper mittels harmonischer Frequenzen energetisch gereinigt und wieder in seine ursprünglich heile Schwingung gebracht. Diese speziellen Stimmgabeln (die man im Fachhandel oder übers Internet erwerben kann) sind auf bestimmte Chakras und die damit korrespondierenden Organe ausgerichtet, die Sie sich halten können, während die Gabeln erklingen.

Was auch möglich ist: Sie stellen sich aufrecht hin und bitten Ihr höheres Bewusstsein, die geistige Welt oder auch Ihre Engel darum, dass Sie das Belastende in die Erde abfließen lassen können. Da Sie es sich zuvor bewusst gemacht haben, können Sie nun zulassen, dass es Ihr System verlässt.

MEDITATIVE LÖSUNGSÜBUNGEN

Vor allem auch mit Meditationstechniken können Sie vieles lösen. Über einen entspannten Zustand, verbunden mit der erdenden Kraft von Gaia, unserem mütterlichen Planeten, und gleichzeitig verbunden mit der Lichtkraft von Vater Himmel, der kosmischen bedingungslosen Liebe, können die Dinge wieder in die Balance kommen. Diese Methode können Sie – bei Krankheiten und psychischen Problemen therapiebegleitend – besonders gut in Eigenregie durchführen, weshalb ich in den folgenden Kapiteln immer wieder darauf zurückkommen und Ihnen solche Meditationen anbieten werde.

Gehen Sie bei all den Methoden immer achtsam und liebevoll vor. Liebe ist Gott sei Dank die stärkste Energie, auch zur Transformation. Jeder Mensch ist die schöpferische Kraft, jeder Mensch hat sie in sich. Und viele Wege führen nach Rom.

MEDITATIVE LÖSUNGSÜBUNGEN

Im weiteren Verlauf dieses Buches finden Sie zu den unterschiedlichen Themen, die sich in der Ahnenarbeit zeigen können, angeleitete Meditationen. Mithilfe der GU Mind&Soul Plus App können Sie sich die Audios dafür herunterladen. Sie können sich diese Texte aber auch von jemandem vorlesen lassen oder Sie nehmen sie sich selbst – ruhig und langsam gelesen – auf einen Tonträger, zum Beispiel Ihr Smartphone, auf und spielen sich das Audio dann ab. So können Sie entspannt liegend oder sitzend der Reise folgen. Natürlich können Sie den Wortlaut auch mehrfach lesen und sich so verinnerlichen, sodass Sie die Lösungsübungen dann ohne Hilfsmittel praktizieren können.

DER ABSCHLUSSTEST

»Es war sehr befreiend, am Ende der Sitzung zu bemerken, dass all meine Ahnen damit einverstanden waren, dass es mir gut gehen darf und ich ihre Themen nicht mehr stellvertretend beackern muss.«

EIN KLIENT

Haben wir die negativen Glaubenssätze gelöst, werden folgende Themen – wieder unter Anwendung des kinesiologischen Muskeltests – abgeklärt, um zu sehen, ob alles im System angekommen und integriert ist. Diesmal sind es keine Fragen, sondern Aussagen, die Ihr System mit dem Test bejahen kann.

- ◇ Ich erkenne mich mit meiner Transformation noch als mich selbst – im positiven Sinne.
- ◇ Die anderen lieben und erkennen mich noch mit meiner Veränderung.
- ◇ Sie geschieht zum Wohle aller.
- ◇ Sie ist auf allen Ebenen integriert: auf der spirituellen, geistigen, emotionalen, körperlichen und außerkörperlichen.
- ◇ Alle inneren und äußeren Familien- beziehungsweise Sippenmitglieder akzeptieren sie.
- ◇ Es gibt keine Sabotage, Einwände, Widersprüche, Widerstände, Vernichtungsgedanken oder Forderungen nach Wiedergutmachung mehr.
- ◇ Ich kann gut und leicht und voller Freude die Veränderung im Hier und Jetzt annehmen.

Sind diese Fragen mit positivem Ergebnis geklärt, können Sie in aller Regel befreit wieder in Ihren Alltag eintauchen, ohne sich mit der erfolgten Veränderung »wie Falschgeld« zu fühlen. Sie haben Ihre Transformation nicht auf Kosten von anderen Sippenmitgliedern herbeigeführt, sondern ganzheitlich Heilung erfahren. So konnte der gesamten Sippe Erleichterung gebracht werden. Falls im Abschlusstest schwach getestet wird, dann braucht das System noch etwas – und Sie können anhand der Fragen aus dem Buch oder mithilfe Ihrer Intuition testen, was es ist. Dann nutzen Sie wieder die Lösungsübungen, Augenbewegungen oder auch Bach-Blütenessenzen oder Klänge.

DIE VERBORGENEN KRÄFTE IHRER AHNEN ERHELLEN – IM ÜBERBLICK

Vier Schritte sind es, die Sie zu neuer Freiheit und Kraft führen. Sie können diese Schritte immer neu gehen, so können sich die unterschiedlichsten Themen Schicht um Schicht lösen.

- ◇ **Genogramm:** Sie verschaffen sich einen Überblick über Ihre Familie und Sippe.
- ◇ **Kinesiologischer Muskeltest:** Sie befragen gewissermaßen Ihr Unterbewusstsein, wo es bezüglich Ihrer Familienstrukturen Belastungen, hemmende Glaubenssätze und andere hinderliche Muster gibt, die Sie übernommen haben oder die Sie kompensieren.
- ◇ **Programmierungen abfließen lassen:** Sie befreien sich von den alten Mustern, zum Beispiel über gezielte Augenbewegungen oder über die Lösungsübungen aus diesem Buch.
- ◇ **Abschlusstest:** Sie stellen sicher, dass die Ahnenarbeit gut verlaufen ist und Sie wirklich befreit hat.

FAMILIEN-KONSTELLATIONEN ERKENNEN

Gehen wir nun mehr ins Detail und schauen wir auf vielfältige Familienkonstellationen, aus denen sich Programmierungen ergeben können, die unser Leben über Jahrzehnte bestimmen – im Guten wie im Hinderlichen. Die Konstellationen innerhalb der Ursprungsfamilie, der heutigen Familie und in Paarbeziehungen zu erkennen kann ein erster Schritt zu Heilung und Freiheit sein.

ELTERN-KIND-BEZIEHUNGEN

Die Prägungen und Programmierungen durch unsere Vorfahren beeinflussen unser Verhalten bis zu 80 Prozent.

Die Eltern-Kind-Beziehung ist die stärkste zwischenmenschliche Bindung überhaupt. Sie prägt das Wesen der Kinder dominant. Da die Eltern wiederum Eltern hatten, die sie dominant beeinflusst haben, ist die Prägung durch die Groß- und Urgroßeltern ebenso relevant.

Die Eltern haben die »Aufgabe«, ihre Kinder zu lieben, sie zu führen, sie zu unterstützen und zu versorgen, solange die Kinder altersbedingt darauf angewiesen sind. Die Eltern dürfen ihre Kinder also liebevoll und verantwortungsvoll begleiten. Die Kinder sind keinesfalls so etwas wie ihr Besitz oder Eigentum, mit dem sie machen können, was sie wollen.

Die Kinder wiederum sollten ihre Eltern lieben, deren Position – als Mutter oder Vater – anerkennen, achten und respektieren, genauso wie die Eltern ihre Kinder lieben, deren Position achten, respektieren und anerkennen sollten. Eine achtsame, respektvolle, liebevolle Eltern-Kind-Beziehung kann jedoch nur gelebt werden, wenn die Positionen aller Beteiligten richtig besetzt sind. Die klare, eindeutige Besetzung der Mutterposition durch die Mutter bringt Klarheit und innere Sicherheit für alle Beteiligten. Die Mutter fühlt sich in ihrer Position mit ihrer eigenen Identität als Mutter verbunden, ist geerdet und bei sich. Sowohl der Vater als auch die Kinder sehen in ihr die Mutter und nicht eine x-beliebige andere Rolle.

Gibt es hier aus den verschiedensten Gründen, auf die ich noch zu sprechen komme, Verschiebungen, so entstehen viele

Unklarheiten in der systemischen Ordnung, die Unsicherheit und Verwirrung bewirken. Ähnlich verhält es sich mit den Positionen des Vaters und des Kindes. Elementare Fragen hierzu, die über den kinesiologischen Muskeltest geklärt werden können (siehe ab Seite 38), sind die folgenden:

- Existiert(e) eine wahrhaftige, reine Mutterliebe?
- Existiert(e) eine wahrhaftige, reine Vaterliebe?
- Existiert(e) eine wahrhaftige, reine Kinderliebe?
- Ist die Mutter / bin ich als Mutter in der Mutterposition?
- Ist der Vater / bin ich als Vater in der Vaterposition?
- Ist das Kind / war ich als Kind in der Kindposition?

AUSWIRKUNGEN VON POSITIONSVERSCHIEBUNGEN

Es ist für ein Kind (und für das Innere Kind im Erwachsenen) sehr wichtig, das väterlich-männliche Prinzip vom weiblich-mütterlichen unterscheiden und klar einordnen zu können. Ist jedoch die eindeutige Positionierung der Mutter, des Vaters und des Kindes selbst nicht gegeben, tut sich das Kind zum Beispiel schwer, seine eigenen gegengeschlechtlichen Seiten klar zu erkennen und zu positionieren. Das hat meist zur Folge, dass es die Männlichkeit des Vaters und die Weiblichkeit der Mutter sowie deren mangelnde spezielle Fürsorglichkeit innerlich durch einen »Ersatz« übermäßig zu kompensieren versucht, etwa indem es solche Attribute auf dafür ungeeignete Personen projiziert und/oder »falsche« Vorbilder überhöht.

Wenn die Mutter aus verschiedensten Gründen nie wirklich erwachsen geworden ist und die Verantwortung für ihr Muttersein nicht übernimmt, sind die Positionen bei Mutter und Kind verschoben. Dann fehlt die natürliche mütterliche Autorität, das Selbstverständnis des Geborgen- und Behütetseins und oft leidet das Urvertrauen des Kindes darunter. Meistens hat die Mutter in solchen Fällen ihrerseits auch kein Urvertrauen entwickeln können – sie hat die gleiche Thematik aus ihrer eigenen Kindheit mitgebracht.

Ersetzt nun ein Kind die Mutterposition und die Mutter rutscht in die Kindposition, ist das Kind überfordert und hat keinen Raum mehr, in dem es sich entfalten kann. Es übernimmt eine Verantwortung der Mutter, die es nicht wirklich tragen kann, und wird in seinem Leben Schwierigkeiten haben, angemessen mit Hierarchien und Autoritäten umzugehen. Es ist in der falschen systemischen Ebene gelandet. Die Mutter in der Kindposition hat ihre Verantwortung an das Kind delegiert und ist in dessen Bedürftigkeit gelandet. Sie braucht ihr Kind für ihre eigene Stabilität. Ihre Autorität wird vom Kind nicht mehr wirklich anerkannt und geachtet, sie ist als Mutter nicht mehr erreichbar, sondern nur noch in ihrer Bedürftigkeit wahrnehmbar.

Positionsverschiebungen können, wenn sie unbewusst bleiben, ein Leben lang Folgen zeigen. Bewusstheit darüber heilt bereits.

Die Mutter kann auch dafür verantwortlich sein, dass sie ihr Kind aus seiner Kind- in eine Partnerrolle holt, beispielsweise indem sie das Kind als Verbündeten zu gewinnen sucht und ihre Sorgen bei ihm ablädt, wenn sie Probleme mit ihrem wirklichen Partner hat. Der Sohn oder die Tochter spielen daraufhin Vater und der Vater Sohn. Das kann ebenfalls vom Sohn oder der Tochter ausgehen, indem sie zum Beispiel die Autorität des Vaters nicht ernst nehmen und stattdessen die Mutter bewundern. Allerdings kann dies nur geschehen, wenn alle Beteiligten aus welchen Gründen auch immer unterschwellig damit einverstanden sind.

Mutter-Tochter-Verschiebungen

Kommen wir nun zu den möglichen Dysbalancen der einzelnen Positionen und beginnen wir mit der Mutter-Tochter-Verschiebung. Lassen Sie mich diese anhand eines eindrücklichen Beispiels aus meiner Praxis erklären.

DER ÜBERFORDERUNG ENTKOMMEN

Eine Klientin war völlig aufgelöst. Sie hatte keine Lebenslust mehr, wollte nicht mehr dauernd allein für alle kämpfen müssen und fühlte sich ohnmächtig ihrem Schicksal ausgeliefert. Ihr Mann hatte einen Konkurs hingelegt und ihr gewohntes, finanziell sorgenfreies Leben war mit einem Schlag beendet. Der Mann war darüber so verzweifelt, dass er versucht hatte, sich umzubringen. Er überlebte Gott sei Dank, war jedoch erst einmal unfähig, seine Familie zu unterstützen.

Um Abstand zu bekommen und einen Neubeginn zu starten, ging er in eine andere Stadt. So blieb meine Klientin allein mit ihrem Sohn zurück und musste selbst für das Wohl der Familie aufkommen.

Sie hatte in ihrem System gespeichert, keine wirkliche Unterstützung erhalten zu können und zu dürfen. Das war in ihrem Weltbild der Preis, um in ihrer Sippe bleiben zu können. Es bestand eine lange Kette von Ursachen dafür, gespeichert im Unterbewusstsein. Die Mutter meiner Klientin musste im Krieg aus ihrem Heimatland flüchten, hatte alles verloren und Geliebtes zurückgelassen. Sie verbrachte die meiste Zeit ihres Lebens lesend im Bett, gefangen in der Vergangenheit und in ihrer unerfüllten Sehnsucht. So war sie nicht wirklich anwesend.

Diese nicht wirklich besetzte Position der Mutter hatte wiederum die Großmutter eingenommen, die nach der Flucht bei ihrer Tochter in deren neu gegründeter Familie wohnte und sich um alles kümmerte. Als die Großmutter starb, übernahm meine Klientin die Rolle der Großmutter, um für ihre unfähige Mutter zu sorgen und die Verantwortung zu übernehmen. Dies bedeutete, dass sie noch als junges Mädchen von ihrer Tochterposition nicht nur in die Mutter-, sondern sogar noch in die Großmutterposition gekommen ist. Sie hatte damals schon eine Verantwortung zu tragen, mit der sie als Kind völlig überfordert war.

Erschwerend hinzu kam die fehlende Unterstützung ihres Vaters. Er wiederum hatte von seinem Vater keine Unterstützung erfahren, da dieser viel zu früh im Krieg geblieben war und er ihn kaum kannte. Auch diese fehlende männliche Unterstützung hatte meine Klientin als Tochter und Enkelin in sich gespeichert. Das Gleiche kam zudem von ihrer Mutter als Information, da deren Vater Alkoholiker war, deswegen von ihrer Mutter verlassen wurde und ebenfalls keine Unterstützung bot. Bei der Klientin kam zu alledem noch hinzu, dass ihr Bruder chronisch krank war und ebenfalls keine Unterstützung bot, sondern seinerseits von ihr unterstützt werden musste. Es kamen noch weitere Umstände hinzu, doch für unsere Zwecke hier reichen die genannten Zusammenhänge.

Anhand des Genogramms und in unserem Gespräch darüber wurden der Klientin all diese Verschiebungen deutlich und wir lösten die Programmierungen nach und nach auf. Daraufhin gewann die Frau wieder Klarheit und einen Überblick über ihr Leben. Sie konnte nun angemessen differenzieren und aus der chronischen Überforderung aussteigen, gewisse Dinge hinnehmen und andere anpacken, unfreiwillige Verantwortung abgeben und in die eigene Verantwortung gehen.

Mutter-Sohn-Verschiebungen

Sieht eine Mutter zum Beispiel in ihrem Sohn das Idealbild des Mannes, der ihr besser und schöner als ihr Mann erscheint, so will sie vom Sohn in ihrem Frausein bestätigt werden. Der eigene Mann kann dies nicht wirklich leisten, da sie den Sohn über ihn gestellt hat und den Mann vielleicht nur als Erzeuger ihrer

Kinder ansieht. Der Sohn wird von ihr also an der ersten Stelle positioniert, an die er als Kind jedoch systemisch nicht gehört. Der Sohn bewundert und vergöttert seine Mutter ebenfalls, geht es ihm anfänglich doch prächtig durch die vermeintlich privilegierte Position. Auf diese Weise sind die weiblichen Anteile bei der Mutter und die männlichen Anteile beim Sohn in den Vordergrund gerückt und nicht die mütterlichen bei der Mutter und die kindlichen beim Sohn. Der Sohn lernt die reine Mutterliebe nicht kennen, sondern eher die Begehrlichkeiten der Mutter, die ihre eigene Weiblichkeit betreffen. Sehr oft »heiraten diese Männer dann ihre Mütter«: Die Ehefrau steht für ihre Mutter. Oder die Söhne leben das Muster in der Umkehr, heiraten das Gegenteil der Mutter und versuchen, sich über diese Beziehung aus dem Zugriff der Mutter zu befreien.

Mit einem geübten Blick auf Ahnen- und Familienkonstellationen lassen sich unzählige Muster und »Macken«, Belastungen und Schwächen erklären und letztlich auch erlösen.

Je nachdem, ob die Mütter »befriedet« sind über das Weiterleben in der Schwiegertochter oder aber zutiefst verletzt über die Abwendung des Sohnes, der sich eine »neue Frau« wählt, reagieren sie dann. Der weibliche Teil der Mutter, der über den Sohn »befüllt« werden musste, ist dann nicht mehr über die dauernde Aufmerksamkeit und Bewunderung – man spricht hier von Adoration – versorgt.

Die Begehrlichkeiten zwischen Mutter und Sohn können natürlich noch auf andere Art und Weise ausgelebt werden. Und es gibt sie auch zwischen Vater und Tochter.

Vater-Tochter-Verschiebungen

Sieht der Vater zum Beispiel in seiner Tochter das Idealbild der Frau, die ihm besser, schöner, genialer als die eigene Frau erscheint, so will er über seine Tochter in seinem Mannsein bestätigt werden. Kann die eigene Frau ihn in seinem Mannsein nicht bestärken, stellt er seine Tochter über die Ehefrau. Vielleicht hat der Mann seine Frau auch nur zum Gebären seiner Kinder »benutzt«. Die Tochter wird der Mutter vorgezogen, vielleicht sogar vergöttert und an die erste Stelle gestellt.

Die Tochter vergöttert ihrerseits ihren Vater, geht es ihr doch zunächst über die Bevorzugung sehr gut. Auf diese Weise sind beim Vater die männlichen und bei der Tochter die weiblichen Anteile in den Vordergrund gerückt und nicht die väterlichen und die kindlichen.

Sehr oft heiraten die Töchter später mit ihren Ehemännern im übertragenen Sinne ihre Väter. Der Ehemann steht dann für den Vater. Oder die Töchter heiraten das Gegenteil des Vaters und versuchen, sich auf diese Weise aus dem dominanten Feld des Vaters zu befreien. Je nachdem, wie die Väter gestrickt sind, sind sie in solchen Fällen befriedet über das Weiterleben im Schwiegersohn oder zutiefst beleidigt angesichts der versuchten Abnabelung der Tochter. Der Männeranteil des Vaters, der über die Adoration der Tochter befriedigt wurde, wird nämlich einfach nicht mehr versorgt.

Auch hier können die Begehrlichkeiten zwischen Vater und Tochter natürlich auf ganz unterschiedliche Art und Weise ausgelebt werden.

Vater-Sohn-Verschiebungen

Sind die Positionen von Vater und Sohn verschoben, kommt es ebenfalls zu verschwommenen Wahrnehmungen von väterlicher Autorität und dem Versorgt- und Aufgefangensein über den Vater. Der Sohn sagt dem Vater, was dieser zu tun habe, und nicht umgekehrt. Die Autoritäten sind umgedreht. Der Sohn ist damit natürlicherweise völlig überfordert und wird sich im ungünstigsten Fall lebenslang mit Verantwortungsübernahme und -abgabe schwertun.

Vater-Mutter-Verschiebungen

Sind die Positionen von Mutter und Vater verschoben, kommt es ebenfalls zu Verwechslungen im System des Kindes. Es sieht im Vater das mütterliche Prinzip, in der Mutter das väterliche und kann so das Männliche nicht klar dem männlichen Prinzip, das Weibliche nicht klar dem weiblichen Prinzip zuordnen.

Kinder-Eltern-Verschiebungen

Es gibt Fälle, da beanspruchen Heranreifende mit ihrem Verhalten die Elternposition. Allerdings kann dies nur dann wirklich umgesetzt werden, wenn die Eltern Schwierigkeiten mit ihrer eigenen Elternposition haben. Die Kinder nehmen ihre Eltern in solchen Fällen nicht ernst und respektieren sie in keiner Weise. Sie lehnen sich auf und sorgen für Schwierigkeiten, sie bringen die Eltern in eine Ohnmachtssituation. Sie sind unbelehrbar und anmaßend. Sie fühlen sich selbst nicht in der Kinder-, sondern in der Elternposition, zumindest in der »Chefrolle«. Weder Eltern noch Kinder haben dabei aus ihrem Herzen heraus Interesse an beziehungsweise Lust auf derartigen Stress, auf Disharmonie, Streit oder vielleicht sogar auf Gewalt. Wie kann es also dazu kommen?

Werfen wir Licht ins Dunkel unserer ersten Lebensjahre und der Ahnenerfahrungen davor, kann sich in unserem Leben vieles befrieden und neu entfalten.

Anhand des jeweiligen Genogramms und dessen Analyse können wir erkennen, ob die Eltern-Kind-Rollen in den vorherigen Generationen systemisch »richtig« besetzt wurden. Haben wir das abgeklärt und klar erkannt, kann außerdem eine karmische Komponente als Ursache infrage kommen. In meiner Praxis habe ich immer wieder deutlich sehen dürfen, dass wir Lektionen aus früheren Leben in unser jetziges Dasein mitbringen und diese über die Gegebenheiten unserer aktuellen Existenz erkennen und lösen dürfen. So kann es sein, dass das Kind in einer vergangenen

Inkarnation mit der damaligen »Version« seiner aktuellen Eltern – in welcher Form und Konstellation auch immer – Stress hatte und jetzt eine »Wiedergutmachung« stattfindet. Nun sorgt das Kind bei den Eltern für Schwierigkeiten. Dies geschieht jedoch nicht aus Rachemotiven und dergleichen, sondern als eine Lernchance.

TESTFRAGEN ZU POSITIONSVERSCHIEBUNGEN

Die übergeordnete, essenzielle Frage, egal, ob sie aus aktuellen Verschiebungen, übernommenen Programmierungen oder karmischen Gegebenheiten herrührt, lautet: »Bin ich als Kind gut genug für meine Mutter und meinen Vater?« Das heißt: »Kann ich den Ansprüchen von Mutter oder Vater genügen? Was kann ich noch alles tun, um meiner Mutter, meinem Vater zu gefallen? Bin ich als Kind überhaupt in der Lage, meiner Mutter, meinem Vater zu gefallen? Bin ich es wert?« Haben wir als Kind das Gefühl, nicht zu genügen, egal in welcher Beziehung, leidet unser Selbstwertgefühl zutiefst darunter. Wir befinden uns permanent im Zweifel, ob wir dieses oder jenes richtig gemacht haben. Ob wir durch uns, unser Kindsein, die Bedürfnisse und Ansprüche unserer Eltern erfüllen können. Sehr oft ist dies ein weibliches Phänomen, eine weibliche Thematik, die wir in der Sippe bei fast allen Frauen finden werden. Als Sohn sind wir schon mit mehr Selbstbewusstsein geboren, das ist tief archaisch angelegt. Natürlich bestätigen Ausnahmen auch hier wieder die Regel.

FRAGEN ZU POSITIONSVERSCHIEBUNGEN

Hier sind die wesentlichen Testfragen, wie ich sie meinen Klienten stelle. Sie können sie in einer ruhigen Selbstreflexion auch sich selbst stellen und sich dabei kinesiologisch testen. Dabei sollten Sie gedanklich in eine bestimmte Phase Ihrer Kindheit gehen. Vielleicht lauten die Antworten für die gesamte Kindheit gleich oder sie variieren von Phase zu Phase.

- ◇ Sahen Sie als Kind in den Eltern die Eltern, die Mutter, den Vater?
- ◇ Sahen Sie sich in Ihrer Kindheit als Kind?
- ◇ Trugen Ihre Eltern in ihrer Elternposition die volle Verantwortung für ihr Mutter- oder Vatersein?
- ◇ Durften Sie in Ihrer Kinderposition damals wirklich Kind sein?
- ◇ Hatten Sie als Kind ein Recht auf wirkliche Liebe, Zuwendung und Geborgenheit?
- ◇ Sahen Ihre Eltern in Ihnen ihr Kind?
- ◇ Besetzten Sie als Tochter die Mutter- oder Großmutterposition?
- ◇ Besetzten Sie als Sohn die Vater- oder Großvaterposition?
- ◇ Besetzten Vater oder Mutter die Sohn- oder Tochterposition?
- ◇ Projizierten sie ihre eigenen Themen auf Sie als Kind, was Sie dann tragen mussten, um geliebt zu werden?
- ◇ Projizierten oder projizieren Sie als Kind Ihre eigenen Themen auf die Eltern?
- ◇ Hatten Ihre Eltern in ihrer eigenen Kindheit je die Chance, Kind zu sein?
- ◇ Gibt es vielleicht karmische Wiedergutmachungen in der Familie, die die Positionen verschoben?
- ◇ War Ihre Mutter in der Beziehung zu Ihnen in ihrer Mutterrolle und in der Mutterliebe?
- ◇ War Ihr Vater in der Beziehung zu Ihnen in der Vaterrolle und in der Vaterliebe?

Mit den eben genannten Fragen ermitteln wir die klaren Defizite, wenn es um Mutter- und Vaterliebe geht. Waren solche Defizite gegeben, war das Kind meist Partner der Mutter oder Partner des Vaters. Auf jeden Fall fehlte ihm ein Elternteil in der richtigen hierarchischen Position. Es ließ einen Mangel an Anerkennung, Wertschätzung und Achtung dem Vater oder der Mutter gegenüber erkennen und hat in der Folge sein Leben lang Schwierigkeiten mit dem einen oder anderen Geschlecht. Es entstanden tiefe Zweifel, die richtigen Entscheidungen zu treffen, Abgrenzungsprobleme sowie Nähe-und-Distanz-Probleme.

Bei verschobenen Familienkonstellationen kann sich das Kind der Liebe der ersten wesentlichen Personen in seinem Leben, seiner Eltern, nicht wirklich sicher sein, da es als Ersatz fungieren musste, um geliebt zu sein.

Mit den Fragen ermitteln wir darüber hinaus auch, ob Aggressionen der Eltern untereinander auf die Kinder übertragen, von diesen übernommen und in ihr Erwachsenenleben kolportiert werden. Da jedes Kind das weibliche und das männliche Prinzip in sich trägt, das wiederum von Mutter und Vater geprägt ist, können grob betrachtet folgende Programmierungen, Stressvarianten und Glaubenssätze auftreten:

- Das weibliche Prinzip des Kindes scheitert an seinem männlichen Prinzip. Oder das männliche Prinzip des Kindes scheitert an seinem weiblichen Prinzip. Je nachdem, wie die Positionen der Eltern verschoben waren, wirken das mütterlich weibliche Prinzip negativ auf das väterlich männliche oder umgekehrt. Haben sie zum Beispiel subtil gegeneinander gekämpft und sich unterdrückt, lautet der Glaubenssatz: »Nur wenn das Männliche und das Weibliche in mir kämpfen, gehöre ich zur Sippe.«
- Die Pole kommunizieren über Groll. Das erlaubt es dem Kind, in der Sippe zu bleiben, da Mutter und Vater

ebenfalls so kommuniziert haben. Ein Glaubenssatz könnte nun lauten: »Nur über Beschimpfung und Aggressionen kann ich die Bindung zu meinem männlichen Prinzip aufrechterhalten.«

◇ Das weibliche Prinzip löst die Aggressionen aus. Das männliche Prinzip führt sie aus. Der Glaubenssatz könnte lauten: »Nur über das Empfangen von Groll und Aggression bleibt mein weibliches Prinzip in der Sippe.« Darüber wird es anerkannt und fühlt sich in der Kommunikation sicher, weil es bekannt ist und schon immer so gelebt wurde.

AUTORITÄT UND STRENGE

Wie gesagt: Das Erkennen und Anerkennen ist der erste Schritt zur Lösung und Befreiung. Da es im Wesentlichen um das Erkennen geht, möchte ich Ihnen hier nun weitere programmatische Zusammenhänge aufzeigen.

Die Ablehnung des autoritären Vaters

Haben wir einen autoritären Vater gehabt, unter dem wir sehr leiden mussten, können wir in der Folge eine Aversion gegen unsere eigene innere Autorität aufbauen. Da das väterliche Prinzip unseren männlichen Anteil in uns prägt, müssten wir theoretisch eigentlich genauso autoritär wie unser Vater sein. Nun haben wir unter diesem Verhalten aber sehr gelitten, weswegen wir es in unserem tiefsten Inneren ablehnen. Ein großer innerer Konflikt ist geboren.

Eine mögliche Folge ist, dass wir in unserem Leben immer auf irgendeine Art und Weise Schwierigkeiten mit Autoritäten haben werden. Vielleicht bekommen wir einen Chef, der nur im Befehlston mit uns spricht, oder wir heiraten einen Mann, der sich sehr gebieterisch gibt. Es ist denkbar, dass uns eigenes oder fremdes autoritäres Verhalten in eine Art Ohnmachtszustand bringt. Anstatt zu agieren, sind wir dann richtiggehend lahmgelegt. Es kann aber auch sein, dass unser autoritäres Verhalten von unserem Umfeld nicht ernst genommen wird. Auf jeden Fall ist die Achtung vor »Autorität« in irgendeiner Weise verloren gegangen und damit meistens auch die Selbstachtung sowie der Respekt der anderen.

Wir leben unsere abgelehnte oder aufgegebene Autorität über Gehorsam, Anpassung und Selbstaufgabe. Durch den Verlust des Respekts, der Achtung, der Wertschätzung unserer selbst (oft wird uns das alles vom Leben über Fehler oder Versagen gezeigt) haben wir andererseits wieder einen hohen Perfektionsanspruch an uns selbst. Dieser spiegelt uns immer wieder unser Versagen und unsere fehlende Wertschätzung.

Ein extrem hoher Anspruch an andere kann die nächste Variante sein. Wir machen uns dadurch ebenfalls zu Sklaven, denn es führt zu tief empfundenen Unzulänglichkeiten unserer eigenen Person, die durchaus in eine Depression führen können, da der verschobene überzogene Anspruch an die anderen natürlich selten erfüllt wird.

Auch Selbstsabotage- oder -zerstörungsprogramme können die Folge sein, außerdem Ängste, Schuldgefühle, Verachtung, sogar Hass und Rachegelüste. Meistens reagieren wir dann auf unsere Nächsten mit Groll, in Wirklichkeit aber ärgern wir uns über uns selbst und lasten uns tief in unserem Inneren an, all das Gewesene in unserer Kindheit mitgemacht und ertragen zu haben.

Der autoritäre Vater als Vorbild

In diesem Fall haben wir zwar unter dem autoritären Verhalten des Vaters gelitten, glauben aber zutiefst in uns, genauso wie er sein zu müssen, beispielsweise um »ein Mann zu sein« und weiterhin zur Sippe gehören zu dürfen – und das heißt zu überleben.

Wir gehen jetzt ähnlich autoritär mit unseren Mitmenschen um, vor allem auch mit unseren Kindern. In unserem tiefsten Inneren befinden wir uns im Zwiespalt mit unserem autoritären Verhalten und unseren in der Kindheit verletzten Gefühlen. Die Folge davon ist, dass wir jedes Mal, wenn wir anderen durch unser Verhalten wehtun, in Wirklichkeit uns selbst Schmerzen zufügen. Wir werden durch unser übernommenes Verhalten automatisch immer an das traumatisierende Verhalten unseres Vaters erinnert. Damit halten wir die Erinnerung permanent wach.

Erkennen Sie sich in einer der Beschreibungen von Familienkonstellationen wieder? Dann können Sie dem weiter nachgehen und sich befreien.

Gleichzeitig kann eine komplette Abspaltung der sensiblen Gefühlsseite stattgefunden haben und wir leben unsere Männlichkeit über willkürlich-autoritäre Verhaltensweisen, die mit unserer wahrhaftigen weisen Autorität nichts zu tun haben. Wir lassen unsere sensible, aber abgespaltene Seite über andere Personen bedienen, zum Beispiel über die Partnerin oder die Kinder. Wir selbst zeigen diese Seite nicht und sie ist uns auch nicht bewusst, sondern schon beim kleinsten Aufflackern eher unangenehm.

Wir können den vom Vater übernommenen autoritären Anteil auch abgespalten haben, indem wir unsere Autorität über andere in unserem Umfeld leben lassen, da wir selbst nicht mehr an sie herankommen. Wir lassen uns dann über die verschobene Autorität von anderen dominieren und autoritär behandeln. Wir haben Schwierigkeiten mit folgenreichen Entscheidungen und lassen sie von unserem Umfeld treffen.

Die autoritäre Mutter

Ist die Mutter sehr autoritär und bestimmend, eher hart und gefühlskalt, dirigiert sie vielleicht den Vater und bestimmt sein Verhalten, so verbindet das Kind mit der Mutter eher die männliche als die weibliche Komponente des Seins. Ist der Vater weich, nachgiebig, emotional, kümmert er sich um die sensiblen Belange der Kinder, ist er einfühlsam und nachgiebig, so verbinden die Kinder mit ihm eher die weibliche Komponente. Die Kinder werden dann später mit der mütterlichen Autorität Schwierigkeiten haben, sofern sie darunter litten. Sie verbinden eine liebevolle Beziehung eher mit dem väterlichen Prinzip.

Auch hier kann das Kind die autoritäre Seite der Mutter abspalten und infolgedessen zum Spielball anderer autoritärer Personen werden. Es hat unter der Autorität gelitten und lebt diesbezüglich in einem inneren Zwiespalt. Es kann dann zum Beispiel als Frau das autoritäre Vorbild nachleben, in die eher männliche Position schlüpfen und wird sich meistens einen schwachen Gegenpart suchen.

Die Mutter als Schutz vor dem strengen Vater

Eine der Folgen strengen väterlichen Verhaltens kann es sein, dass die Mutter glaubt, ihr Kind vor dem Vater beschützen zu müssen. Sie geht ein Schutzbündnis mit ihrem Kind ein und entfernt sich so vom Vater. Sie spürt unbewusst, dass die Strenge des Vaters reine Kompensation seinerseits ist. Die Mutter mischt sich ein, um das Kind vor der Bedürftigkeit des Vaters zu schützen. Jetzt hat die Mutter eine Gemeinschaft mit dem Kind geschlossen und steht dadurch zwischen Vater und Kind. Das Kind hat keine direkte Verbindung zu seinem Vater mehr. Gleichzeitig ist die reine Vaterliebe über die übermäßige Strenge verdeckt.

SCHWÄCHE

Statt Autorität und Strenge kann auch die Schwäche eines Elternteils prägend für uns als Kind gewesen sein. Dann können andere Muster in unserer Persönlichkeit entstehen.

Der schwache Vater

Haben wir als Tochter einen sehr schwachen Vater und eine sehr starke Mutter und diese Verhaltensweisen in unser System übernommen, können wir sie beispielsweise ablehnen und in der Umkehr leben. Übernehmen wir die Verhaltensweisen unserer Eltern als Tochter, dann werden wir sehr stark und autoritär sein und uns einen schwachen Mann suchen (nach dem Vorbild der Eltern). Wir ziehen über unsere Stärke die gegensätzliche Seite an, die sogenannte Schwäche. Tief in unserem Inneren haben wir jedoch Sehnsucht nach einem starken Mann, der uns »beschützt«.

Leben wir hingegen als Tochter die Schwäche unseres Vaters in der Umkehr, werden wir uns einen besonders stark wirkenden Mann suchen, die innere Stärke, übernommen von der Mutter, ablehnen und uns von unserem Partner führen lassen. Wir lehnen tief in uns die Schwäche unseres Vaters ab, genauso wie die übermäßige Stärke unserer Mutter; und wir werden in unserem Leben mit Stärke und Schwäche mehr oder weniger subtil unsere Probleme haben.

Solange wir aus verschobenen Familienkonstellationen unserer Kindheit heraus agieren, ist es kaum möglich, wirklich erfüllt und kraftvoll zu leben.

Als Sohn eines schwachen Vaters haben wir die Mutter, die Frau, als den stärkeren Part in uns gespeichert. Wir nehmen die Schwäche des Vaters dann entweder an und suchen uns eine starke Frau in unserem Leben. Oder wir lehnen die Schwäche unseres Vaters ab, versuchen, über dominantes Verhalten besonders stark zu wirken, und suchen ein schwächeres Gegenüber. Wir können auch die Schwäche unseres Vaters und die Stärke unserer Mutter ablehnen und genau diese Eigenschaften über Personen im Außen bedienen.

Es kommt hier – wie in allen anderen Familiensystemen – natürlich auch darauf an, welche Muster von den Groß- und Urgroßeltern wir noch in uns gespeichert haben. War zum Beispiel unser Vater schwach, unsere Mutter stark und führten deren

Eltern eine klassisch archaische Beziehung – der Großvater war der starke, dominante Part und die Großmutter der schwächere, weichere, liebevolle Teil in der Beziehung –, können folgende Konstellationen entstehen:

- ◇ Wir haben die Stärke des Großvaters übernommen und lehnen die Schwäche unseres Vaters ab. Wir gehen mit unserer Dominanz in die Vaterposition unseres eigenen Vaters. Auf der einen Seite halten wir damit unseren Großvater über unser gleichartiges Verhalten in der Sippe und uns in der Enkelposition. Gleichzeitig überholen wir als Sohn unseren Vater. Außerdem identifizieren wir uns mit der Stärke unserer Mutter, wir halten als Sohn mit unserer gelebten Stärke unsere Mutter in der Sippe.
- ◇ Die von unseren Sippenmitgliedern übernommenen, jedoch *nicht* über uns gelebten Verhaltensweisen müssen wir kompensieren: etwa indem wir in unserem Umfeld mit Schwäche konfrontiert werden, mit der wir nicht umgehen können, die wir vielleicht sogar ablehnen, zum Beispiel indem wir uns einen schwachen Chef ins Leben holen, dem wir uns trotz unserer Ablehnung unterordnen müssen.
- ◇ Haben wir die Schwäche des Vaters in uns gespeichert, werden wir in unserem Leben mit schwachen Männern konfrontiert sein und mit ihnen in irgendeiner Form Schwierigkeiten haben. Denn wir haben als Sohn das übernommene Verhalten über uns selbst nicht ausgelebt.

Die schwache Mutter

Der Gegenpol zum strengen Vater ist die Mutter, die sich zu sehr mit dem Kind identifiziert. Sie versetzt sich derart intensiv in das Kleine hinein und fühlt sich so stark mit ihrer eigenen Erfahrung als Kind angesprochen, dass sie in ihr Kinder-Ich abdriftet und auf der Mutterebene nicht mehr anwesend ist.

Nehmen wir an, der Vater erkennt dies und versucht nun, das Kind vor der Bedürftigkeit der Mutter zu schützen, indem er es etwa vom mütterlichen Einfluss fernhält. Dabei geht der Vater auf gleiche Weise in eine schützende Gemeinschaft mit dem Kind und steht dadurch zwischen der direkten Beziehung zwischen Mutter und Kind, die mittlerweile eher zu einer Geschwisterbeziehung geworden ist.

Sie kennen das Prinzip inzwischen, auch hier gibt es wieder vielfache Möglichkeiten, wie sich das Kind entwickeln kann. Es nimmt weder Mutter noch Vater wahrhaftig ernst und als Autoritätsperson an – mit allen Folgen für die eigene Entwicklung.

GEWALT UND ÜBERGRIFFIGKEIT

Gewalt in Familien ist leider immer noch ein trauriges Thema. Sind Schläge und Züchtigungen an der Tagesordnung und versuchen die Eltern, sich über Handgreiflichkeiten Respekt zu verschaffen, wird dies tief im Zellbewusstsein des Kindes eingebrannt: Gehorsam aus Angst vor Gewalt als Überlebensmechanismus und Gewalt als Mittel zum Autoritätsgewinn.

Nun haben wir uns weiterentwickelt, in der zivilisierten Gesellschaft ist das Schlagen von Kindern mittlerweile verpönt. So lautet der Vorsatz der Eltern, auch wenn sie (oder einer von ihnen) geschlagen wurden, ihrem Kind gegenüber keine Gewalt anzuwenden. Dennoch sind die aggressiven Programmierungen der Eltern noch aktiv im Kind gespeichert.

Womit kann diese bewusste Entscheidung der Eltern, ihr Kind nicht zu schlagen, einhergehen? Zum Beispiel mit Kompensationen. So absurd es auch klingen mag: Es kann durchaus sein, dass das Kind dann von anderen – von Schulkameraden, von anderen Erwachsenen – körperlich gezüchtigt wird, um das Nicht-geschlagen-Werden »auszugleichen«. Da es unbewusst die Programmierung der Gewalterfahrung in sich gespeichert hat, strahlt das Kind diese Programmierung nach außen und unbewusst glaubt das System, die Muster nachmachen zu müssen, um zu überleben.

Andererseits kann das Gewaltthema auch gänzlich abgelehnt sein, vielleicht verschoben auf andere. Möglicherweise kompensieren es die Eltern selbst für die Kinder: Vielleicht geraten sie des Öfteren über unglückliche Umstände in Schlägereien oder verletzen sich. Ebenso gut können Kinder ihre Eltern schlagen. Wurde man als Kind emotional oder sogar körperlich übergriffig behandelt, wird man dies also eins zu eins seinen eigenen Kindern als Information weitergeben. Diese werden es nachmachen, kompensieren oder auch verlagern.

Sind wir als Kind Übergriffigkeiten verschiedener Art ausgesetzt gewesen, können sich unter anderem folgende widersprüchliche, tief eingegrabene Glaubenssätze in uns verankern:

- ◇ Nur über Missbrauch bin ich als Mann oder Frau begehrenswert.
- ◇ Meine Männlichkeit, Weiblichkeit oder Kindlichkeit zieht Missbrauch an.
- ◇ Inzest ist Liebe und Zuneigung, die Voraussetzung, um in der Familie geliebt und angesehen zu sein.
- ◇ Ich muss als Kind bedingungslos gehorchen, um anerkannt und geliebt zu sein.
- ◇ Solange meine Eltern leben, muss ich ihnen zur Verfügung stehen. Nur so werde ich geliebt.
- ◇ Ich werde auf Händen getragen, wenn ich alles Verlangte und von mir Gewünschte erfülle.
- ◇ Mein emotionaler Schutzwall um mich herum schützt mich vor emotionalen Gefahren.
- ◇ Ich lasse mich selbst als Mann, als Frau besser nicht leben.
- ◇ Ich stelle mich selbst in den Schatten meiner Anteile, die ich glaube leben zu müssen, um zu überleben.
- ◇ Es geht um das *Überleben*, aber nicht um das Leben.

INZEST

Eine massive Übergriffigkeit ist der erzwungene Inzest, der einen Menschen ein Leben lang blockieren kann. Aber auch solche Fälle können »gelöst« werden, wie das folgende Beispiel zeigt. Eine Dame hatte Schwierigkeiten im Umgang mit Nähe und Bindung. Sie war als Jugendliche von ihrem eigenen Vater geschwängert worden, das Kind wurde abgetrieben.

Sie verband Sexualität, Nähe und sogar Liebe mit der körperlichen Übergriffigkeit ihres Vaters, ebenso waren Sicherheit und Versorgung damit verknüpft. Verbot und Geheimnis waren zusätzlich an diesen Inzest gebunden. Denn die Scham war viel zu groß, um es anzuprangern. Dass sich das ganze Genogramm und die systemischen Wirkweisen verschoben hätten, wenn sie ihr eigenes Geschwister zur Welt gebracht hätte, ist bei alldem noch das geringere Übel.

Da ihre Mutter sie vor dem Vater nicht geschützt hatte, konnte sie ihrer Mutter ebenfalls nicht mehr wirklich trauen. Sie entwickelte ihr gegenüber eine Hassliebe, ebenso wie gegenüber sich selbst. Sicherheit, Schutz und Versorgung verschob diese Dame nach außen, sie konnte sich von ihrem System keine wirkliche Unterstützung ohne Übergriffigkeit vorstellen.

Meine Klientin »ersetzte« dieses ganze Thema durch äußere Fülle, durch Geld und illusionäre äußere Ansprüche. Die Tabuisierung, gekoppelt mit Verboten, Scham, Selbsthass, Selbstablehnung, Gefühllosigkeit, Geheimnis und Pakten, ist eine typische Folge davon. Das Verbot der Schwangerschaft kommt erschwerend hinzu. Das Ausgeliefertsein als Tochter ebenso. Sie heiratete einen deutlich älteren Mann, der ihr als Vaterersatz diente. Sie lehnte ihn einerseits emotional ab, projizierte aber gleichzeitig die Vaterliebe auf ihn, die über das inzestuöse Verhalten absolut zwiegespalten war. Insgesamt hatte sie eine Mauer um sich herum aufgebaut, war kaum in ihren Gefühlen zu Hause und versuchte stattdessen, perfekt zu funktionieren und alles bestmöglich zu organisieren.

Wir konnten all die Zusammenhänge bewusst machen, und nachdem wir die vermeintlichen Überlebensmuster über das Genogramm erkannt und sie über die Aktivierung diverser Akupressurpunkte sowie mithilfe von Klangfrequenzen geheilt hatten, konnte meine Klientin sich allmählich auf eine wirklich achtende und wertschätzende Herzensbeziehung mit ihrem Mann einlassen. Er wurde für sie zu einem wirklichen Partner und sie fand einen guten Zugang zu ihrem Fühlen.

Kinder als Verbündete gegen den Partner

Sind wir beispielsweise als Tochter von unserer Mutter als Schutz und Waffe gegen unseren Vater benutzt worden, indem wir an ihrer Seite den Vater ablehnen und bekämpfen mussten, werden wir als Folge davon mit der Nähe zu Männern Probleme haben. Unsere Mutter hat ihre Wut auf unseren Vater auf uns abgeladen und uns instrumentalisiert. So haben wir als Tochter nie die Möglichkeit gehabt, uns ihm gegenüber liebevoll zu öffnen. Wir hatten immer im Hinterkopf, er sei in irgendeiner Form ungenügend oder schlecht. Wir haben uns instinktiv gegen seine Nähe gewehrt, ja sogar Angst vor seiner Nähe gehabt. Ebenso hatten wir Angst, unsere Mutter zu verraten, wenn wir die Nähe zu unserem Vater angenommen hätten. Wir haben so bereits als Kind ein subtiles Feindbild entwickelt. Da ist es nicht verwunderlich, dass wir später Probleme mit Nähe zu Männern haben.

Es gibt auch hier wieder klare Ursachen für die Verhaltensweisen der beteiligten Personen. Meistens ist es eine »alte Tradition« über Generationen hinweg, dass Mütter die Kinder als Verbündete benutzten. So haben die betreffenden Personen auch hier wieder das Gefühl, dieses Muster nachmachen zu müssen, ohne dass es ihnen bewusst wäre und in ihrem Leben auffiele. Sie verwechseln es mit Nähe und Liebe.

Dieses Sichverbünden kann natürlich genauso zwischen Vater und Tochter, Vater und Sohn oder Mutter und Sohn geschehen. Es hat für das Kind immer zur Folge, dass es den abgelehnten Elternteil nicht liebevoll in sein System integrieren kann. Hat sich das Kind jedoch irgendwann mit dem abgelehnten Elternteil versöhnt, sich ihm wieder geöffnet, so hören auch die diversen Schwierigkeiten im Umgang mit dem betreffenden Geschlecht auf.

SÜCHTE

Auch Süchte werden übertragen. Wenn sie nicht nachgelebt werden, dann werden sie auch wieder kompensiert oder auf andere Personen verlagert. Immer können diese Süchte auf verschiedenste Art und Weise übernommen werden. Anstatt zu trinken, wie zum Beispiel der Vater oder die Mutter, kann sich jemand mit Arbeit zuschütten, seiner Vergnügungssucht frönen, er kann es mit Drogen kompensieren, mit Rauchen und mit extensivem Sammeln, mit Esssucht; er kann es aber auch über eine Krankheit ausgleichen oder über auffallend unglückliche Beziehungen. All das kann auch auf den Partner oder die eigenen Kinder übertragen werden.

Die Abbildung auf der folgenden Seite zeigt das Genogramm einer Familie, in welcher der Sohn über seinen Vater von seinem Großvater neben der Übergriffigkeit auch noch Gewalt und Sucht als Muster übernommen hat, zusätzlich die Übergriffigkeit von seinem Großvater mütterlicherseits. Die Wahrscheinlichkeit, dass er eine oder auch mehrere Übernahmen auslebt, ist hier sehr groß. Auf jeden Fall kompensiert er sie oder verlagert sie auf andere Personen.

Die Tochter in diesem Bild hat über ihre Mutter die Sucht ihrer Großmutter übernommen. Sie wird nicht ganz so dominant sein wie die Übergriffigkeit beim Bruder, da sie nur von einer Person stammt. Allerdings kann auch das schon als Auslöser reichen, wenn ein energetisch enges Band besteht.

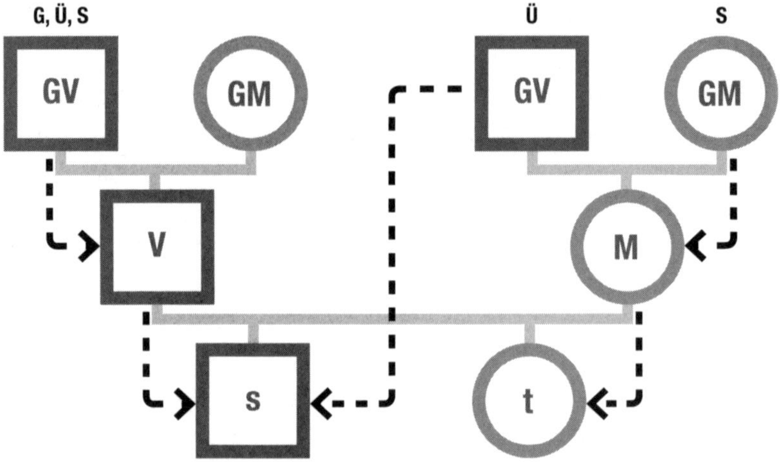

GV	Großvater	M	Mutter	G	Gewalt
GM	Großmutter	s	Sohn	Ü	Übergriffigkeit
V	Vater	t	Tochter	S	Sucht

Die Weitergabe von Gewalt, Übergriffigkeit und Sucht

UNERWÜNSCHTES KIND

Eine weitere Konstellation gehört zu den folgenreichen Eltern-Kind-Beziehungen: Ein Kind war unerwünscht, ein sogenannter »Unfall«, seine Mutter hat vielleicht sogar versucht, es abzutreiben, der Vater hat die Mutter wegen der Schwangerschaft verlassen oder die Mutter beziehungsweise der Vater war wegen der Schwangerschaft in der eigenen Herkunftsfamilie oder anderswo im Umfeld in Ungnade gefallen. All dies sind existenzhemmende Programmierungen für das Kind. Es fühlte, dass es nicht gewollt ist, hatte Angst, überhaupt zu überleben, fühlte sich schuldig wegen seiner Existenz und abgestoßen. Es hat außerdem die ganze Panik, die Angst und den Zweifel der Eltern miterlebt und in sich gespeichert.

Es versucht daraufhin alles, um geliebt zu sein. Es hat einen enorm hohen Anspruch an sich, glaubt tief unbewusst, besser als alle anderen sein zu müssen. Es kümmert sich sehr oft aufopferungsvoll um andere, um die Familie und verliert sich selbst dabei. Es stellt das Wohl der anderen über sein eigenes.

Da es sich an die Zeit der eigenen Schwangerschaft natürlich nicht bewusst erinnern kann, hat es erst einmal keine Erklärung dafür, woher diese subtile Angst und die Zweifel in ihm kommen. Ein Gefühl der natürlichen Existenzberechtigung wäre vorhanden, wenn es von seinen Eltern herzlich, liebevoll angenommen worden wäre. Es könnte sich hier auf dieser Erde willkommen fühlen, wenn es genau so, wie es ist, geliebt würde. Doch das kann dieses Kind – und auch der spätere Erwachsene – nicht.

Gerade in Kriegszeiten war es für Mütter wie Väter äußerst schwierig, in der sowieso schon sehr bedrohlichen Situation noch die Verantwortung für ein Kind zu übernehmen. Wusste man doch selbst nicht, was im nächsten Moment auf einen zukam. Ganz abgesehen von all den Menschen, die vertrieben wurden und flüchten mussten. Viele ihrer Kinder leben noch und das Muster überträgt sich über die Generationen hinweg, sodass auch heute noch viele davon mittelbar betroffen sind, aber auch aktuell Kinder, die aus Krisengebieten geflüchtet sind.

Erkennen diese Menschen ihre familiäre Programmierung und lösen sie, können sie bei sich ankommen und so viel Liebe empfangen, wie ihr Herz begehrt.

Diese Kinder, die nicht wirklich, zumindest nicht von Anfang an, erwünscht waren, haben ein großes Problem mit Urvertrauen und Selbstwert, mit der Selbstverständlichkeit ihrer Existenz. Statt über Leistung im Außen ihren vermeintlich mangelnden inneren Wert ersetzen zu wollen, kann es auch sein, dass sie in die Resignation verfallen, depressiv werden, psychische sowie psychosomatische Störungen entwickeln und ihren ungeliebten, unwillkommenen Status auf diese Weise direkt ausleben.

WICHTIGE FRAGEN ZUR ELTERN-KIND-BEZIEHUNG

Wieder sind es gezielte Fragen, die in Bezug auf die Muster aus frühen Eltern-Kind-Beziehungen zur Klärung und zur Lösung führen können. Stellen Sie sich diese Fragen ganz in Ruhe und reflektieren Sie damit über Ihre Herkunft und gegebenenfalls auch über Ihre Kinder.

- Entsprach die Eltern-Kind-Liebe den Bedürfnissen des Kindes?
- Wie sah die Art der Erziehung aus?
- Welche Rechte und Pflichten hatten die Eltern und welche die Kinder?
- Wie gingen Vater und Mutter mit ihrer Autorität, mit ihrer Weisheit, mit ihrer Durchsetzungskraft um?
- Wie stark waren die Abhängigkeiten über das normale Maß hinaus?
- Wie war die Kommunikation in der Familie?
- Welche Freiheiten existierten?
- Wurde Selbstsicherheit vermittelt?
- Wie war die Beziehung zwischen Vater und Mutter?
- Wie war die Sexualität zwischen Vater und Mutter (sofern das in Erfahrung zu bringen beziehungsweise bekannt ist)? Gab es Zärtlichkeiten?
- Gab es Übergriffigkeiten?
- Waren beide Elternteile in der Familie präsent?
- Haben Sie als Kind überhaupt so etwas wie eine »normale, funktionierende« Familie erlebt?
- Gab es Raum für Sie als Kind?
- In welchen äußerlichen Verhältnissen sind Sie aufgewachsen?

- ◇ Waren Sie als Kind der Prellbock für die Unstimmigkeiten, die Ungerechtigkeiten, die Machtlosigkeit, die Anklagen der Eltern?
- ◇ Wurden Sie als Kind von Ihren Eltern darin unterstützt, Ihr Potenzial zu leben?
- ◇ Wie gingen die Eltern mit Ihrem Selbstausdruck um?
- ◇ Waren Sie häufig frustriert?
- ◇ Wie stand es um Vitalität, Leidenschaft, wie lebte die Familie Herz und Verstand, wie kreativ war sie?
- ◇ Gab es ständige Kämpfe?
- ◇ Verbinden Sie schmerzhafte Erfahrungen mit Vater, Mutter, mit Ihrer eigenen Kindheit?
- ◇ War die Mutterliebe mit Schmerz und Angst vor Schmerz verbunden?
- ◇ War die Vaterliebe mit Schmerz und Angst vor Schmerz verbunden?
- ◇ Ist die Liebe zum Inneren Kind mit Schmerz und Angst vor Schmerz verbunden?
- ◇ Wiederholen Sie diese schmerzhaften Erfahrungen, wenn es um die Innere Mutter, den Inneren Vater, um das Innere Kind geht, in Ihrem Erwachsenenleben?

MEDITATIVE LÖSUNGSÜBUNG: ELTERN-KIND-BEZIEHUNG

Diese meditative Lösungsübung hilft Ihnen, wie im Kapitel zum Handwerkszeug beschrieben, mit der Thematik der Elternbeziehung ins Reine zu kommen:

Ich begebe mich an einen ruhigen Ort, an dem ich ungestört bin. Ich mache es mir bequem, schließe die Augen und gehe in einen entspannten körperlichen Zustand. Ich atme dreimal tief ein und aus und lasse jetzt alles los, was mich noch beschäftigt. Ich lasse die Gedanken kommen und gehen. Ich widme ihnen keine Aufmerksamkeit mehr.

Ich verbinde mich bewusst mit Mutter Erde und Vater Licht. Ich spüre mich in das Getragen- und Genährtsein von Mutter Gaia hinein und spüre ihre wärmende, nährende, orangerote Energie in mir. Ich nehme sie über meine Füße auf und lasse sie über meine Beine, den Unterleib und den Oberkörper in mein Herz fließen. Von dort lasse ich die wärmende, nährende, rotorange Energie in meinen ganzen Körper strömen. Dann lasse ich das strahlende kosmische Licht über das Scheitelchakra durch meinen ganzen Körper hindurchfließen. Ich bin jetzt mit dem irdischen und dem kosmischen Prinzip verbunden. Ich bin zentriert.

In meiner Vorstellung kann ich mich nun an einen wunderschönen Ort begeben, an dem ich mich wohl und geborgen fühle. Ich lasse die himmlischen Lichtwesen zu mir kommen, damit sie mich unterstützen.

Jetzt bitte ich meine Mutter zu mir. Da ich zentriert und im Licht geborgen bin, kann auf dieser Ebene Heilung geschehen. Allein meine Absicht, die Heilung herbeizuführen, bewirkt hier schon Wunder.

Ich kann meine Mutter in meiner Vorstellung vor mich stellen und ihr jetzt erst einmal alles sagen, was mir auf dem Herzen liegt. Ich kann sie auch antworten lassen. Gleichzeitig kann ich meine Mutter und mich in das heilende göttliche Licht stellen, das transformiert und heilt.

Wenn alles ausgesprochen ist, geht es darum, sich gegenseitig zu verzeihen und zu vergeben. Habe ich ein gutes Gefühl bei der Vergebung, kann ich anschließend auch mir selbst vergeben, alles, was gewesen ist, mitgemacht zu haben. Habe ich ein ungutes Gefühl, wiederhole ich diese Meditationsübung so lange, bis ich ganz mit mir im Reinen bin.

Ich verabschiede meine Mutter und danke ihr für ihr Kommen. Das Gleiche mache ich mit meinem Vater oder entsprechenden anderen frühen Bezugspersonen.

Anschließend bedanke ich mich von Herzen und komme mit all meinen Anteilen ins Hier und Jetzt. Ich bin ganz ich selbst, im Hier und Jetzt, in der Gegenwart.

Danke, danke, danke!

SCANN MICH MIT DER APP!

DIE KRAFT DES VERZEIHENS

Zu verzeihen beziehungsweise zu vergeben bedeutet auch bei einer solchen Meditations- und Lösungsübung keineswegs, »Täter« aus der Verantwortung zu entlassen oder ihr missliches Verhalten zu bagatellisieren. Es geht vor allem darum, sich selbst von diesem Ballast zu befreien, sich zu neuen Ufern aufzumachen, freudig einen neuen Kurs in Richtung Sonne, Glück, Harmonie, Freude und Liebe einzuschlagen und an sich selbst zu glauben.

GESCHWISTERBEZIEHUNGEN

Alles in unserem Leben hat einen Sinn,
zeigt uns etwas an. So auch die Geschwisterkonstellation,
in die wir hineingeboren werden.

Die Geschwisterkonstellation, in der wir aufwachsen, macht sich in unserem weiteren Leben immer wieder bemerkbar. Es kommt dabei auch darauf an, ob wir als Junge oder Mädchen auf die Welt gekommen sind. Denn auch hier wirken trotz allen Fortschritts noch die unbewussten tief archaischen Muster: Demnach hat der Bruder mehr Rechte als die Schwester. Auch bei Geschwistern zeigen sich noch die von jeher überkommenen Mann-Frau-Konstellationen.

Beide haben unterschiedliche Pflichten in der Familie. Die Firmen, die hierarchisch höheren Posten und Ämter wurden schon immer an die Söhne, an die Brüder weitergegeben. Ausnahmen bestätigen die Regel. Hatten Frauen beziehungsweise Töchter früher hohe Ämter inne, haben sie die Regentschaft oder Firmenleitung des verstorbenen Mannes oder Vaters weitergeführt, weil ein entsprechender männlicher Nachfolger nicht zur Verfügung stand.

Heute leben wir in einer aufgeklärten Zeit, in der die Schwester dem Bruder gegenüber gleichberechtigt ist. Ich spreche hier, um es noch einmal zu betonen, ausschließlich von den alten, tief in unserem Unterbewusstsein gespeicherten Mustern, die uns immer noch, von uns meist gänzlich unbemerkt, lenken. Wir müssen sie erkennen und lösen, um die Themen in das moderne Bewusstsein integrieren und befreit leben zu können.

Die Position, in die wir als Kind in eine Familie hineingeboren wurden, kann uns viel von unserer Lebensthematik aufzeigen: Sind wir als Einzelkind, als Sippenchef (Erstgeborener), »Sandwichkind« beziehungsweise Mittlerer, Jüngster oder Nachzügler, als Zwilling, Drilling und so weiter geboren? Unsere Position in der Geschwisterreihe werden wir in unserem weiteren Leben ebenfalls gespiegelt bekommen. Sollten wir beispielsweise Schwierigkeiten mit Autoritäten oder Ähnlichem haben, lässt sich auch dies anhand unserer Geschwisterkonstellation erkennen und lösen. Ich erkläre das am besten anhand der einzelnen Positionen.

EINZELKINDER

Als Einzelkind sind wir der beziehungsweise die Älteste und Jüngste zugleich. Das Geschlecht ist hier für unsere Deutung nicht ganz so relevant, da es keine Alternativen gibt. Doch auch diesbezüglich ist die Enttäuschung der Eltern spürbar, wenn das Kind nach ihrer Meinung das »falsche Geschlecht« hat. Ist beispielsweise das Einzelkind eine Tochter und eine Firma soll weitergeführt werden, tritt diese Chefposition sehr oft der Schwiegersohn an, der dann als Ersatz einspringt.

Das Einzelkind muss sich nicht mit Geschwistern auseinandersetzen. Es fehlt die entsprechende Sozialisation, wozu zum Beispiel der Umgang mit Streit gehört. Es hat zwar eine vordergründig privilegierte Position, jedoch keine »Verbündeten« oder »Kontrahenten«, anhand derer es interaktiv wachsen könnte.

Meistens sucht man sich als Einzelkind schon früh Freunde als Geschwisterersatz.

Wir fühlen uns als Einzelner allein verantwortlich und können keine Verantwortung auf andere Geschwister verschieben oder mit ihnen teilen. Es gibt nur einen auf der Geschwisterebene, der für Übernahmen,

Ausgleich und Kompensation in der direkten Folge der Eltern zur Verfügung steht. Wir sind als Einzelkind gewohnt, die ganze Aufmerksamkeit oder auch Ablehnung allein zu erleben, zu tragen und/oder zu genießen.

Als Einzelkind stehen wir sehr wahrscheinlich im Mittelpunkt des Interesses unserer Eltern, je nach Geschlecht und Alter mehr bei der Mutter oder dem Vater. Wir haben die Sippenchefposition ohne Geschwister inne.

Die Übernahme der Programmierungen der Ahnen ruht ebenfalls auf dem Einzelkind allein. Häufig übernehmen sie als Sohn die Generationenthematik von Vater, Großvater und so weiter, oft auch noch deren Vornamen. Ist einem Sohn zum Beispiel der Vater zu früh gestorben, schlüpft er in die Vaterposition und fängt an, für seine Mutter zu sorgen.

TESTFRAGEN FÜR EINZELKINDER

Hier nun einige Testfragen für die Anwendung des kinesiologischen Muskeltests, die zu einer Befreiung der Einzelkindposition führen können:

- ◇ Habe ich als Einzelkind das »richtige« Geschlecht?
- ◇ Kann ich als Einzelkind Macht ausüben, wenn Gleichberechtigte um mich sind?
- ◇ Muss ich allein für meine Eltern sorgen?
- ◇ Bin ich Partnerersatz für einen Elternteil?
- ◇ Muss ich allein das gesamte Erbe tragen?
- ◇ Muss ich alles allein machen?
- ◇ Kann ich mit Konkurrenz umgehen?
- ◇ Bin ich als Einzelkämpfer geboren?
- ◇ Darf ich eine Familie mit mehreren Kindern gründen?

Als Tochter übernehmen wir häufig die Generationenthematik von der Mutter, Großmutter, Urgroßmutter und so weiter, ebenfalls oft auch noch den Namen. Ist die Mutter zu früh gestorben, schlüpft das Kind in die Mutterposition und beginnt, für den Vater zu sorgen.

Die unbewusste Speicherung, nur *ein* Kind haben zu dürfen, ist häufig bei Einzelkindern. Mit den Fragen aus dem Kasten auf der vorhergehenden Seite sollte sich dieses Muster auflösen können. Auch als Einzelkind kann ein Mensch so viele Kinder bekommen, wie er will. Es kann aber auch sein, dass ein Einzelkind meint, diesen Status durch viele Kinder ausgleichen zu müssen. Auf jeden Fall sollten diese Programmierungen gelöst werden, damit man frei ist in der eigenen Wahl.

DIE ÄLTESTEN GESCHWISTER

Als Erstgeborene sind wir von der Geschwisterreihe her der sogenannte Sippenchef. Wir haben die Aufgabe, uns mit dieser Thematik und mit dem »Chefsein« allgemein auseinanderzusetzen. Möglicherweise lebenslang.

Als Erstgeborene sind wir häufig Erbe der Besitztümer oder der Firmennachfolger. Dies ist zumindest archaisch so angelegt, da es früher in den Familien so gehandhabt wurde. Es kann das Gefühl auslösen, »mehr wert« zu sein als die anderen Geschwister. Wir glauben dann – zumindest unterschwellig –, mehr Rechte als sie zu haben. Mit der Übernahme der Verantwortung für die jüngeren Geschwister haben wir gewisse Vorteile, aber auch den »Nachteil«, dass wir meinen, immer vernünftig und Vorbild beziehungsweise Vorreiter sein zu müssen.

Wir übernehmen sehr oft, zumindest als Sohn, mit unserer Sippenchefposition die Generationenthematik der männlichen Vorfahren und fühlen uns verantwortlich für die entsprechende Umsetzung. Sind wir als Erstgeborene weiblich, tragen wir häufig die Generationenthematik der weiblichen Ahnen über uns weiter. Folgt uns ein Bruder nach, haben wir als Erstgeborene zwar die Sippenchefposition inne, sind allerdings vom tief archaischen Bewusstsein her »nur« ein Mädchen und der jüngere Bruder wird »das Sagen« haben.

Hat der Älteste in der Geschwisterreihe seine Sippenchefrolle übernommen, Verantwortung für seine jüngeren Geschwister getragen und Vorbildfunktion gehabt, gleichzeitig jedoch auch mehr Einfluss und Rechte genossen, ohne die anderen unangemessen einzuschränken, so wird er diese Konstellation in seinem ganzen Leben wiederholen. Fühlt er sich darin wohl und geht es ihm gut dabei, wird er kein Problem damit haben. Möglicherweise ist die Demut eines der Themen, die er sich einmal ansehen könnte.

In jeder Position innerhalb der Geschwisterreihe haben wir andere Themen und Herausforderungen auf unserem Weg zu unserer Freiheit und zu unserer wahren Kraft.

Hat er jedoch Schwierigkeiten, durch die Verantwortungsübernahme und Vorbildfunktion wirklich zu sich selbst zu kommen und sein Inneres Kind auszuleben, wäre es ein wesentlicher Teil der Ahnenarbeit, diese Muster anzusehen und sie abfließen zu lassen. Denn macht er das vielleicht sogar in der Elternersatzposition, hat er mehr mit dieser Aufgabe zu tun als mit sich selbst. Ein Problem des Ältesten ist folglich oft die Versorgungs- und Kümmerthematik beziehungsweise das Helfersyndrom.

Zugleich sind Erstgeborene meistens auch absolute Macher. Mussten sie doch handeln, handeln, handeln, und das mit einer großen Verantwortung. Sie haben in der Regel keine Probleme damit, etwas durch- oder umzusetzen, etwas zu verwirklichen und nach vorn zu gehen.

TESTFRAGEN ZUR BEFREIUNG AUS DEN MUSTERN DER ÄLTESTENPOSITION

Auch für älteste Geschwister gibt es einige erprobte Testfragen, die in Kombination mit dem kinesiologischen Muskeltest (und der Intuition) zu einer Befreiung der Ältestenposition führen können.

- ◇ Habe ich als Älteste beziehungsweise Ältester das »richtige« Geschlecht?
- ◇ Habe ich als Älteste beziehungsweise Ältester mehr Rechte als meine jüngeren Geschwister?
- ◇ Kann ich den Anforderungen als Sippenchef genügen?
- ◇ Bin ich als ältestes Geschwister nur geliebt, wenn ich mich um andere kümmere?
- ◇ Bin ich nur geliebt, wenn ich als ältestes Geschwister die Elternposition und -funktion für meine jüngeren Geschwister übernehme?
- ◇ Habe ich nur dadurch eine Lebensberechtigung?
- ◇ Ist Leben für mich Dienen und das Übernehmen von Verantwortung?
- ◇ Kann ich nur über die Ältestenposition Macht ausüben?
- ◇ Muss ich Entscheidungen für andere mittragen?
- ◇ Definiere ich mich über mein Sippenchefdasein?

DIE MITTLEREN GESCHWISTER

Als Sandwichkinder passen wir uns nach oben und nach unten an. Wir müssen uns mit beiden Seiten arrangieren, um ein angenehmes Leben zu haben. Toleranz und Einfühlungsvermögen sind hier gefragt. Umsichtiges und ganzheitliches Wahrnehmen der Positionen in der Geschwisterreihe, um nicht zwischen den Ältesten und Jüngsten »zerrieben« zu werden. Auf der einen Seite müssen wir Verantwortung für die Jüngeren übernehmen, auf der anderen Seite den Älteren »gehorchen«.

Wir haben als Mittlere die Thematik des »Dazwischenstehens« für uns zu klären. Wir »laufen so mit« und finden nicht die gleiche Beachtung wie die anderen. Das kann zur Entwicklung eines Minderwertigkeitskomplexes führen. Uns fehlt die Aufmerksamkeit, die sowohl Erstgeborene als auch Nesthäkchen genießen, außer wir haben mit Krankheiten, Allergien oder Schwierigkeiten, zum Beispiel in der Schule, für einen »Sekundärgewinn« gesorgt.

Sind wir als Mittler zwischen den Fronten überfordert, zu sensibel und zart oder schwach, können wir uns zum Beispiel auch in Scheinwelten zurückgezogen haben, die bis ins Erwachsenenalter fortwirken. Andererseits können wir die Vermittler sein, die alles harmonisieren und wunderbar damit zurechtkommen. Dann bereitet diese Position keine Probleme. Wir sind in der vernetzenden, harmonisierenden Kommunikation ganz zu Hause.

Ungünstige Muster zu lösen befreit unser ureigenes Potenzial. Das ist der Weg der Ahnenarbeit.

Als Junge haben wir das Gefühl, besser als unser älterer Bruder sein zu müssen, um die gleiche Anerkennung zu bekommen. Gleichzeitig dürfen wir ihn als Jüngerer systemisch betrachtet aber auch keinesfalls überholen. Integrieren wir unsere Position und lösen das systemische Nicht-überholen-Dürfen, können wir so erfolgreich sein, wie wir möchten.

TESTFRAGEN FÜR SANDWICHKINDER

Mittlere Geschwister können die folgenden Testfragen zu einer Lösung der Muster führen, die sich aus ihrer Position ergeben haben.

- ◇ Habe ich als Mittlerer das »richtige« Geschlecht?
- ◇ Werde ich gesehen?
- ◇ Muss ich gesundheitliche oder andere Schwierigkeiten haben, um beachtet zu werden?
- ◇ Habe ich als mittleres Geschwister genügend Rechte?
- ◇ Habe ich eine Orientierung in mir?
- ◇ Bin ich geerdet in mir?
- ◇ Muss ich den Älteren gehorchen?
- ◇ Muss ich mich mit den Jüngeren verbünden, um Macht ausüben zu können?
- ◇ Bin ich Springer (wechsle ich in Positionen, die gerade besetzt werden müssen)?
- ◇ Habe ich als Mittlerer Raum für mein eigenes Leben?
- ◇ Muss ich meine jüngeren Geschwister drangsalieren, um mich zu positionieren?
- ◇ Muss ich dem Sippenchef über Schwierigkeiten seine Position streitig machen, um anerkannt zu sein?
- ◇ Muss ich permanent über meinen Erfolg meine älteren Geschwister überholen und werde gleichzeitig ausgebremst, da ich sie als Jüngerer nicht überholen darf? Würde ich dann (gefühlt) aus der Sippe fallen?

DIE JÜNGSTEN GESCHWISTER

Als Jüngste haben wir nur ältere Geschwister um uns gehabt, wir genossen aber in vielen Fällen auch oft den Nesthäkchenbonus, nämlich dass uns besondere Aufmerksamkeit zuteilwurde und dass man nachsichtig mit uns umging. Hatten doch die Größeren schon viel »Pionierarbeit« bei unseren Eltern geleistet, sodass diese uns vieles durchgehen ließen, was bei den anderen noch geahndet wurde oder verboten war. Oft waren und sind die Älteren deshalb eifersüchtig auf uns.

Als Jüngste begeben wir uns im späteren Leben sehr wahrscheinlich in feste Strukturen, die vorgegeben sind, so wie wir sie als Jüngste über die Älteren um uns herum kannten. Sie sollten uns einfach so viel Freiraum lassen, wie wir es gewöhnt waren. Privat kann das eine Beziehung sein, in der wir dominiert werden und alle Verantwortung abgeben, beruflich die Position eines »sicheren« Arbeitsplatzes, der landläufig als vielleicht langweilig, aber unkündbar gilt.

Jede Position innerhalb des Familiensystems hat ebenso Vorteile wie Herausforderungen.

Möglicherweise wurden wir den anderen Geschwistern auch dermaßen vorgezogen, dass wir sogar den Sippenchef entthront und auf Kosten des Ältesten und der Mittleren agiert haben. Wir verbündeten uns mit dem Elternteil, der uns priorisierte, und lebten auf diese Art unsere Macht aus. Wir agieren dann in unserem späteren Leben in dem unterbewussten Glauben, der oder die Beliebteste zu sein, und beanspruchen, ohne Rücksicht auf Verluste alles zu bekommen. Die anderen sind in unseren Augen weniger wert als wir. Wir werden uns immer eine Person suchen, die den Elternteil ersetzt, der uns als Kind vorgezogen hat. Mit ihr werden wir in eine Machtsymbiose gehen, um die anderen in unserem Umfeld zu übervorteilen.

Andererseits können wir unter unserer Jüngstenposition ordentlich leiden, da unsere Meinung scheinbar weniger Gewicht hat als die der Älteren. Dann sollten wir lernen, uns zu positionieren und ernst genommen zu werden, nicht nur über den Sonderstatus des Jüngsten, sondern über eigene Verantwortungsübernahme. Wir sollten stark genug sein, die zusätzliche Bemutterung oder »Übervaterung« von unseren Geschwistern zu überstehen, ohne dabei Schaden zu nehmen. Das Thema von uns ist also das Freischwimmen von gut gemeinter Bevormundung und/oder Eifersucht.

TESTFRAGEN FÜR JÜNGSTE GESCHWISTER

Für jüngste Geschwister gibt es ebenfalls erprobte Testfragen, die in Kombination mit dem kinesiologischen Muskeltest zu einer Befreiung der entsprechenden Muster führen können.

- Darf ich als Jüngste beziehungsweise Jüngster meinen selbstbestimmten Weg gehen?
- Darf ich in mein Vertrauen zu mir selbst gehen oder wissen es die Älteren immer besser?
- Darf ich mir nur über meine Sonderposition vertrauen?
- Muss ich die anderen übervorteilen?
- Muss ich von den anderen übervorteilt werden?
- Muss ich mich mit einem Elternteil verbünden, um mächtig zu sein?
- Habe ich Raum, frei zu agieren?
- Darf meine Meinung gehört und ernst genommen werden?

ZWILLINGE UND ANDERE MEHRLINGE

Bei Zwillingen und anderen Mehrlingen geht es thematisch vor allem darum, sich abzugrenzen und in die eigene vollständige Identität zu kommen. Die meisten definieren sich nämlich übereinander und es findet keine wirkliche Individualisierung statt. Sie sind gegenseitig voneinander abhängig und haben sehr viele Anteile miteinander vertauscht. Sie fühlen sich wie eine Person und nicht zwei oder, bei Mehrlingen, drei und so weiter.

Bei Drillings- oder noch höheren Mehrlingsschwangerschaften gibt es diverse Kombinationsmöglichkeiten aus ein-, zwei- oder dreieiig. Ahnenarbeit kann auch hierbei ziemlich komplex werden.

Es kommt allerdings darauf an, ob es sich um eineiige Mehrlinge handelt oder nicht. Bei eineiigen Zwillingen sind die Übernahmen identisch. Bei zweieiigen Mehrlingen ist es im Grunde genommen wie bei »normalen« Geschwistern. Es sind mehrere Eizellen, die befruchtet wurden, und nicht nur eine. Doch kommen beide zur gleichen Zeit auf die Welt und haben ihre Zeit der Schwangerschaft im Bauch der Mutter zusammen verbracht. All die Erfahrungen der Mutter und des Vaters in der Zeit der Schwangerschaft sind die gleichen. In ihrer frühen Kindheit waren sie wahrscheinlich auch häufiger zusammen als andere Geschwister.

Eineiige Zwillinge

Eineiige Zwillinge haben die gleichen Gene, sind sich also sehr ähnlich, sie können sich allerdings über ihr Umfeld unterschiedlich entwickeln. Sie hängen meistens sehr intensiv zusammen und es ist für andere Geschwister schwer, bei ihnen die Bedeutung zu erlangen, die die Zwillinge gegenseitig für sich haben. Sie machen alles gemeinsam und kommunizieren intensiv miteinander. Sie spiegeln sich gegenseitig und fühlen sich über sich selbst bestätigt. Oft sind sie in einer Symbiose. Sie haben sich selbst und sind sich häufig auch genug.

Nun kommt es darauf an, in welche geschwisterliche Konstellation sie hineingeboren wurden. Sind sie in der Mitte, als Erste oder Letzte auf die Welt gekommen? Entsprechend den Geburtszeiten positionieren sich auch die Zwillinge als Sippenchefs, Sandwichkinder oder Letztgeborene.

Selbst wenn sie das gleiche genetische Material übernommen haben, kommt es auf die Lebenssituationen an, welche Anteile sie von sich ausleben und welche nicht. Allerdings wird es meistens sehr ähnlich sein.

TESTFRAGEN FÜR EINEIIGE ZWILLINGE

Bewährte Testfragen zur kinesiologischen Bestimmung, welche Muster greifen, sind bei eineiigen Zwillingen die folgenden:

- ◇ Bin ich als Zwilling trotzdem in meiner Identität?
- ◇ Bin ich als Zwilling der Erstgeborene, kam ich also kurz vor meinem Zwilling und eventuellen anderen Geschwistern auf die Welt?
- ◇ Gibt es mich nur zu zweit, zu dritt, zu viert…?
- ◇ Darf ich für mich allein Verantwortung übernehmen?
- ◇ Bin ich symbiotisch mit meinem Zwilling verbunden?
- ◇ Habe ich allein eine Existenzberechtigung oder kann ich nur über mein Zwillingsgeschwister leben?
- ◇ Darf ich andere Dinge tun, fühlen, erleben als mein Zwillingsgeschwister?

Ich habe einige Klienten, die eineiige Zwillinge sind und wieder eineiige Zwillinge heirateten. Zwillinge werden in ihrem Leben immer enge Verbündete haben. Sollten sie örtlich getrennt sein, ersetzen sie den Zwilling über eine Ersatzperson. So zeigt sich das Gefühl »Mich gibt es nur zu zweit, dritt, viert…« ganz klar auch im Außen, egal ob im Beruf oder privat.

Zweieiige Zwillinge

Zweieiige Zwillinge sind wie »normale« Geschwister, nur dass sie Schwangerschaft und Geburt miteinander erlebt haben. Sie sind in dieser Zeit eng »zusammengewachsen«. Auch sie kennen von ihrem Ursprung her kein Alleinsein. Waren sie doch wenigstens am Beginn zu zweit. Haben die Eltern noch dafür gesorgt, dass die Zwillinge gleich angezogen waren und in der Kindheit alles gemeinsam gemacht haben, ist die Zweisamkeit noch intensiver.

Es gehen häufig ein oder zwei Mehrlinge kurz nach der Empfängnis ab, ohne dass es die Mutter bemerkt. Auf abgegangene Zwillinge komme ich noch zu sprechen.

Ist einer der Zwillinge der Erstgeborene, hat er das Gefühl, sich um den Nachgeborenen kümmern und ihm zuarbeiten zu müssen. Dies geschieht besonders dann, wenn der zuerst geborene Zwilling ein Mädchen ist. Tief archaisch gilt der männliche Zwilling in der Familie mehr als der weibliche, systemisch ist zudem der Nachgeborene dem zuerst Geborenen »untergeordnet«.

Bei den zweieiigen Zwillingen geht es wie bei den eineiigen darum, sich aus der blockierenden Zwillingsschaft so herauszuentwickeln, dass jeder Einzelne für sich selbst eine Lebensberechtigung empfindet. Meistens sind beide symbiotisch verbunden. Dann wird ein Zwilling durch einen Partner ersetzt und die Symbiose auf den Partner verschoben. In ihrem weiteren Leben werden sich die Zwillinge also entsprechend ihrer Konstellation Familie und Beruf aussuchen.

TESTFRAGEN FÜR ZWEIEIIGE ZWILLINGE

Auch diese Fragen dienen dem eigenen Scannen und Erkennen. Die behindernden Glaubenssätze treten zutage und wir können sie auf unsere eigene Art und Weise erlösen, nicht zuletzt auch durch die zielgerichtete Entscheidung, die Glaubenssätze zu verändern.

- ◇ Bin ich in meiner Identität als Zwilling?
- ◇ Habe ich das »richtige« Geschlecht?
- ◇ Gibt es mich nur zu zweit?
- ◇ Habe ich allein eine Lebensberechtigung?
- ◇ Habe ich viele Anteile von mir mit meinem Zwilling vertauscht?
- ◇ Kann ich mich ohne mein Zwillingsgeschwister weiterentwickeln?
- ◇ Brauche ich einen Ersatz für ihn?
- ◇ Kann ich allein über mich erfolgreich, gesund und glücklich sein?

HALBGESCHWISTER

Bei Halbgeschwistern wird es noch komplexer. Die erstgeborenen Geschwister, also die Geschwister aus der ersten Beziehung, kommen systemisch gesehen in der Rangordnung eigentlich zuerst, anschließend kommen die Halbgeschwister aus der nachfolgenden Beziehung eines Elternteils. Doch da es auf einer Seite einen neuen Partner, das heißt Elternteil gibt, verschieben sich die systemisch-hierarchischen Ordnungen sehr oft zum Nachteil der Erstgeborenen aus der ersten Beziehung. Die Halbgeschwister sind entweder über die Mutter oder den Vater verbunden, je nachdem, wer die neue Beziehung mit den neuen Kindern eingegangen ist. Die Geschwister aus der ersten Beziehung haben eigentlich ganz klare Positionen. Bekommt der Vater oder die Mutter mit einem neuen Partner wiederum Kinder (in der Skizze beispielhaft mit 2.1 und 2.2 bezeichnet), kann es durchaus sein, dass der Erstgeborene 2.1 dem Erstgeborenen 1.1 aus der ersten Beziehung die Position streitig macht oder ihn sogar ersetzt. Sollte es einen Zweitgeborenen 2.2 geben, macht er womöglich entsprechend dem Zweitgeborenen 1.2 seine Position streitig oder ersetzt sie.

Wichtig ist hierbei das Geschlecht: Handelt es sich in den ersetzten Positionen um das gleiche Geschlecht, ist die Überlappung noch intensiver. Das Ersetzen über die nachfolgenden Halbgeschwister kann sich elementar auf Gesundheit und Psyche der Ersteren auswirken. Sie bekommen zum Teil das Gefühl, keinen Raum für ihr eigenes Leben, keine Existenzberechtigung mehr zu haben, zum Teil entzieht es ihnen die Lebensenergie.

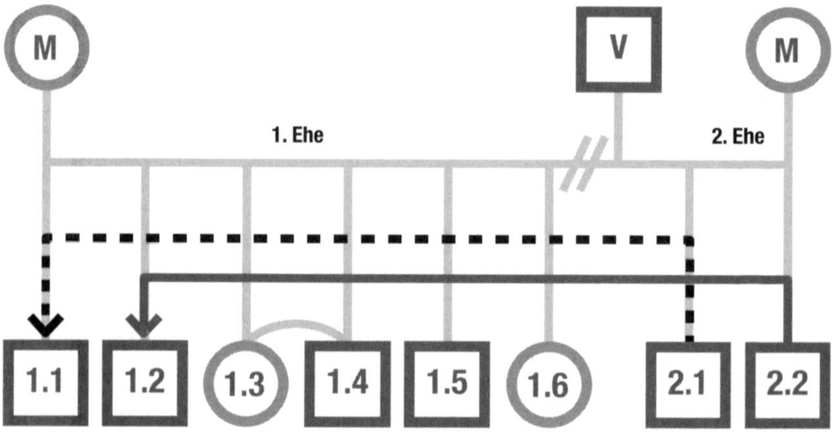

V Vater
M Mutter
1.1 1. Kind aus 1. Ehe
2.1 1. Kind aus 2. Ehe
// Ehe geschieden

Halbgeschwister

TESTFRAGEN FÜR HALBGESCHWISTER

Hier nun einige Testfragen für den kinesiologischen Muskeltest, die zu einer Befreiung der Halbgeschwisterposition führen können:

- ◇ Bin ich als Halbgeschwister in meiner eigenen Identität?
- ◇ Habe ich das »richtige« Geschlecht?
- ◇ Ersetze ich als Halbgeschwister ein Geschwister aus der ersten Beziehung?
- ◇ Ersetze ich als Halbgeschwister ein Geschwister aus der zweiten Beziehung?
- ◇ Darf ich als Halbgeschwister mein eigenes Leben leben?
- ◇ Muss ich etwas aus der ersten Beziehung ausgleichen?
- ◇ Muss ich etwas aus der zweiten Beziehung ausgleichen?
- ◇ Behalte ich bei der Geburt meines Halbgeschwisters als Erstgeborener aus der ersten Beziehung meine Position und Lebensberechtigung?
- ◇ Habe ich meine Position und Lebensberechtigung an jemanden aus der neuen Familie abgegeben?
- ◇ Fühle ich mich als Erstgeborener schuldig an der Gründung der Zweitfamilie?
- ◇ Gibt es zwischen den Halbgeschwistern Schuldübernahmen?

Wichtig ist für jedes Halbgeschwister, dass es in seiner direkten Familie bei Mutter und Vater die Position, in die es tatsächlich hineingeboren wurde, in seinem System integriert hat. Nur so kann es sich in seinem Leben geerdet fühlen und wahrhaftig positionieren. Hat es das Gefühl, in der neuen Familienkonstellation nur als Ersatz einen Raum, eine Daseinsberechtigung zu haben, wird es immer Schwierigkeiten mit seiner wahrhaftigen Positionierung bekommen. Es glaubt, allein keine gleichwertige Lebensberechtigung zu haben.

ECKPUNKTE ZU DEN GESCHWISTERKONSTELLATIONEN

- ◇ Der Erstgeborene ist stets der Sippenchef in der Geschwisterfolge.
- ◇ Mädchen und Jungen übernehmen unterschiedliche Aufgaben und Funktionen in dieser Position.
- ◇ Der Sippenchef hat häufig mehr Rechte und auch Pflichten als seine jüngeren Geschwister.
- ◇ Die Sippenchefin mutiert unterbewusst oft zu einem Jungen, um die Sippenchefposition innehalten zu können, oder sie gibt ihre Position an ihren nachfolgenden Bruder ab.
- ◇ Beide habe das Thema »Verantwortungsübernahme« oder »Zu seiner Position als Oberhaupt stehen« als Geschwisterthema.
- ◇ Die Zweit- oder Drittgeborenen können sich in der Geschwisterreihe nach oben oder nach unten orientieren – oder auch beides.
- ◇ Mittlere Geschwister können sich als Sandwichkinder auch zusammentun, sich also gegen die anderen verbünden, falls das nötig sein sollte. Ihre Rolle ist, sich als Mittlere klar zu positionieren und zwischen den älteren und den jüngeren Geschwistern einen Ausgleich zu schaffen.

- Das jüngste Geschwister hat das Thema »Verantwortungsübernahme«, ohne sich auf den Jüngstenstatus zu berufen und Sonderrechte einzufordern. Es muss sich aus der Übermutterung/Übervaterung, auch von den älteren Geschwistern, befreien.
- Das Geschlecht spielt in den Positionen immer eine Rolle. So ist es möglich, dass die Schwester stärker und taffer als die Brüder vor oder nach ihr in der Geschwisterfolge ist und daraufhin eher Bruder als Schwester spielt. Auch der Bruder kann sensibel und schwach sein und innerlich in die Schwesterposition gehen. Folglich lebt dieser Bruder mehr das weibliche Prinzip aus und die Schwester mehr das männliche.
- In früheren Zeiten musste bei entsprechender Konstellation beispielsweise der sensiblere, schwächere Sohn die Firma des Vaters übernehmen und die stärkere, männlichere Tochter wurde aus dem Berufsleben ausgeschlossen. Das führte allenthalben zu Problemen. Heute sind wir der Gleichberechtigung und der Gleichwürdigkeit von Männern und Frauen näher, wenn auch noch nicht am Ziel. Dennoch wirken diese Muster in uns weiter.

DER TOD EINES KINDES UND DIE GESCHWISTERFOLGE

Der Älteste in der Geschwisterfolge ist natürlich nur dann wirklich der systemische Sippenchef, wenn kein Geschwister gestorben ist, das vor ihm geboren wurde. Der Erstgezeugte – egal, ob er viel zu früh gestorben ist oder ein Abgang bei einer Fehlgeburt oder Abtreibung war – bleibt in der ersten Position, in der Sippenchefposition. Folgt der Nächstgeborene dem gestorbenen Ersten nach, ist er zwar natürlich der erste Überlebende, *nicht* aber der Sippenchef.

Um die Sippenchefposition übernehmen zu können und an erster Position in der Familie zu sein, müsste er in die Position des verstorbenen Geschwisters steigen. Fühlt er sich nun als Sippenchef, obwohl er doch augenscheinlich der erste Überlebende ist, verbindet er sich unbewusst über seine Position mit dem vor ihm verstorbenen Geschwister. Er steigt unbewusst mit seiner Lebensberechtigung in die erste Position des Verstorbenen. Er glaubt, ihn über sich »befüllen« zu müssen. So ist er zu einem Teil mit der Todesenergie des vor ihm gegangenen Geschwisters verbunden und agiert auch auf dieser Ebene, wenn es um die Sippenchefposition geht. Dies bedeutet wiederum, dass er sich mit einem Teil seines Bewusstseins und Handelns und mit seiner Wahrnehmung auf der transzendenten Ebene, im Totenreich befindet. Zudem empfindet der Überlebende, der dem Toten nachfolgt, eine Überlebensschuld, die er kompensiert, wenn sie nicht erkannt und gelöst ist.

Ist das erste verstorbene Kind aus einer anderen Elternkonstellation entstanden, wird es noch komplexer. Dann ist die Sippenchefposition noch abhängig von der zuerst gegründeten Familie des jeweiligen Elternteils. Wie schon gesagt, reicht dafür eine Abtreibung in ganz jungen Jahren, die vielleicht schon lange vergessen, besser gesagt: verdrängt worden ist. Angenommen, die Mutter bekommt von ihrem frisch verheirateten Mann einen Sohn. Doch hat sie in jüngeren Jahren mit einem anderen Mann eine Abtreibung gehabt, das Kind wäre auch ein Sohn gewesen. Für die Mutter ist der Sohn aus der aktuellen Ehe dann der zweite Sohn, für den Vater der erste. Als Sohn der Mutter ist er kein Sippenchef, als Kind des Vaters schon.

TESTFRAGEN

Die folgenden Testfragen helfen bei einer Befreiung bezüglich einer Überlebendenposition:

- ◇ Bin ich nur der *lebende* Erstgeborene?
- ◇ Bin ich als Erstgeborener in meiner eigenen Identität?
- ◇ Bin ich wirklich von beiden Eltern aus der Erstgeborene?
- ◇ Gibt es vor mir noch tote Geschwister, die mir in meinem System die Sippenchef- beziehungsweise Geschwisterposition streitig machen könnten?
- ◇ Bin ich als Sippenchef in der Gegenwart? Oder bin ich in der Vergangenheit, in einer anderen Identität?
- ◇ Muss ich über mich ein totes Geschwister ausgleichen? An seiner statt leben?
- ◇ Trage ich eine Überlebensschuld?
- ◇ Wenn ja, wem gegenüber?
- ◇ Habe ich eine hundertprozentige Lebensberechtigung?
- ◇ Sieht meine Mutter in mir das erste Kind?
- ◇ Sieht mein Vater in mir das erste Kind?

Das beschriebene Prinzip gilt für sämtliche Konstellationen. Gibt es tote Geschwister in der mittleren Position, dann rutscht das lebende Kind in die höhere Position und hat dem toten Geschwister gegenüber wiederum eine Überlebensschuld. Sehr oft wird das gestorbene Kind von den Eltern auch über ein lebendes Geschwister zu »ersetzen« versucht. Häufig bekommt das nachfolgende Kind sogar den Namen des zu früh gestorbenen. Bei gestorbenen Geschwistern können wir diese Thematik auch in den Sippenlinien über uns feststellen. Das Muster wiederholt sich in den folgenden Generationen.

GESCHWISTERFOLGE UND ARBEITSWELT

Wir sehen in unseren Kolleginnen und Kollegen unbewusst unsere Geschwister oder Halbgeschwister, im Chef übrigens oft die Mutter oder den Vater. Entsprechend der Besetzung in unserer Arbeitswelt wiederholen wir die Muster der Konflikte, Verhaltensweisen oder Begebenheiten unserer Jugend, sofern wir sie nicht schon erkannt und gelöst haben.

Haben wir als Älteste beispielsweise in unserer Geschwisterreihe Schwierigkeiten gehabt, uns durchzusetzen, und unsere Sippenchefposition wurde infrage gestellt, suchen wir uns, ohne dies bewusst zu steuern, in unserem Arbeitsleben vielleicht entsprechend eine Vorgesetztenposition, die uns streitig gemacht wird und in der wir ebenso Probleme haben, uns durchzusetzen.

Haben wir als Älteste in unserer Geschwisterreihe nicht die geringsten Probleme gehabt, uns durchzusetzen, unsere Sippenchefposition wurde voll und ganz anerkannt, so suchen wir uns im Arbeitsleben sehr häufig eine (Vorgesetzten-)Position, in der wir ebenfalls voll und ganz anerkannt sind. Dazwischen gibt es natürlich viele Nuancen.

Als Sandwichkind haben wir vielleicht Schwierigkeiten gehabt, uns mit unseren älteren und jüngeren Geschwistern zu arrangieren und unsere Position zu finden. Auch unsere Arbeitsstelle, in der wir genau diese Thematik des Arrangements wiederholen, bietet uns die Chance, die Lektion zu lernen und dieses Muster zu lösen. Sind wir in der Mitte (lateinisch *medium*) der Geschwisterfolge allerdings der tollste Diplomat gewesen, haben beide Seiten zusammengeführt und sind mit ihnen gut ausgekommen, werden wir in der Arbeitswelt sehr wahrscheinlich eine mediatorische, vermittelnde, zusammenführende und harmonisierende Position suchen, in der wir glänzen können und uns zu Hause fühlen. Auch hier gibt es natürlich alle Schattierungen dazwischen.

Sind wir als Jüngste immer unterdrückt oder überbehütet worden, so werden wir uns in der Arbeitswelt eine ähnliche Situation suchen. Haben wir uns allerdings weiterentwickelt und sind selbstständig geworden, haben wir vielleicht noch eine Sonderposition genossen, als Nachzügler zum Beispiel, dann werden wir in unserer Arbeitswelt auch Sonderpositionen besetzen und relativ frei agieren können.

Muster aus der Systemik der Familie sind kein Fluch. Wir können sie uns bewusst machen und erlösen.

Haben wir Halbgeschwister, suchen wir uns im Arbeitsleben entsprechend die Erfahrungen heraus, die wir mit unseren Halbgeschwistern hatten. Ist über die neuen Kinder unsere Position infrage gestellt worden, werden wir diese Erfahrung auch in unserem Berufsleben wiederholen. Wir können also immer wieder in Situationen kommen, in denen »an unserem Stuhl gesägt wird«.

Das ist natürlich nur das vereinfachte, grobe, »idealtypische« Schema, es gibt noch viele Erfahrungen und Programmierungen von Eltern, Großeltern, Urgroßeltern und so fort, die wir übernommen haben und die in unsere Berufswahl und unseren Alltag am Arbeitsplatz hineinspielen können.

MEDITATIVE LÖSUNGSÜBUNG: GESCHWISTERBEZIEHUNGEN

Ich suche mir wie für die letzte Meditation wieder einen geschützten, ruhigen Ort. Ich mache es mir bequem, nehme eine entspannte Körperhaltung ein und schließe die Augen.

Ich spüre, wie ich über die Füße mit Mutter Erde und über den Scheitel mit Vater Himmel in mir verbunden bin, und lasse beide Energien in mir zusammenfließen. Ich lasse alle himmlischen Heerscharen, Schutzengel und Geistführer in meiner Vorstellung zu mir kommen. Sie führen, leiten und unterstützen mich in meinen Prozessen. Ich kann ganz ruhig und gelassen sein und ich bin zutiefst geliebt und angenommen. Umfassende Heilung darf jetzt geschehen.

Ich spüre in meinen Körper hinein, in mein Gefühl der Unvollständigkeit, der Überlebensschuld und ich lasse mir intuitiv die Bilder zeigen und in meiner Vorstellung die Personen sowie die Erlebnisse zu mir kommen, die der Erkenntnis und der Erlösung dienen. Ich kann mich vertrauensvoll führen lassen.

Ich stelle mich in das göttliche Feuer und alle abgegebenen Anteile dürfen jetzt wieder zu mir zurückkommen. Die von mir übernommenen Anteile dürfen zu ihrem Ursprung zurückgehen. Ich kann bereits verstorbene Geschwister liebevoll entlassen ins göttliche Licht. Und ich kann mich selbst aus der Totenenergie entlassen. Ich kann mir vorstellen, einen mächtigen, starken Lichtmagneten in mir zu haben, der alle von mir abgegebenen Anteile wieder in mein Leben, ins Hier und Jetzt zieht und alle übernommenen Anteile, die nicht zu mir gehören, wieder ihrem Ursprung zuführt.

Dies geschieht alles in der göttlichen, verzeihenden und vergebenden Liebesenergie. Die Pakte, Abmachungen, Versprechungen, Verwünschungen oder Flüche dürfen über die bedingungslose Liebe geheilt sein. Anklagen, Verwünschungen dürfen zurückgenommen und durch liebevolle Vergebung und Wertschätzung ersetzt werden.

Ich kann jetzt vertrauen und geschehen lassen.

Ich achte das Schicksal aller Beteiligten, wie ich auch mein Schicksal achte, ehre und wertschätze.

Ich weiß tief in mir: Ich habe jetzt die Wahl, egal, in welche Position ich hineingeboren bin, ein selbstbestimmtes Leben in Fülle, Glück und Liebe zu führen. Ich bin zutiefst geliebt, angenommen und geachtet.

Wenn ich ein harmonisches Gefühl in mir empfinde, kann ich es mit einem wunderschönen visualisierten Symbol verankern und mit all meinen Anteilen komplettiert in meiner Zeit wieder ins Hier und Jetzt, in die Gegenwart kommen.

Ich danke allen unterstützenden Kräften aus vollem Herzen und verabschiede mich herzlich von ihnen. Ich öffne die Augen. Ich bin zutiefst geliebt und gesegnet.

Danke, danke, danke!

SCANN MICH MIT DER APP!

PARTNERSCHAFTEN

Liebe und Partnerschaft wurde in den vergangenen Jahrzehnten und Jahrhunderten ganz anders gelebt als heute. Doch die alten Muster leben über unsere Ahnen in uns fort.

Auch in der Liebe und der Partnerschaft sind die übernommenen Überzeugungen und Programmierungen, die Befindlichkeitsstrukturen der Erlebnisse, Erfahrungen und Prägungen unserer Ahnen maßgeblich für unser Verhalten. Wenn ein Klient wegen Beziehungsproblemen in meine Praxis kommt, besprechen wir zunächst vor allem folgende Fragen, die Sie sich ebenso stellen können:

- Wie sehen oder sahen die Beziehungsstrukturen, die Liebe, das zwischenmenschliche Verhalten der Partner, die Ehe der Eltern, der Großeltern, der Urgroßeltern aus?
- Wie sind sie miteinander umgegangen, wie haben sie miteinander kommuniziert?
- Was gab es da an unausgesprochenen Kontrakten, emotionalen Verträgen, Vereinbarungen, Pakten, Versprechungen, subtilen Feindseligkeiten, Gelübden und dergleichen?
- Was haben die Eltern für ihre Eltern, ihre Ahnen wiedergutgemacht, übernommen oder ausgelebt? In welchen Abhängigkeitsstrukturen waren beziehungsweise sind sie gefangen?
- Wurden Partnerschaften über Bedürftigkeit gelebt?
- Waren die Partnerschaften gleichberechtigt oder ging es bei einzelnen der Partner darum, versorgt sein zu wollen, wodurch eine Abhängigkeit entstand?

Oft wurden Ehen auch aus familienpolitischen Gründen geschlossen: Die Kinder wurden vor allem in reichen Häusern für die Ausdehnung der familiären Macht benutzt, indem man sie entsprechend verheiratete. Aus Liebe zu heiraten, ohne dabei überhaupt an das Wohlergehen der Sippe zu denken, ist eine relativ neue Entwicklung, die das tief archaisch geprägte System so noch nicht kennt. Sie muss sich erst in unserem Zellbewusstsein etablieren und integriert werden.

Nach meinen Erfahrungen aus der Praxis wird die reine Liebesheirat meistens kompensiert, da das »andersartige« Verhalten als ein Herausfallen aus der Sippe programmiert ist. Wer aus Liebe geheiratet hat, »gleicht das aus«: zum Beispiel über zu viel Arbeit und zu wenig Zeit für die Zweisamkeit oder über Probleme mit den Kindern. Dem Unterbewusstsein sind bei der Kompensation von Programmierungen keine Grenzen gesetzt.

Außerdem finden in Beziehungen die meisten Projektionen statt. Verliert jemand zum Beispiel durch eine Partnerschaft die Achtung vor sich selbst, wird er die Partnerschaft oder den anderen dafür verantwortlich machen, ablehnen und zumindest innerlich bekämpfen. Das ist auf den ersten Blick völlig normal und verständlich, da wir besser behandelt werden möchten. Doch sinnvoller wäre es, einmal bei sich selbst hinzusehen, ob wir diese Missachtung über unsere eigenen Programmierungen auslösen. Machen wir den anderen doch sehr häufig für Verhaltensweisen verantwortlich, die wir selbst verantworten sollten und die mit wirklicher Liebe nicht viel zu tun haben. So kommt es oft zu Missverständnissen, Anschuldigungen, Wiedergutmachungsansprüchen oder Racheprogrammen.

Die Partnerschaft ist auch ein geeignetes Umfeld, um die aus der Kindheit stammenden Verlustängste auszuleben und gespiegelt zu bekommen. Folgender Glaubenssatz kann daraus entstehen: »Nur durch die Übernahme von Programmierungen des Partners kann die Beziehung gesichert werden.« Das führt sehr zuverlässig zu Entwicklungen, die sich niemand wünscht.

POSITIONEN IN DER PARTNERSCHAFT

Für eine erfüllte Beziehung sind die richtig besetzten Positionen innerhalb des familiären Systems ebenfalls bedeutsam. Sehr oft sehen wir in unserem Partner nämlich gar nicht denjenigen, der vor uns steht, sondern verwechseln ihn mit Mutter oder Vater oder vergleichen ihn zumindest mit ihnen. Das Ganze spielt sich in der Regel auf der unbewussten Ebene ab, manchmal aber auch auf der bewussten.

Je nachdem, was wir mit unserem Vater oder unserer Mutter erlebt und durchlebt haben, lassen wir die Muster und Verhaltensweisen mehr oder weniger ausgeprägt in unserer Partnerschaft wieder aufleben. Denn unser Partner ist durch die stetige Erreichbarkeit eine fantastische Projektionsfläche für ungelöste Konflikte aus der Kindheit.

Auch hier gilt das Resonanzprinzip. Wir ziehen einen Partner an, der uns unsere eigenen unerlösten Themen oder die unerlösten Themen unserer Eltern, Großeltern, der Ahnen allgemein widerspiegelt. Dies können Schattenbereiche, abgekoppelte, abgelehnte und verleugnete Themen und Bereiche sein, die meistens auf der emotionalen Ebene anzusiedeln sind.

Die Positionen innerhalb einer Sippe müssen immer besetzt sein, egal durch wen. Nehmen Eltern, Großeltern, Kinder, Enkel ihre Positionen nicht selbst ein, werden sie durch andere Familienmitglieder eingenommen und ersetzt. Bei den nachfolgenden Generationen finden dann Wiederholungen statt.

Für eine angenehme, friedvolle, erfüllte Partnerschaft und ein gedeihliches Familienleben ist es wichtig, ebenso *in sich* die entsprechenden Positionen richtig besetzt zu haben. Wie außen, so innen; wie innen, so außen. Erfolgt diese innere Positionierung, werden wir mit unserer eigenen Mutter- oder Vaterschaft kaum Probleme haben. So macht es durchaus Sinn, die systemischen Positionen in Ordnung zu bringen und jedem wieder seine Position zuzuordnen, in die er hineingeboren wurde.

TESTFRAGEN ZUR PARTNERSCHAFT

Ein Erkennen kann bereits Erlösung, Frieden und Glück in Ihr Leben bringen. Mit Ihrer Erkenntnis fangen Sie an, selbst über Ihr Leben zu bestimmen. Die ersten wesentlichen Findungsfragen in Bezug auf eine erfüllte Partnerschaft sind in der Ahnenarbeit, wie ich Sie Ihnen hier vorstelle, die folgenden. Auch sie werden mithilfe des kinesiologischen Muskeltests geklärt, wie es ab Seite 38 erklärt wurde. Und natürlich mithilfe der Intuition.

- ◇ Sehe ich in meinem Partner den Ersatz für ein Elternteil statt ihn in seiner Position als Partner?
- ◇ Sind meine Eltern, meine Ahnen mit ihren Emotionen, Befindlichkeiten, mit ihrer Liebe, mit ihrer Bedürftigkeit, mit ihrer Sehnsucht nach Nähe oder mit ihrer Zärtlichkeit angemessen umgegangen?
- ◇ Habe ich Zärtlichkeiten bei meinen Eltern erlebt?
- ◇ Gab es dafür überhaupt Raum, Zeit und die Erlaubnis?
- ◇ Waren sie gleichberechtigte Partner?
- ◇ Haben sie sich getraut, Nähe auch nach außen hin zu zeigen?
- ◇ Haben Machtstreben, Funktionieren und das Bedürfnis, versorgt zu sein, eine erfüllte Körperlichkeit ersetzt? (Unsere gelebte Körperlichkeit ist sehr wichtig, um zu unserer Urkraft zu gelangen.)
- ◇ Wurde eine erfüllte Körperlichkeit durch Aggressivität, Neid, Eifersucht oder Missgunst ersetzt?
- ◇ Hat eine gewisse Obrigkeitshörigkeit die eigenen Gefühle, die eigene Meinung und das ureigene Vertrauen zugedeckt oder lahmgelegt?

- ◇ Stehen in meinem Ahnenfeld gesellschaftliche Reputation und das Geldverdienen gegen den Genuss des Lebens?
- ◇ Habe ich als Frau in der Partnerschaft nur einen Wert, wenn der Mann an meiner Seite finanziell gut ausgestattet ist?
- ◇ Habe ich als Mann in der Gesellschaft nur einen Wert, wenn meine Frau den gesellschaftlichen äußerlichen Ansprüchen genügt?
- ◇ Definiere ich meine Partnerschaft über Geld, Erfolg und Ansehen?
- ◇ Verliere ich meinen Wert in einer Partnerschaft?
- ◇ Glaube ich, über das Wertesystem meines Partners leben zu müssen?
- ◇ Werde ich nur geliebt, wenn ich mich für den anderen aufgebe?
- ◇ Muss ich ganz viele Anteile von mir an meinen Partner abgeben, um die gemeinsame Beziehung zu sichern?
- ◇ Muss ich ganz viele Anteile meines Partners übernehmen, um die Partnerschaft zu sichern?
- ◇ Habe ich in der Partnerschaft Angst vor Trennung und vor dem Verlassenwerden?
- ◇ Bin ich es wert, eine lange, andauernde, glückliche, fröhliche und wohlhabende Beziehung zu führen?
- ◇ Habe ich mich mit meiner Liebe und meinem Verhalten hauptsächlich den Anforderungen von außen angepasst? Steht für mich das Funktionieren und die Funktion der Beziehung über der Liebe?
- ◇ Verkaufe ich mich für das Versorgtwerden, bin ich auf meinen Partner angewiesen und umgehe so meine Eigenverantwortung für mich selbst?

- ◇ Habe ich bei meinen Eltern und Großeltern Selbstverantwortung und Eigenverantwortung für ihre Partnerschaft erlebt?
- ◇ Will ich von meinem Verstand und meinem Herzen aus die eventuell unbefriedigenden Ehen und Beziehungsgeflechte meiner Eltern und Ahnen nachmachen?
- ◇ Bin ich von meinem Partner »auf ein Podest gestellt« worden?
- ◇ Kann ich mich nur darüber abgrenzen, dass ich »auf dem Podest stehe«?
- ◇ Ist mein Vater bei der Versorgung abwesend gewesen?
- ◇ Ist mein Vater nur über die Versorgung anwesend gewesen?
- ◇ Ist mein Partner nur nahbar über Dominanz, Autorität und Sexualität?
- ◇ Sehe ich meinen Partner als schwach an, wenn er mich versteht?
- ◇ Ist der Mann, mein Partner, nur stark, wenn er mich als seine Partnerin missbraucht?

Eine Variante wäre noch, dass wir über eine sogenannte schlechte Beziehung die gute Beziehung unserer Eltern ausgleichen müssen, da die Eltern wiederum durch ihre gute Beziehung aus der Sippe gefallen sind. So halten wir unsere Eltern über unsere schlechte Beziehung in der Sippe. Dies klingt sehr komplex. Der Schlüssel zur Selbsterkenntnis ist aber einfach wieder das Hinsehen: Wie verhalte ich mich, wie lebe ich? Und von wem habe ich welche Überzeugungen übernommen, die aus meinem Unterbewusstsein heraus wirken? Mögliche Testfragen wären zum Beispiel:

- ◇ Lebe oder verhalte ich mich anders als meine Ahnen?
- ◇ Verschafft mir mein »Leiden« Sekundärvorteile?

Haben Sie all diese Fragen an sich durchgetestet, sind Sie schon ein Stück weiter auf Ihrem Weg hin zu einer erfüllten Partnerschaft.

EMOTIONEN IN DER PARTNERSCHAFT

Das nächste ganz wichtige Thema ist die Bedeutung, die wir in unserem Unter- beziehungsweise Zellbewusstsein der Liebe in der Partnerschaft geben. Verbinden wir mit Liebe in der Partnerschaft unbewusst, versorgt, umsorgt, ernährt und bevormundet zu werden? Ist es eine bedingungslose, achtende Liebe oder eine bedingte, die wir als Kind erfahren haben? Gibt es wirklich eine Herzensliebe oder ist sie eher vom Verstand geleitet, von den Anforderungen der Sippe, von den unbewussten Programmierungen? Haben wir uns in der Familie in jeder Situation geliebt, sicher und aufgehoben gefühlt? In unserer ureigenen Person, die wir sind, verstanden?

Sehr oft werden in Partnerschaften Symbiosen geschlossen, um sich gegenseitig vor den verletzten Anteilen zu schützen und diese über den anderen auszugleichen. Dies ist natürlich eine Illusion, da wir unsere Anteile in Wirklichkeit nur über uns selbst ausleben können.

Auch in Partnerschaften gilt wieder die seit der Steinzeit tief gespeicherte systemische Information, dass wir Vater oder Mutter und die Großeltern nicht überholen und nicht anders sein dürfen als sie. Das heißt, es darf uns nicht besser als ihnen gehen, wenn wir überleben wollen. Haben wir mit unserer Liebesbeziehung die Ahnen überholt, kompensieren wir das, um in der Sippe zu bleiben und überleben zu können. Geht unser

Partner zum Beispiel liebevoller mit uns um, als unsere Eltern es uns vorgelebt haben, hat er mehr Geld, das er auch uns großzügig zur Verfügung stellt, ist er gesünder, hat er mehr Zeit für uns, hat er mehr Verständnis, achtet er uns mehr, zeigt er ein liebevolleres Verhalten den Kindern gegenüber und so weiter, müssen wir dies den Eltern, Großeltern, Urgroßeltern gegenüber unterbewusst ausgleichen – zum Beispiel durch den Verrat in einer Freundschaft. So können wir innerlich sagen: Schaut her, ihr Ahnen – es geht mir zwar in meiner Partnerschaft besser als euch, dafür leide ich unter dem Verrat in meiner Freundschaft. Ich bin dadurch alles in allem auch nicht besser dran als ihr und gehöre somit weiterhin dazu.

Haben wir ein emotional sehr schwieriges Verhältnis zu einem Elternteil gehabt, benutzen wir oft unseren Partner, um dies auszugleichen, wiedergutzumachen, gar zu rächen oder aber nachzuahmen. Wurden wir zum Beispiel von einem Elternteil einverleibt, also überbehütet, sehen wir in der Liebesbeziehung unbewusst oder sogar bewusst wieder eine Einverleibung der eigenen Person, den Verlust, jedenfalls die Gefährdung unserer eigenen Identität, den Verlust der Freiheit. Wir fürchten, dienen, gehorchen und durchhalten zu müssen, gefangen zu sein et cetera. Wir projizieren die Übermutterung oder Übervaterung auf unseren Partner und/oder die Kinder.

Wir erkennen über unseren Partner, dass der direkte Kontakt zu uns selbst verloren gegangen ist. Dann aber machen wir ihn für diesen Verlust verantwortlich und versuchen gleichzeitig, uns durch ihn zu ersetzen. Das kann auf Dauer natürlich nicht gelingen, da es in Wirklichkeit nur um uns selbst geht.

In all den Mustern werden wir unglücklich – es sei denn, wir erkennen diese Zusammenhänge, wodurch der erste große Schritt zur Veränderung schon getan ist.

Es kann ebenso sein, dass wir als Sippenchef und später als Familienoberhaupt die Verantwortung für die ganze Sippe oder Familie übernehmen und dadurch genauso den direkten Kontakt zu uns selbst verlieren, dies aber mit Liebe verwechseln und sie auf den Partner projizieren. Durch die äußere Machtübernahme wird unsere ureigene innere Macht verdeckt, wir funktionieren für andere und wissen gar nicht mehr wirklich, wer wir selbst sind. Mit diesem Status können wir nicht wirklich glücklich sein. Wir funktionieren mehr, als dass wir leben und lieben.

Auch solche Fehlübernahmen können ganz schnell schon dadurch gelöst werden, dass wir erkennen, woher sie aus der Sippe kommen und welchem Familienmitglied wir sie nachmachen zu müssen glauben.

Haben wir wirkliche Liebe in unserer Familie nie erlebt, haben wir dort kein wirkliches Familienleben erfahren, werden wir diesbezüglich Nebenschauplätze kreieren, um das Fehlen der Liebe zu verdecken und zu vertuschen und so an diesen schmerzhaften Mangel nicht erinnert zu werden. Wir können sie ebenso zwanghaft über unseren Partner ersetzen wollen. Viele gehen in dem Moment, in dem es um wirkliche Liebe oder Familienverbundenheit geht, auf Abstand zu sich selbst, auf Distanz zu der wirklichen Liebe, der Familienverbundenheit. Sie ignorieren diese Begebenheiten. Oder sie nehmen sie an und kompensieren sie unbewusst anderswo. Eine Kompensationsmethode wäre zum Beispiel, dass wir einen Partner haben, der uns wirklich liebt, wir aber selten Zeit für ihn erübrigen, weil wir so viel im Ausland sind oder mit unserer Arbeit zu tun haben.

Workaholismus, Reise- oder Sammelsucht und Ähnliches sind ebenfalls Kompensationsmethoden. Wir können es dann nicht ertragen, wenn der Partner uns zu nahe ist, wir fühlen uns unwohl, wenn wir zu viel Zeit mit ihm verbringen, wir fühlen uns dann unfrei und eingeengt. Gleichzeitig haben wir aber eine enorme Sehnsucht nach Nähe und Verbundenheit.

Haben unsere Eltern von ihren Eltern keine wahre Liebe erfahren, wussten auch sie nicht, was wahre Liebe heißt. Wahre Liebe lässt den anderen frei und versucht nicht, ihn zu manipulieren. Nicht zu wissen, was Liebe heißt – das wird von einer Generation an die nächste weitergegeben. Für das Verstehen, Vergeben, Verzeihen ist es wichtig zu wissen, dass die Eltern, Großeltern und so fort ihr Mögliches gegeben haben; sie wussten es einfach nicht besser. Auch sie waren zu über 80 Prozent durch ihre Übernahmen programmiert. Wir sind diejenigen, die es ab heute besser machen können.

DIE VERLAGERUNG VON EMOTIONEN

Oft verlagern wir unsere unerfüllten Wünsche, Emotionen, Sehnsüchte wie auch unsere Traumata auf die Kinder, die Freundin, den Freund, den Partner. Sie sollen sie dann für uns leben oder ausgleichen. Wurden wir beispielsweise als Kind nicht anerkannt, versuchen wir, diesen Mangel über unseren Partner zu kompensieren. Er muss uns dann für all die Eigenschaften und Leistungen bewundern, die früher nicht beachtet wurden. Vielleicht suchen wir auch nach Anerkennung unserer Weiblichkeit oder Männlichkeit, indem wir fremdgehen oder manipulativ werden. Die Palette an Kompensationsmöglichkeiten ist unermesslich groß.

Aus einer früher verschobenen Verlustangst kann die Eifersucht entstehen. Die Verlustangst kann von einem verlorenen Zwilling, Geschwister oder einem zu früh gegangenen Elternteil herrühren. Auf jeden Fall stammt sie aus der Vergangenheit und wird auf die angebliche oder tatsächliche Untreue des Partners verschoben. Ebenso kann jemand aus Angst, verlassen zu werden, zum Beispiel zwei Partner beanspruchen (eine Frau und eine Geliebte, einen Mann und einen Geliebten), um einen »doppelten Boden unter den Füßen« zu haben. Unbewusst glaubt das System, den Schmerz des Verlusts eines geliebten Menschen dadurch zu verhindern oder auf jeden Fall spürbar zu reduzieren.

In all dem verlassen wir mit unserem Empfinden das Hier und Jetzt und rutschen mit unserer Wahrnehmung in die Vergangenheit, in Kindheitserfahrungen, in unsere frühe emotionale Enttäuschung, Angst sowie Panik, die unbewusst über das Verhalten des Partners getriggert wurde. Für diese Verletzung machen wir nun unser Gegenüber verantwortlich und geben ihm die Schuld. Obwohl die Ursache darin liegt, dass wir damals einen wesentlichen Anteil von uns selbst verdrängt und abgegeben haben, da er viel zu schmerzhaft war und uns in einen »Freeze«- oder in eine Art Ohnmachtszustand gebracht hat.

Gefangen im Trauma der Vergangenheit können wir mit unseren Gefühlen nicht mehr souverän in der Gegenwart als Erwachsene reagieren. Die Kommunikationsebenen haben sich verschoben, eine gleichberechtigte Kommunikation findet nicht mehr statt. Wir sind mit unserer Verletzung in die Vergangenheit gerutscht und unser Gegenüber ist in der Gegenwart geblieben. Jetzt spricht ein Erwachsener mit einem Kind und es sprechen nicht mehr zwei Erwachsene, zwei Partner miteinander.

In ganz vielen emotional gesteuerten Situationen rutschen wir nicht nur mit unseren Partnern, sondern auch mit den Kindern, Freunden, Geschäftskollegen, Chefs und so weiter auf solche unterschiedliche Kommunikationsebenen, sobald wir uns in unterschiedlichen zeitlichen Wahrnehmungsebenen befinden.

Es kann jedoch auch sein, dass der Partner durch das Triggern alter emotionaler Verletzungen seinerseits an Kindheitsverletzungen erinnert wird und mit seinem Empfinden und seiner Wahrnehmung ebenfalls in die Vergangenheit abdriftet. In diesem Fall sind dann beide auf der Kinderebene angelangt, verstehen sich wahrscheinlich ebenso kindisch gut, wie sie sich kindisch streiten. Sie sind nicht mehr in ihrem souveränen Erwachsenen-Ich.

Zwei Partner, die auf die Kinderebene gerutscht sind, bewerfen sich – bildlich gesprochen – mit Sand und machen sich ihre Sandburgen kaputt.

Erst die bewusste Verbindung zu uns selbst führt in eine liebevolle Partnerschaft. Wir sorgen für uns, indem wir in einer tiefen Verbindung zu uns selbst stehen und in uns hineinspüren, was gut und richtig für uns ist. Wir fangen an, unser Potenzial wahrzunehmen und zu leben, wir achten auf unser Wohlergehen und tragen Sorge dafür, dass es uns gut geht.

Gleichzeitig wissen wir, dass wir mit unseren Mitmenschen, mit unserem Gegenüber energetisch verbunden sind – nicht zuletzt über das morphogenetische (»gestaltgebende«) Feld, in dem wir alle leben. Das heißt: Indem wir für uns sorgen, sorgen wir gleichzeitig für die anderen. Die einzige Voraussetzung dafür ist, dass wir unser Handeln aus unserer Liebe heraus steuern und nicht aus einem Mangelempfinden, aus Hass, Eifersucht oder Verbitterung. Betrachten wir uns mit liebevollen Augen, sehen wir gleichzeitig den anderen mit liebevollen Augen an. Das ist das Resonanzprinzip, das ist das Verbundensein mit *allem, was ist*. Es ist ein universelles Gesetz.

Damit wir in diesen liebevollen Zustand uns selbst gegenüber kommen, ist es notwendig, die uns noch blockierenden Programmierungen in Liebe zu erkennen und zu erlösen. Ich möchte Ihnen dazu wieder eine Übung anbieten, mit der Sie gut in die eigene Mitte kommen. Befinden Sie sich mit der angesprochenen Thematik in Ihrer Mitte, können Sie wesentlich souveräner damit umgehen.

MEDITATIVE LÖSUNGSÜBUNG: PARTNERSCHAFTSPROBLEME

Ich nehme an einem ungestörten Ort eine bequeme Position im Sitzen oder Liegen ein und schließe die Augen. Ich atme dreimal tief ein und aus und lasse in meiner Vorstellung meinen ganzen Stress und meine Sorgen mit dem Ausatmen abfließen, am besten in Mutter Erde hinein.

Ich schütze mich über einen imaginierten hellen, gleißenden Lichtball um mich herum. Ich lasse dieses gleißende Licht auch in mich hineinfließen.

Ich spüre über meine Füße oder meinen Rücken die Verbundenheit mit Mutter Erde. Ich atme in dieses wärmende fließende Gefühl hinein, in dieses Getragensein von Gaia. Ich atme das Licht von Vater Himmel ein.

Ich nehme ganz bewusst Kontakt zu meiner Körpermitte auf. Ich stelle mir in meiner Magengegend einen hellen Raum vor. Ich stelle mir vor, wie sich dieser helle Raum in mir immer weiter ausdehnt. Immer weiter und weiter, bis ich selbst ein riesiger, weiter Raum bin. Ich stelle mir vor, ich selbst befinde mich in diesem mir innewohnenden Raum. In diesem Raum kann über das Licht und über meine Schöpferkraft absolute Heilung geschehen. All meine unangenehmen Befindlichkeiten darf ich jetzt an diesen meinen Raum abgeben und sehen, wie sie sich mit der Zeit in reines, pures Licht verwandeln und ein wärmendes, schönes Gefühl entsteht, das mich durchdringt.

Ich lasse meinen Partner, mit dem ich Probleme habe, in meinem Raum erscheinen. Dieser helle, lichte Raum ist durchdrungen von der heilenden, reinen, gleißend hellen Liebesenergie. Und all die Dissonanzen, die zwischen mir, meinem Partner und anderen beteiligten Personen bestehen, dürfen über diese Liebesenergie transformiert werden zu reinem Licht. Ich spüre das Licht und die Kraft in meiner Körpermitte, ich bin zentriert und in meiner Mitte. Dies alles kann ich so lange fortführen, bis ich mich rundum gut fühle.

Anschließend bedanke ich mich bei all den reinen himmlischen Lichtkräften, die mich unterstützt und geheilt haben. Ich lasse mich von ihnen segnen.

Ich komme mit drei tiefen Atemzügen wieder mit allen Anteilen meiner selbst vollständig ins Hier und Jetzt und öffne die Augen. Ich fange an, mich wieder zu bewegen und zu dehnen. Ich spüre den inneren Frieden in mir und bin bereit, neue Informationen aufzunehmen.

Danke, danke, danke!

SCANN MICH MIT DER APP!

LEBENSGESETZE KENNEN

Die Arbeit mit von Ahnen übernommenen Mustern ist ein sehr komplexes und weites Feld. Sie lässt sich psychologisch bereits sehr wirkungsvoll unternehmen, wird aber umso kraftvoller, je klarer auch spirituelle Ebenen einbezogen werden. Grundgesetze aus beiden Bereichen sollen hier so weit Thema werden, wie Sie für die Entdeckung der verborgenen Kräfte Ihrer Ahnen wichtig sein könnten.

ALLVERBUNDENHEIT UND DUALITÄT

»Was wir zutiefst sind, ist zeitlos.
Es erscheint nur in Zeit und Form.«
WILLIGIS JÄGER

In allen spirituellen Lehren geht man davon aus, dass wir Menschen mit allem verbunden sind, was im Universum existiert. Auch die Wissenschaft erkennt dies allmählich. Wir leben in einem elektromagnetischen Feld, über das wir mit allem in Verbindung stehen. Trennung ist eine Illusion.

Diese Allverbundenheit gibt es auch in uns. Wir sind ursprünglich als ganzheitliche und heile Menschen erschaffen worden, die alle Persönlichkeitstypen in sich vereinen, alle Facetten des Seins. Wir bestehen aus spirituellen, schöpferischen, geistigen, emotionalen und körperlichen Ebenen. Wir sind Körper, Geist und Seele. In Wirklichkeit sind wir *alles, was ist.* Mit den Jahren und den Lebenserfahrungen allerdings haben wir viele unserer Facetten, viele Anteile und Ebenen sowie Archetypen verdrängt und abgespalten, vielleicht sogar verflucht. Deshalb ist den wenigsten ihre Ganzheitlichkeit überhaupt bewusst.

Die meisten Menschen glauben außerdem, nur über das Tun etwas im Außen erreichen zu können. Doch das ist nicht ganz der richtige Weg. Es gibt nämlich einen befriedigenderen: Über unser Sein kommen wir ins Handeln! Von innen nach außen, nicht von außen nach innen. Über unser wahrhaftiges Sein erreichen wir die Ziele, die uns am Herzen liegen. Das, was wir sind, kann sich im Außen verwirklichen.

Haben wir noch keinen wirklichen Kontakt zu unserem Sein, können wir auch nicht im Einklang mit ihm handeln. Erst wenn wir klar in uns spüren, wer wir sind, was wir wirklich von Herzen möchten, können wir aus unserem inneren Sein heraus handeln und etwas bewirken, was uns tiefe Befriedigung, Glück und Freude bringt – und damit quasi automatisch auch den anderen. Dafür ist es wichtig, die Essenz des Seins zu erspüren. Wir Menschen entstammen alle derselben Quelle. Wie auch immer wir diese Quelle nennen – Gott, Universum, das große Ganze, Licht –, ist gleichgültig, es gibt eine höhere Intelligenz, ohne die wir Menschen nicht wären. Sie inspiriert uns, sie hat uns erschaffen, gleichzeitig lässt sie uns unseren freien Willen.

In Wirklichkeit ist das Göttliche, das Universelle bedingungslose Liebe, die frei lässt. Dieser Kern steckt in jedem Menschen: Wir alle haben das schöpferische Potenzial und das ganzheitliche Wissen in uns. Wir haben das nur bei unserer Geburt vergessen. Unser Ziel im Leben – so sagen es viele spirituelle Richtungen – ist es, uns wieder daran zu erinnern, was wir wirklich sind. Doch stattdessen konstruieren wir permanent Glaubenssätze, Gedanken und unbewusste Programmierungen. Das ist den meisten nicht klar. Sie verurteilen andere und verurteilen dadurch sich selbst. Denn alles ist mit allem verbunden und eins.

GENAUER HINSEHEN

Oft lehnen wir Dinge ab, die wir nicht kennen. In Wirklichkeit sind genau diese Dinge für uns wichtig: eigene Anteile, die sich in dunkle Kleider gehüllt haben und erlöst und angenommen werden wollen. Wenn unser Körper, unser Geist und unsere Seele im Einklang sind, kann uns keinerlei Schwierigkeit, Kritik oder Gegenwind im Außen etwas anhaben.

DUALITÄT

Hier auf der Erde leben wir in der Polarität beziehungsweise Dualität, der Welt der Gegensätze. Wie sollten wir wissen, was hell ist, wenn es kein Dunkel gäbe? Wie wüssten wir, dass wir groß, schlank oder dunkelhaarig sind, wenn es nicht auch Kleine, Beleibte oder Blonde gäbe – und umgekehrt? Nur über das, was wir nicht sind, können wir erkennen, was wir sind. Und wie sollten wir in uns erfahren, was Glück ist, wenn wir nicht auch die Trauer kennen würden?

In all den Facetten der Polarität können wir uns als ganzheitlich erschaffene Wesen erkennen. Alles hängt mit allem zusammen, das Ganze ergibt die Balance und einen Kreislauf.

Es gibt in der Dualität die Opfer- genauso wie die Täterrolle. Wie sollte es ein Opfer geben, wenn es nicht auch den Täter gäbe? Doch hier kommt unsere Schöpferkraft ins Spiel: Wir können uns jeden Tag entscheiden, aus der Opferrolle auszusteigen und Verantwortung für unser Leben zu übernehmen. Wir haben in jedem Moment die Freiheit, in unsere Schöpferkraft zu gehen, die Dualität als nur einen Teil von uns zu sehen und uns mit dem großen Ganzen zu verbinden, um Klarheit über uns selbst zu gewinnen und alte Wunden zu heilen.

Jeder Mensch kann die Klaviatur seiner vielen Anteile bedienen, wenn er sich ihrer wieder bewusst wird. Jeder ist durch das, was er glaubt und denkt, sehr mächtig. Kreiert doch jeder über seinen Geist, seinen Glauben und sein Denken seine Welt. Er kann sich damit auch aus den beengenden, von der Dualität geprägten Überzeugungen befreien und anfangen, mit einem großen weiten Geist zu denken.

Erkennen wir uns selbst, heilen wir uns selbst, erkennen und heilen wir auch die anderen. Insofern ist jeder von uns auch für alles um sich herum verantwortlich. Beeinflussen wir doch *alles, was ist*, über uns selbst. Wir können uns das wie ein gigantisches

Spinnennetz vorstellen, in dem jeder Mensch einem Faden entspricht. Verändern wir über einen Bewusstseinswandel unsere Fadenposition, ändert sich das gesamte Spinnennetz. Eben dafür ist das Genogramm so hilfreich, in dem wir das gesamte vorhandene Wissen über unsere Sippe aufzeichnen und wahrnehmen. Meiner Meinung nach spiegelt es uns den individuellen Seelenplan und die Aufgaben, die wir hier haben.

Es ist doch genial: Wir können allein unser Leben verändern. Wir brauchen niemanden im Außen zu verändern, nur uns selbst! Ist das nicht wundervoll? Das ist eine der wichtigsten Aussagen dieses Buches. Wir fangen an, uns für uns selbst zu öffnen. Wir fangen an, uns zurückzuerinnern, wer wir in Wirklichkeit sind: ein göttliches Wesen, das sich hier in dieser Welt erfahren will. Die Dualität ist die Basis für diese Selbsterfahrung. Die Frage ist nur: Welche Teile von uns wollen wir erfahren? Möchten wir weiterhin Schmerz, Leid, Abhängigkeiten, Manipulationen und Mangel leben oder öffnen wir uns für die Fülle in uns und um uns herum? Wir haben den freien Willen. Wir haben jeden Tag die Wahl, uns für das eine oder das andere zu entscheiden. Wir allein wählen den Inhalt unseres Lebens aus.

Wir haben die Macht und die Kraft, unsere Lebensinhalte zu verändern, wenn wir uns mit der Schöpferkraft in uns verbinden. Allein dieses Wissen verändert schon unser ganzes Leben.

Zu uns selbst zu stehen und zu den Erfahrungen, die wir in unserem bisherigen Leben schon gemacht haben, ist das nächste wirkungsvolle Tool. Auch wenn die Dinge in der Dualität als schlecht oder gut beurteilt werden, ist es enorm wichtig, aus dieser Verurteilung auszusteigen und selbst die Verantwortung für den eigenen Werdegang zu übernehmen. Alles, was ist, alles, was war, alles, was sein wird, ist erst einmal okay. Es ist Realität. Alles Weitere können wir verändern, doch zunächst sollten wir das Gegebene als Entwicklungschance annehmen.

DANKBARKEIT

Es ist ein weiteres hochwirksames Mittel für ein glückliches Leben in unserer dualen Welt: Dankbarkeit. Wenn Sie wissen, wie Sie sich verändern müssen, um Ihr Umfeld zu verändern, hören Sie auf, andere zu verurteilen. Sie können anfangen, dankbar zu sein für Ihre Existenz und das Leben, das Sie führen.

Fühlt es sich nicht deutlich stimmiger an, dankbar zu sein? Wir brauchen uns nur einmal die Fülle und Üppigkeit der Natur bewusst zu machen. Mutter Erde, die uns mit ihrer Schönheit, ihrem Überfluss und ihrer Vielfalt nährt. Schauen Sie sich allein eine Rosenblüte an: ihre Pracht an Blättern, ihr Duft, ihre Einzigartigkeit. Einfach so. Einfach der Schönheit, des Reichtums der Schöpfung wegen.

In unserem Kulturkreis und in unserer Zeit haben wir ein Überangebot an Nahrungsmitteln. Aber auch wenn wir uns auf unser ursprüngliches Wissen zurückbesännen, müssten wir nicht verhungern. In der Natur wächst alles, was uns nährt und heilt. Und auch der menschliche Körper ist ein Wunderwerk, das bis heute noch nicht in all seiner Einzigartigkeit, Komplexität und Genialität erforscht ist.

Liebe, Dankbarkeit und Schönheit sind Gott sei Dank ansteckend. Spüren wir doch einmal in uns hinein. Wo fühlen wir uns wohler: bei Menschen, die immer nur negativ sind und anklagen, oder bei solchen, die fröhlich und dankbar sind? Es kann natürlich sein, dass uns ihre Fröhlichkeit Angst macht, da wir selbst keine Ahnung haben, wie wir dorthin gelangen sollen. Doch genau das ist einer der Gründe, dieses Buch zu lesen. Es will dabei helfen, die Hintergründe zu erkennen und zu erlösen und wieder zu unserer Einzigartigkeit zu gelangen. Es ist wichtig, die Stimmungsräuber zu erkennen und in Leichtigkeit und Fröhlichkeit zu transformieren. Die Dualität als Spiegel der vielfältigen Erfahrungsmöglichkeiten zu erkennen, aus der wir jederzeit aussteigen können.

DREI BEWUSSTSEINSEBENEN

Wir haben vergessen, wer wir sind,
und suchen lebenslang nach unserem Licht.

Es gibt verschiedene Wahrnehmungs- und Bewusstseinsebenen, auf denen wir uns aufhalten und leben. Tatsächlich aber sind wir alle Bewusstseinsebenen gleichzeitig. Ich nenne sie hier das Höhere Selbst, das Kleine Ich und das Erlöste Ich.

DAS HÖHERE SELBST

Da gibt es unser Höheres Selbst, das direkt mit dem allumfassenden kosmischen, göttlichen Bewusstsein verbunden ist. Ja, es *ist* das allumfassende Bewusstsein. Es ist frei von irdischen, gesellschaftlichen Ego-Bedürfnissen und Abhängigkeiten. Es hat wie das Kosmische und Göttliche den allumfassenden Überblick, die allumfassende Ruhe, den Frieden, die Gelassenheit und lebt ausschließlich über die bedingungslose Liebe. Diese Liebe vergibt, lässt frei, macht weit und groß, gibt ein weites, schönes Gefühl des Angekommenseins. Sie verurteilt und wertet nicht. Die Liebe ist einfach: ohne Wenn und Aber, ohne Bedingungen.

Unser Höheres Selbst ist das Einheitsgefühl, die Verbundenheit mit allem, das All-eins-Sein, das zeitlose Sein mit allem und gleichzeitig ein Teil von allem. Es ist unsterblich und ewig. Es ist das reinste, purste und höchste Licht. Die Urkraft, aus der alles entstanden ist. Die höchste und die stärkste Kraft. Wir alle sind Teil davon und haben Zugang dazu. In den meditativen Lösungsübungen des Buches verbinden wir uns bewusst damit.

DAS KLEINE ICH

Unser irdisches Kleines Ich ist beeinflusst von all den Normen, Verboten, Programmierungen, Regeln, Vorgaben, Gesetzen, Ansprüchen und Anhaftungen unserer irdischen Welt – und damit auch von den Mustern unserer Vorfahren. Es lebt in den meisten Fällen in einer Art Liebe, die an bestimmte Voraussetzungen gebunden ist, die Angst und damit Schuld entstehen lässt und diese in unserem Zellbewusstsein speichert. Es glaubt, Leistung erbringen zu müssen, um geliebt zu werden. Seine größte Angst ist die, nicht mehr geliebt zu werden, wenn es nicht »richtig, brav und gehorsam« handelt oder sich weigert, sich dem Wettbewerb anzupassen, mitzumachen bei den Ego-Spielen und sippenkonform zu handeln.

Es lebt im Modus des ständigen Vergleichens mit anderen, des Wettbewerbs, im Modus des Anschuldigens und der Schuldübernahme. Es hat permanent Angst, nicht gut genug zu sein und verlassen zu werden, um schließlich allein und einsam sein Dasein fristen zu müssen. Folglich glaubt es, dass es alles kontrollieren muss, um sich sicher fühlen zu können.

Also tun Menschen, die vom Kleinen Ich dominiert werden, alles, um geliebt zu werden, und vergessen dabei meistens sich selbst und ihre eigene Größe – oder aber sie leben auf Kosten ihrer Nächsten. Denn sie können ihren Drang, gefallen zu wollen, auch über Arroganz, Erfolg im Äußeren, Dominanzstreben, Manipulation oder sogar Übergriffigkeit bis zur Gewaltanwendung leben. Wahrscheinlich haben sie oft die scheinbare Gewissheit, die Liebe der Eltern oder des Partners bereits verloren beziehungsweise nicht verdient zu haben. Das führt zu einem tief sitzenden Minderwertigkeitsgefühl. Das versuchen sie nun über einen anderen Partner, Kinder oder über eine andere Person zu kompensieren. Symbiosen als Ausgleich sind hier auch sehr »beliebt«.

Der Ego-Modus ist purer Stress!

Auf Dauer muss dies alles aber erneut zu einer Enttäuschung führen, da es kein wirkliches Äquivalent gibt für die Selbstliebe, aus der heraus sich die Liebe für andere überhaupt erst entwickeln kann. Ersatz bleibt Ersatz und wir werden unser Leben lang versuchen, zur wirklichen Liebe zu gelangen. .

DAS ERLÖSTE ICH

Und dann gibt es da noch das Erlöste Ich. Es ist das früher abhängige Kleine oder Ego-Ich, wenn es von den Negativenergien, Programmierungen et cetera befreit worden ist. Dieses Erlöste Ich kann nun, da es von den Abhängigkeiten der Gesellschaft, der Ahnen, aus der illusorischen »Erbsünde« der christlichen Kirche, den übernommenen Schuldgefühlen, Angstgefühlen und dergleichen mehr befreit ist, wieder in seine ursprüngliche Ganzheit, sein Heilsein zurückfinden, ebenso in seine reine, bedingungslose Liebe.

Es kann sich seiner Ursprünglichkeit erinnern, des reinen Schöpfertums, inkarniert in einen irdischen Körper. Es hat das übernommene Mangel-, Schuld- und Angstbewusstsein klar als Illusion entlarvt und als trügerisches Mittel, Macht zu »sichern«. Es kann sich seiner ursprünglichen inneren Fülle, Ganzheit und Genialität erinnern.

Dieses geheilte Ich lebt aus der inneren Überzeugung, aus der eigenen inneren Wahrheit, Ganzheit und Liebe heraus und ist frei von Verurteilung, Angst und Schuld. Es weiß um seine Eigenverantwortlichkeit. Auch um das unendlich liebevolle Getragen- und Geborgensein über Mutter Erde. Das Erlöste Ich ist bereit, seinen eigenen Anteil an all den Gegebenheiten anzuschauen, statt reaktiv Schuld zuzuweisen und andere anzuklagen. Es weiß um die Verbundenheit mit den übrigen Lebewesen, der Natur, der Erde, des Kosmos. Es weiß um das Zusammenspiel von *allem, was ist.*

In bestimmten Lebensfeldern sind wir bereits dieses Erlöste Ich, in anderen stecken wir noch im Kleinen Ich. Doch wir können uns daraus befreien. Mit meiner Arbeit und mit meinen Erkenntnissen möchte ich Sie immer weiter auf den Weg des Erlösten Ichs führen. Ich möchte Sie anregen, Freude, Spaß, Fülle und Liebe in Ihr Leben zu bringen und damit in die Welt. Auf dem Weg hin zum Erlösten Ich ist es zunächst wichtig zu erkennen, was ist. Die eigenen unbewussten Sabotageprogramme tief in sich zu identifizieren und zu lösen. Wo immer Sie in diesem Buch mit bestimmten Themen oder Schilderungen und natürlich auch den Testfragen in Resonanz gehen und spüren, dass Sie hier eine Programmierung in sich haben könnten, ist das schon der erste Schritt zur Heilung.

IN RESONANZ GEHEN

Oft fühlen wir uns bei einem Thema, einer Aussage, einem Geschehen spürbar betroffen. Wir können mit Freude, Aufregung und wohligem Herzklopfen reagieren. Das signalisiert uns, dass wir auf der richtigen Spur sind. Wir können aber auch mit Enge, Angst, Unwohlsein, Übelkeit, Abwehr, Wut, Aggression, innerer Ohnmacht, Ärger, Müdigkeit oder Ähnlichem reagieren. Entsprechend der emotionalen Befindlichkeiten löst das Thema also positive oder negative Reaktionen in uns aus.

Wenn die Reaktion negativ ausfällt, können wir davon ausgehen, dass bei diesem Thema noch etwas im Argen liegt und es durchaus sinnvoll ist, sich mit ihm zu beschäftigen, um es vollständig zu erkennen und zu erlösen. Genau dazu dienen die Testfragen und die Lösungsübungen in diesem Buch.

LIEBE UND ANGST

Für meine Begriffe gibt es bei uns vor allem zwei Grundemotionen: Liebe und Angst. Aus der Liebe entspringt Fülle, aus der Angst resultiert Mangel.

ANGST

Angst hat eine wichtige Schutzfunktion, dient sie evolutionsgeschichtlich gesehen doch der Sicherung des Überlebens, weil sie uns Gefahren meiden lässt. Natürlich müssen wir auch heutzutage Angst haben, zum Beispiel überfahren zu werden, um uns umsichtig zu verhalten. Diese Angst ist hier nicht gemeint. Es geht eher um die eingebildete oder suggerierte Angst, etwa gesellschaftlichen Normen nicht zu genügen und ausgeschlossen zu werden. Mit dieser Art von Angst sind wir in der Regel groß geworden. Unsere Eltern kannten sie, wiederum aufgrund ihrer Erziehung, als eine Grundmotivation zu gehorchen: die Angst,

- ◇ nicht zu genügen, den gestellten Ansprüchen nicht gerecht zu werden, nicht gut genug zu sein,
- ◇ etwas falsch zu machen und dafür bestraft zu werden,
- ◇ nicht richtig zu handeln und somit nicht mehr geliebt zu werden,
- ◇ allein und ungeliebt zu bleiben,
- ◇ geächtet, ausgestoßen und ruiniert in der eigenen Existenz bedroht zu sein,
- ◇ Schmerzen zu erleiden oder gar zu sterben
- ◇ und so weiter – die Liste ließe sich lange fortsetzen.

Diese Ängste hatten in früheren Zeiten sicher einen stärker realistischen Hintergrund als heute. Es steht uns nicht zu, sie im Nachhinein zu verurteilen. Wirken können viele dieser Ängste bis heute in uns. Was wir daher wissen müssen, ist, dass uns die Dinge, die wir aus Angst tun, auf Dauer schwächen. Sie erzeugen ein Gefühl, sich schützen zu müssen, ein Gefühl der Enge, des Sichverschließens. Sie lassen oft einen Kloß im Hals entstehen, einen Druck in gewissen Körperbereichen, sie erzeugen schlechte Gefühle, eine Ohnmacht, die uns nicht mehr selbstsicher agieren lässt. Wir richten unseren Fokus auf das, was passieren könnte, und ziehen es dadurch möglicherweise erst an. Wir machen uns zu Opfern. Wir sind auf die Gefahr des Todes ausgerichtet statt auf unsere Kraft und auf die Fülle des Lebens. Letztendlich bewirkt Angst, dass wir uns zurückziehen und uns selbst verleumden, dass wir unsere innere Stärke einer angeblich stärkeren, gefährlichen äußeren Macht unterstellen.

Mangel … und immer weiterer Mangel

Aus der Angst entspringt Mangel. Und aus dem Mangelbewusstsein heraus sind wir manipulierbar. Wir glauben nicht alles zu haben, was wir für unser Leben brauchen. So suchen wir permanent nach mehr »Befüllung«. Wir versuchen, über mehr Geld, Erfolg oder Einfluss den inneren Mangel zu kompensieren.

Kennen wir nicht alle dieses Gefühl, immer mehr haben und höher hinaufsteigen zu müssen, um ein Gefühl der Fülle und Befriedigung in uns zu haben, das nach kurzer Zeit aber doch wieder abflaut und uns genauso unbefriedigt oder noch frustrierter zurücklässt? Man nennt diesen Vorgang »hedonistische Tretmühle« oder »hedonistische Adaptation«. Alles aus dem Mangel Entstandene kann letztendlich nur wieder zu Mangel führen. Man arbeitet wie verrückt und bleibt trotzdem am selben Platz. Bis man wieder dort ist, mag eine Weile verstreichen, doch nach dem Resonanzgesetz kann es gar nicht anders sein.

Meistens entspringt aus dem Mangelgefühl ein Perfektionismus und Aktionismus, um das vermeintliche Defizit zu kompensieren. Oder es entstehen überzogene Moralvorstellungen, Kadavergehorsam oder die Ausrichtung an einem Idealbild. All diese Kompensationsversuche müssen auf Dauer in eine innere Selbstanklage und letztlich zur Niederlage führen, da wir auf diese Weise unser Inneres wohl nicht erreichen können.

Wenn wir uns zum Beispiel aus einem Mangelbewusstsein heraus körperlich betätigen wollen, gehen wir nicht zum Training, um Freude daran zu haben. Der Sport dient auch nicht nur dazu, fit zu bleiben, sondern eine den äußeren Normen angepasste Figur zu haben. Er dient in Wirklichkeit dazu, unser Aussehen zu optimieren, weil wir anderen genügen zu müssen meinen. Oder wir pflegen unseren Garten aus Angst davor, was »die Nachbarn denken könnten«, statt unseren eigenen Ansprüchen an eine ansprechende Gestaltung zu genügen. Auf solche Weisen stehen wir ständig unter dem Druck unserer konstruierten zweckgebundenen Anforderungen und machen uns selbst vor Angst verrückt. Natürlich haben wir auch hier die Ansprüche zu einem großen Teil von unserer Sippe übernommen.

LIEBE

Liebe ist eine ganz andere Kraft – die mächtigste und stärkste Energie überhaupt. Sie ist heilend, nährend und erlösend. Die bedingungslose Liebe kennen wir im Idealfall von der anfänglichen Vater-Mutter-Kind-Liebe her. Aber je nachdem, wie alt wir sind, kannten diese Form der bedingungslosen Liebe schon unsere Eltern kaum. Rangierten doch Gehorsam und Strenge, das Verleugnen der Gefühle bis weit ins 20. Jahrhundert hinein ganz vorn. Mutterliebe ist im Normalfall bedingungslos, zumindest in den ersten Jahren. Diese Liebe macht das Kind idealerweise frei, sie gibt ihm ein seliges Gefühl des Angenommenseins, sie fordert nicht, sie unterstützt, sie verzeiht und vergibt, spendet unendliche Lebensenergie, nährt das Selbstbewusstsein und vermittelt ein ungeheures Wohlgefühl.

Über die bedingungslose Liebe sind wir eins mit unserem uns innewohnenden Höheren Selbst. Insofern kennen wir die Energieform der bedingungslosen Liebe eigentlich ganz genau, liegt sie doch tief in uns, aber meistens eben unter all den Konditionierungen vergraben und vergessen.

Fülle … und immer mehr Fülle

Liebe ist das Einzige, das mehr wird, wenn man es teilt. Aus der Liebe entsteht Fülle, das Gegenteil von Mangel. Und alles aus der Fülle Entstehende führt wieder in die Fülle. Sind wir mit unserem Bewusstsein in der Fülle, können uns keine Manipulationen mehr beeinflussen, die immer dem Mangel entspringen. Wir spüren die Fülle in uns, die tiefe Liebe, die uns umgibt, allein dadurch, dass wir geboren sind. Wir spüren unsere Einzigartigkeit. Wir sind in unserer Wertigkeit und Selbstachtung und ziehen dadurch Wert und Achtung in unser Leben. Wir wissen um die Fülle, die Bedeutung des Überflusses. Wir wissen: Für jeden Menschen ist genug da, sobald er in seiner eigenen inneren Fülle ist. Fülle zieht Fülle an. Wir hören auf, uns aus illusorischen Gründen schuldig zu fühlen. Die Energie der Angst kann uns nicht mehr greifen.

MEDIZIN DER WORTE

Ein guter Glaubenssatz beziehungsweise eine Affirmation für Fülle und Liebe könnte sein: »Ich darf Unterstützung erhalten und Menschen um mich haben, die mich fördern und lieben, genauso wie ich sie unterstütze und liebe.«

TESTFRAGEN ZU LIEBE UND ANGST

Stellen Sie sich einmal die folgenden sehr wichtigen Fragen und achten Sie darauf, welche Antworten intuitiv vor Ihrem inneren Auge erscheinen. Sie können bei den Fragen, die Ja oder Nein zur Antwort haben, auch den kinesiologischen Muskeltest nutzen:

- ◇ Welche meiner grundlegenden inneren Programmierungen halten mich von der wahren Liebe ab?
- ◇ Welche meiner grundlegenden inneren Programmierungen sind von der Angst gesteuert?
- ◇ Wie ist Liebe in meinem System überhaupt besetzt?
- ◇ Bleibe ich, wenn es um Liebe geht, in meiner eigenen Identität?
- ◇ Wenn nein: In welche Identität schlüpfe ich?
- ◇ Verbinde ich Liebe mit Liebe in meinem System (oder verwechsle ich Liebe mit etwas anderem)?
- ◇ Sind Liebe und Angst in mir miteinander gekoppelt?
- ◇ Entsteht aus der Liebe Angst?
- ◇ Entsteht aus der Angst Liebe?
- ◇ Ist Liebe für mich eine mit Schmerzen und Verlusten besetzte Emotion?
- ◇ Darf ich die Liebe als stärkste Kraft in mir annehmen?
- ◇ Darf ich den Weg zu meinem Glück wählen?
- ◇ Oder muss ich mich für andere aufopfern?
- ◇ Welche Ängste halten mich davon ab, den Weg der Liebe zu gehen, die Liebe in mein Leben einzuladen?
- ◇ Fühle ich mich mit der für mich bekannten Angst sicherer als mit der wirklichen Liebe?
- ◇ Macht die Liebe mir Angst?
- ◇ Wurde die Liebe in meiner Familie gelebt?

- ◇ Entsprang die Hauptmotivation zu leben in meiner Familie der Haltung, sich verteidigen und schützen zu müssen. Entsprang sie der Angst?
- ◇ Ist Liebe nur etwas für »kleine naive Mädchen«?
- ◇ Ersetze ich Liebe, indem ich andere und mich gut versorge und reibungslos »funktioniere«?
- ◇ Ersetze ich Liebe, indem ich danach strebe, erfolgreich zu sein?
- ◇ Ersetze ich Liebe durch Geld?
- ◇ Beflügelt mich die Angst zu überleben?

ÜBERLAPPUNGEN VON LIEBE UND ANGST IN PROGRAMMIERUNGEN

Überlappungen zwischen Liebe und Angst sind sehr häufig. Die bedingungslose Mutterliebe ist oft mit der bedingten Erziehung gekoppelt oder mit der »Einverleibung« durch die Mutter. Unsere Vorfahren haben größtenteils eine völlig andere Erziehung »genossen«, als wir sie heutzutage kennen. Die Kinder liefen eher »nebenbei mit«, mussten schon früh mitarbeiten oder wurden von Kindermädchen erzogen, manche mussten ihre Eltern siezen und hatten einen großen emotionalen Abstand. Das hat sich über Generationen hinweg in unserem Stammbaum manifestiert. Auch wenn wir zum Beispiel einen sehr strengen Vater und eine sehr liebevolle Mutter hatten, werden wir in unserem System die Liebe mit der Angst verbunden haben: Wir kennen die bedingte Liebe des strengen Vaters, die nur durch Gehorsam aus Angst vor Strafe zu erhalten war, und die bedingungslose Liebe der Mutter. Über unseren männlichen Anteil haben wir Liebe mit Angst verbunden, über den weiblichen Anteil mit endloser Güte.

Geht es in unserem jetzigen Leben nun um Liebe, werden wir bei solch einer Überlappung in unseren Programmierungen automatisch ebenso mit der Angst konfrontiert sein. Wir gehen dann beispielsweise sehr liebevoll mit unserem Kind um, haben dabei jedoch permanent ein schlechtes Gewissen aus Angst, nicht streng genug zu sein. Oder umgekehrt: Wir sind sehr streng und haben deswegen ein schlechtes Gewissen.

Überlappungen von Liebe und Angst wirken sich natürlich auch und gerade in der Beziehung aus. Hieraus können wiederum unterschiedliche Verhaltensweisen und Muster resultieren, zum Beispiel:

◇ Ich liebe meinen Partner zutiefst und werde gleichzeitig gelähmt durch die Angst, ihn zu verlieren.
◇ Ich habe Angst, meinen Partner zu verlieren, und schütze mich vor dem möglichen Schmerz, indem ich mir zu tiefe Emotionen untersage.
◇ Ich verbiete mir aus ebendieser Angst vor Enttäuschung und Schmerz nicht nur die tiefe Liebe zu meinem Partner, sondern auch zu mir selbst.

Wenn die Überlappungen zu mangelnder Selbstliebe führen, dann fühlen wir uns der Liebe unwert. Wir können mit wirklicher Liebe in einer Partnerschaft nicht viel anfangen und ersetzen sie, indem wir den Schwerpunkt darauf legen, versorgt zu werden, nicht allein sein zu müssen, gesellschaftliche oder religiöse Normen zu beachten, soziale Projekte oder Hobbys zu betreiben oder dergleichen mehr.

TIEF VERSCHLOSSENE GEFÜHLE

Über unsere früheren Erfahrungen mit Emotionen kann so viel Schmerz an die Gefühle der Liebe gebunden sein, dass wir unsere Liebe von unseren Emotionen abkoppeln. Das klingt schwer verständlich, ist aber oft der Fall. Hier zur Verdeutlichung ein Beispiel aus meiner Praxis: Eine ganze Familie war bei mir. Der Vater musste mit seinem Bruder und seiner Mutter in Kriegszeiten aus dem Osten flüchten und hatte schmerzhafte traumatische Erinnerungen an die Flucht. Er hatte stets Panik, seine Mutter zu verlieren, sie musste ihre Kinder immer wieder für einige Zeit an verschiedenen Orten zurücklassen. Letztendlich starb seine Mutter an den Folgen der Flucht. So war seine Liebe, seine emotionale Bindung an die Mutter mit großer Angst verbunden und dann mit dem Schmerz des tatsächlichen Verlustes.

Die Mutter der Familie in meiner Praxis wiederum hatte ihren Vater ebenfalls viel zu früh durch die Folgen des Krieges verloren. Beide Eltern hatten in der Folge ihre traumatisch besetzten Emotionsanteile von sich abgespalten, um diesem ohnmächtigen Gefühl des Verlustschmerzes zu entgehen. Sie waren damals viel zu jung und nicht annähernd in der Lage, mit ihren schmerzhaften Gefühlen umzugehen. Sie waren zu sehr traumatisiert und hatten ihre Gefühle der tiefen Liebe von sich verabschiedet. So distanzierten sie sich von sich selbst, von eigenen wesentlichen Persönlichkeitsanteilen der tiefen Liebe und lösten dieses Problem, illusorisch natürlich, über eine Symbiose, die sie in ihrer Ehe eingingen. Liebe und Angst waren dadurch so vermengt in ihrem System, dass sie selbst nicht mehr wussten, was der Liebe und was der Angst entsprang.

Wenn zu viele Gefühle aufzukommen drohten, reagierten sie mit Ablehnung und Überforderung, gleichzeitig rutschten sie in ihre eigene Bedürftigkeit und in schmerzhafte Erinnerungen von früher. Ablehnung, Überforderung und Bedürftigkeit ersetzten die echten tiefen Liebesempfindungen. Das Fatale daran war, dass ihre Kinder so kein echtes Band zu ihren Eltern knüpfen konnten. Die Kinder kamen emotional nur noch über die von den Eltern abgespaltenen Schmerz- und Verlustanteile an sie heran. Denn diese Anteile wurden von den Eltern selbst nicht bedient. Diese Energie war abgespalten, jedoch gleichzeitig noch vorhanden, da Energie nicht vergehen, sondern nur transformiert werden kann. Die Kinder sperrten sich folglich ebenfalls in einen Glaskasten, wenn es um ihre tiefen Gefühle ging. Sie begaben sich in einen »unantastbaren« Zustand, in einen Zustand der Unerreichbarkeit. Als all dies bewusst gemacht worden war, war schon eine Erleichterung spürbar und wir konnten an die Lösung der Muster gehen.

Ein emotionaler Überforderungs- und gleichzeitig Bedürftigkeitszustand kann genauso von zu früh gestorbenen Kindern in einer Familie ausgelöst werden. Wichtig ist die Assoziation, die unser (Unter-)Bewusstsein mit der Liebe verbindet. Werden Schmerz und Verlust, Ohnmacht und »Freeze«-Zustand mit Liebe verknüpft, löst sie automatisch Angst und Schrecken, Ohnmacht und Verzweiflung aus. Eine innere Ablehnung der tiefen Liebe ist die natürliche Folge davon. Das kann offensichtlich, aber auch ganz subtil geschehen.

Aus solchen Zuständen heraus entstehen Symbiosen, die diesen Schmerz tarnen, verdecken, ersetzen, von sich weisen, negieren oder abkoppeln. Wir können in einer Partnerschaft oder über unsere Kinder auf solche Weise sehr viel Ungelöstes ausgleichen, was natürlich immer auf Kosten derer geschieht, die unsere Last tragen, da es ja unsere eigenen Anteile sind, die von uns selbst erlöst werden wollen.

Letztendlich fühlt sich bei all solchen Beispielen die Liebe immer ein bisschen seltsam an, nicht wahrhaftig, da gleichzeitig die Angst mitschwingt. Auch die Angst wiederum fühlt sich nicht wirklich echt an, da gleichzeitig die Liebe mitschwingt. Das führt sehr oft dazu, dass wir diesen Themenbereich ignorieren, ihn von uns abspalten, um uns mit diesen komischen Nebengeräuschen nicht beschäftigen zu müssen. In Wirklichkeit schaffen wir es natürlich nur über das genaue Hinsehen, die Liebe und die Angst voneinander freizuschalten und zu innerer Klarheit zu gelangen. Wir spüren dann in uns deutlich, ob es sich um Liebe oder Angst handelt, und können daraufhin entschieden handeln und reagieren. Wir sind nicht mehr in dieser Umnebelung, die uns den Blick trübt. Wir spüren viel besser, was gut oder schlecht für uns und die anderen ist.

WENN DIE ANGST VOR DEM TOD LEBEN UND LIEBE HEMMT

Wichtige Fragen schließen sich hier an: Überdeckt die Angst vor dem Tod unser freudiges Leben? Sind wir manchmal mehr auf die Angst vor dem Tod fokussiert als auf ein liebevolles Leben in der Fülle? Haben wir vor dem Leben genauso viel Scheu, wie wir Ehrfurcht vor dem Tod haben? Woher kommt das, was sind die Gründe dafür?

Für sehr viele Menschen bedeutet der Tod das Ende. In Wirklichkeit ist er aber eine tief greifende Transformation in die transzendente Ebene. Die Essenz jedes Menschen bleibt durch seine Seele erhalten, er verliert seine irdische Verbundenheit mit dem Verlust seines Körpers und kehrt wieder zurück in das Licht, aus dem er ursprünglich gekommen ist. Insofern ist der Tod kein Ende, sondern der Beginn eines weiteren Wegs auf einer anderen Ebene. Das Ende ist ein Anfang.

Es kommt aber noch etwas anderes hinzu: Die Erfahrungen schmerzhafter Verluste von geliebten Menschen überdecken sehr oft das Gefühl der Lebenslust in uns, wir sind dann viel zu traumatisiert, um das Licht der Welt noch in seinem einzigartigen Glanz zu erkennen. Über die Kriege, die unsere Ahnen erlebt haben, sind in unserem System mehr schmerzhafte Verluste gespeichert als die freudige Lust auf die Liebe und das Leben. Das heißt, unser Fokus ist bis jetzt mehr auf die Angst vor dem Tod gerichtet als auf die Liebe und das Leben selbst. Im Kapitel »Tod und Leben« werde ich noch einmal auf das Thema und die tieferen Ursachen zurückkommen.

Wir können uns hier schon einmal mit einer Meditation auf einen Klärungs- und Lösungsprozess in Sachen Liebe einstimmen. Diese Meditation können Sie wiederholen, sooft Sie möchten, um Schicht für Schicht all Ihre Ängste zu heilen. Lesen Sie den folgenden Text – wie die Meditationen in den anderen Lösungsübungen dieses Buches – gegebenenfalls mehrfach, um die wesentlichen Schwerpunkte memorieren zu können, oder Sie nutzen die GU Mind&Soul Plus App und lassen sich von meiner Stimme durch die Meditation führen.

MEDITATIVE LÖSUNGSÜBUNG: LIEBE UND ANGST

Ich begebe mich an einen ruhigen Ort, an dem ich ungestört bin. Ich mache es mir bequem, schließe die Augen und gehe in einen entspannten körperlichen Zustand. Ich atme dreimal tief ein und aus und lasse jetzt alles los, was mich noch beschäftigt. Ich lasse die Gedanken kommen und gehen, ich widme ihnen keine Aufmerksamkeit mehr.

Ich spüre in meine Füße hinein und nehme die liebevolle Verbundenheit mit Mutter Erde wahr. Ich spüre, wie sie mich trägt, und kann sie mir wie eine üppig nährende Mutter vorstellen. Gleichzeitig nehme ich die liebevolle Verbundenheit zum göttlichen Licht wahr. Ich bin zutiefst geliebt und mit Mutter Erde und Vater Himmel verbunden. Ich lasse all meine Schutzengel und Geistführer zu mir kommen, um mich zu unterstützen und zu führen. Ich weiß, dass ich über mein schöpferisches Potenzial in mir geführt und getragen werde, ich weiß um die Allverbundenheit mit der Kraft, die Wunder möglich macht und auch bewirkt. Ich bin geschützt und geführt von den himmlischen Mächten, die mich bedingungslos lieben, mich führen und lenken. Ich bin jetzt bereit, Heilung anzunehmen. Ich öffne mich der Heilung. Ich entscheide mich innerlich für die Heilung.

Ich lasse einen riesigen Raum in mir entstehen. Einen riesigen, hellen und wunderschönen Raum in meiner Magengegend. Ich lasse jetzt die zwei Grundemotionen, die Liebe und die Angst, in meinen Raum kommen. Ich kann ganz gelassen den göttlichen Kräften vertrauen. Ich gehe mit meiner ganzen Aufmerksamkeit in meinen inneren Raum, mit meinen unterschiedlichen Empfindungen. Verschiedenste Gefühle können hochsteigen. Ich gebe ihnen Raum und schenke ihnen Beachtung.

Während diese Gefühle, vielleicht auch Bilder hochsteigen, klopfe ich mir mit beiden Händen abwechselnd auf meine beiden Oberschenkel. Dadurch verbinde ich beide Körperseiten miteinander und harmonisiere so meinen Körper mit all den emotionalen Befindlichkeiten. Ich kann so lange ganz leicht auf meine Schenkel klopfen, bis ich das Gefühl der Erleichterung in mir spüre.

Gleichzeitig stelle ich mir vor, wie ich liebevoll mit meinem Höheren Selbst, meiner mir innewohnenden Schöpferkraft in den Raum des Geschehens trete. Ich weiß aus tiefstem Herzen, dass diese Kraft völlig frei von den irdischen Emotionen und Befindlichkeiten ist. Über sie kann ich alle mich behindernden Gefühle und Emotionen heilen und vollständig erlösen. Ich kann mich einfach dieser Kraft öffnen und es geschehen lassen. Alle Verknüpfungen der Liebe und der Angst dürfen sich jetzt »entstressen« und voneinander frei sein.

Es können sich immer wieder verschiedene Angstebenen zeigen. Ich gebe mir dafür all den Raum und die Zeit, die ich für diesen Heilungsprozess benötige. Immer mehr spüre ich die Liebe und das Licht in mir. Die reine, pure Liebe, die verzeiht, vergibt und freilässt, ohne Bewertungen und Verurteilungen.

Der Raum in mir wird immer heller, immer heilender, alles Geschehen darin findet jetzt den Weg in die Erlösung.

Ich darf die angstgesteuerten Emotionen und Programmierungen jetzt loslassen und an die Erd- und Lichtkraft übergeben, ich kann sie jetzt transformieren und heilen lassen.

Ich bin zutiefst geliebt und gesegnet.

Habe ich ein harmonisches Gefühl in mir, kann ich es mit einem wunderschönen imaginierten Symbol in mir verankern, indem ich es mit einem Herzen oder einem anderen positiven Bild visualisiere.

Ich bedanke mich aus vollstem Herzen bei den Erd- und Lichtkräften für ihre Unterstützung bei der Heilung und Befriedung und komme vollständig, mit all meinen zu mir gehörenden Anteilen, wieder ins Hier und Jetzt.

Ich öffne die Augen und fühle mich zutiefst beschenkt.

Danke, danke, danke!

SCANN MICH MIT DER APP!

INNERE WEIBLICHKEIT, INNERE MÄNNLICHKEIT, INNERES KIND

Mann, Frau, Kind – alles lebt in Ihnen.

Jeder Mensch hat eine weibliche, eine männliche und eine kindliche Seite in sich. Diesen verschiedenen Persönlichkeitsanteilen werden bestimmte idealtypische Eigenschaften zugeordnet:

- Die weibliche Seite ist das aufnehmende und empfangende Prinzip.
- Die männliche Seite ist das durchdringende und umsetzende Prinzip.
- Die kindliche Seite ist das spielerische und das neugierige Prinzip.

Diese Seiten eines jeden Menschen sind geprägt von den Vorbildern. Von der Mutter und den weiblichen Ahnen ist das weibliche Prinzip übernommen, vom Vater und den männlichen Ahnen das männliche Prinzip. Das Innere Kind entspricht dem betreffenden Menschen selbst, als er noch ein kleines Kind war, doch ist es natürlich auch von der Kindheit des Vaters und der Mutter sowie der weiteren Ahnen geprägt.

Jeder Mensch lebt in seinem Leben seine verschiedenen Seiten unterschiedlich aus. Überwiegend sind die Frauen archaisch noch so geprägt, dass sie mehr ihre weibliche Seite leben und die Männer mehr ihre männliche. Die kindliche Seite kommt im Erwachsenenleben häufig zu kurz oder ist gänzlich »zugeschüttet«.

INNERE WEIBLICHKEIT

Unsere Innere Weiblichkeit – und das gilt für Männer wie für Frauen – steht für das aufnehmende, intuitive, empfangende, sorgende Prinzip, für unsere weiche, sensible, zarte, nährende Seite. Unsere Mutter oder eine enge mütterliche Bezugsperson war die erste Frau in unserem Leben, gleich ob wir Tochter oder Sohn sind. Wir registrieren als Kind durch ihr Vorbild, was es heißt, eine Frau zu sein. Wir identifizieren uns als Kind mit ihrer Weiblichkeit und übernehmen die gespeicherten Programmierungen und Erfahrungen der Mutter und der anderen Frauen in der Familie. Wir speichern dieses Verhalten als Säugling und kleines Kind völlig unreflektiert in uns ab, da wir noch alles bedingungslos liebend aufnehmen.

Da unsere Mutter oder »Ersatzmutter« wiederum die Muster ihrer Mutter und Großmutter für ihre Weiblichkeit übernommen hat, sitzen noch tiefe archaische Muster aus der überwiegend patriarchalischen Vergangenheit bis hin zur Steinzeit in unserem Unter- und Zellbewusstsein, die uns in unserer modernen, fortschrittlichen Weiblichkeit scheinbar behindern können. Sie kollidieren nämlich nicht selten mit der heute recht neuen unabhängigen, eigenverantwortlichen und selbstständigen Weiblichkeit, die inzwischen in unserer Gesellschaft gelebt wird.

Nach unseren tief sitzenden entwicklungsgeschichtlichen Mustern sind wir als Frau verantwortlich für das »Beerensammeln«, für »Heim und Herd«, für die Kinder, für das Wohlergehen der Familie, für die Gesundheit. Mit alldem ist keinerlei moralische oder sonstige Wertung verbunden, es geht um die Verdeutlichung des Prinzips. Wir müssen auch gar nicht so weit in die Vergangenheit schauen: Unsere Mutter, bestimmt aber die Groß- und Urgroßmutter haben diese Art von Weiblichkeit noch ausgeprägt gelebt. Die meisten unserer weiblichen Ahnen waren dadurch vom Einkommen, der Stellung und dem Wohlwollen der Männer, manchmal auch von der eigenen Sippe abhängig. Meistens hatten sie keine berufliche Ausbildung und gingen keiner Lohnarbeit nach. Selbst wenn sie eine Ausbildung hatten, übten sie keinen entsprechenden Beruf aus. Es gab natürlich auch Frauen, die »draußen« hart mitarbeiten mussten, entweder als Arbeiterinnen oder in der Landwirtschaft. Doch waren sie rangmäßig in der Regel den Männern unterstellt.

Diese Abhängigkeit der Frau, von einem Mann versorgt werden zu müssen, um zu überleben, anerkannt zu sein, dazuzugehören und so weiter, hat zu einer inneren Unfreiheit geführt, die der eigenen Weiblichkeit zugesprochen wird. Sie resultiert in einer subtilen Ablehnung der Weiblichkeit. Gleichzeitig wurde der Mann für die Abhängigkeit verantwortlich gemacht.

Heute ist es sehr wichtig, die »eingebrannte« archaische Weiblichkeit anzuerkennen. Denn in Wirklichkeit war und ist es eine selbstständige, sehr verantwortungsvolle Aufgabe, für Leib und Seele der Familie zu sorgen.

Wenn wir als Frau genau hinsehen und in uns hineinspüren, erkennen wir unsere enorme Stärke, unsere Weitsicht, unsere Verantwortung für das Funktionieren der Familie, aber auch das Einbringen unserer weiblichen Sichtweise in die Gesellschaft. Ganz zu schweigen von unserer Fähigkeit, neues Leben zu erschaffen, zu gebären. So erkennen wir in unserer Weiblichkeit eine große Stärke, die dem Männlichen in nichts nachsteht.

Heutzutage sind wir als Frau in der Regel nicht mehr abhängig von der Versorgung durch den Mann. Eine Trennung vom Mann bedeutet nicht mehr Ruin und gesellschaftliche Ächtung. Außerdem haben wir als Frau viel Zeit und Aufwand betrieben, um eine adäquate Ausbildung zu absolvieren, Karriere zu machen, den Männern gleichgestellt zu sein. Wir sollten uns selbst ernähren können, um unsere Unabhängigkeit leben zu können.

Aber können wir all das über unser Frausein leben? Tief unbewusst: nein. Tief unbewusst glauben wir, dafür zu einem Mann mutieren zu müssen. Dies ist jedoch eine tiefe, fatale Illusion der Frauen. Als Frau können wir fast alles leisten, erreichen und bewirken, wenn wir in unserer tiefsten Weiblichkeit, in unserer Weichheit, in unserer Sanftheit, in unserer Empfänglichkeit, in unserem Gefühl bleiben und uns in diesem Zustand mit unserem männlichen Anteil in uns verbinden, mit unserer Kraft, unserem Durchsetzungsvermögen, unserem Antrieb, unserer Klarheit, mit Mut und Umsetzungsvermögen. Wenn wir glauben, zu einem Mann werden zu müssen, um erfolgreich zu sein, verlieren wir einen wichtigen Teil unserer selbst. Nur eine Frau, die zu ihrer Weiblichkeit steht, ihre Innere Weiblichkeit lebt, sie integriert hat, die zugleich auch mit dem männlichen Anteil in sich versöhnt ist und ihn über ihre Weiblichkeit auslebt, kann viel in ihrem Leben erreichen und wirklich glücklich sein.

INNERE MÄNNLICHKEIT

Jeder Mann und jede Frau tragen tief in sich auch die Innere Männlichkeit. Sie steht für Stärke, Durchsetzungskraft, Macht, Kampf, Verteidigung, Jagd und das eindringende Prinzip.

Der erste Mann in unserem Leben ist unser Vater – oder manchmal auch eine andere nahestehende männliche Bezugsperson. Wir registrieren als Kind: »So ist ein Mann« am Beispiel unseres Vaters oder einer väterlichen Ersatzperson. Wir identifizieren uns als Junge mit der Männlichkeit, die uns vorgelebt wird, und übernehmen damit auch viele der Muster und Programmierungen, die daran hängen.

Wie bei unserer Inneren Weiblichkeit wirken auch hier noch die tief archaischen Muster der Vergangenheit. Unsere frühen männlichen Vorfahren waren für den Schutz der Sippe verantwortlich, für die Versorgung mit Essen, mit Fleisch. Der Mann war der Jäger, der stark und mutig sein musste, um sich den Gefahren der Jagd auszusetzen. Er musste töten, um selbst zu überleben – sowohl Tiere zum Essen als auch Feinde, die das Wohlergehen der Familie bedroht haben. Der Mann musste schnell und zum Teil sehr brutal handeln, um sein Leben und das seiner Familie zu schützen. Stärke, Kraft und Ausdauer, zielgerichtetes Sehen und Erkennen, kompromissloses Handeln, Durchsetzungsvermögen und Klarheit waren gefragt. Auch hier müssen wir nicht weit in die Vergangenheit zurückschauen. Vater, Groß- und Urgroßvater haben dieses Prinzip oft noch expressiv verkörpert, beispielsweise indem sie in den Krieg zogen.

Diese archaische Art von Männlichkeit lehnt die eigene Weichheit, Zärtlichkeit, Sensibilität, die empfindsame, empfangende Seite ab. Die Betroffenen glauben, in der Gesellschaft, in ihrem Umfeld und in ihrer Familie nicht mehr anerkannt zu sein, wenn sie die eigene weibliche Seite leben. Sie haben somit Angst vor einem sehr wesentlichen Anteil ihrer selbst.

Heutzutage wird vom Mann vielfach erwartet, auch seine weibliche Seite, die in den Tiefen seiner Männlichkeit steckt, zu leben. Entsprechend der tief archaischen Programmierungen tut sich jedoch auch der Mann, der seine Weiblichkeit lebt, schwer. Wird er aus überkommener Sicht doch eher als »Weichei« gesehen. Auch beim modernen Mann geht es jetzt darum, seine Männlichkeit mit seiner tief in sich sitzenden Weiblichkeit zu verbinden und beides gleichermaßen anzunehmen.

In der Tiefe seiner Männlichkeit kommt er zu seiner Weiblichkeit; in der Tiefe seiner Weiblichkeit kommt er zu seiner Männlichkeit.

Es gibt in der heutigen Zeit viele fortschrittliche Männer, die über ihre Sensibilität, ihr Einfühlungsvermögen, ihr reflektiertes Wahrnehmen auch die Kraft und Stärke ihrer Männlichkeit leben. Sie beteiligen sich an der Hausarbeit, kümmern sich um die Kinder, sind zärtlich und liebevoll, lassen ihre Gefühle zu und bleiben trotzdem – oder gerade deswegen – starke Männer. Sie gestehen ihrer Frau eine Karriere zu, ohne dabei ihre eigene Männlichkeit infrage zu stellen. Sie haben sich zu fortschrittlichen, mitfühlenden und sensiblen

Partnern entwickelt. Sie sind über ihre Intelligenz, gepaart mit Mitgefühl, erfolgreich im Beruf und im Leben.

Viele Männer, vor allem die der jüngeren Generation, leben auf diese Art und Weise, doch haben sie es schon in ihr System integriert? Was geschieht bei diesen Männern im tiefsten Inneren? Was sollen sie mit all den tief eingebrannten und gespeicherten Verhaltensweisen von früher anfangen? Nur weil wir gewisse Anteile von uns selbst nicht bedienen oder leben, sind sie nicht verschwunden oder gelöst. Die Lösung ist etwas komplexer, doch absolut machbar. So ist es auch für die Männer wichtig, ihre alten männlichen Anteile in sich anzunehmen und zu integrieren. Die Männer der vergangenen Jahrhunderte haben all diese Kämpfe ausgefochten, sie konnten aus ihrer Sicht nicht anders handeln. So ist es jetzt für das männliche Prinzip an der Zeit, für die Morde, Kämpfe, Plünderungen und Missbräuche in die Eigenverantwortung zu gehen und diese Anteile zu transformieren, sodass eine weise innere Herrschaft entsteht.

DAS ZUSAMMENSPIEL VON INNERER WEIBLICHKEIT UND INNERER MÄNNLICHKEIT

Es gibt viele positive Auswirkungen der Inneren Männlichkeit auf die Innere Weiblichkeit und umgekehrt. Diese müssen wir nicht verändern, sie stärken uns und lassen uns glücklich sein. Die negativen behindern uns allerdings noch, in unser Glück zu kommen. Zum Beispiel kann die Innere Weiblichkeit reflexartig den Inneren Mann ablehnen – aus Angst, wieder schlechte Erfahrungen zu machen. In Wirklichkeit sollten beide zusammenarbeiten und harmonieren. Sind beide jedoch in Habachtstellung oder stehen sie sich vielleicht sogar feindlich gegenüber, kämpfen miteinander oder schützen sich voreinander, können weder die Innere Frau noch der Innere Mann wirklich und authentisch gelebt werden.

Die gegengeschlechtlichen Mechanismen zeigen sich auch immer im Umfeld: Wir bekommen dann mehr oder weniger große Schwierigkeiten mit Männern oder Frauen im Außen. Es kann auch sein, dass der eigene Innere Mann von der Inneren Frau aufgefordert wird, sie vor Männern zu beschützen. So passt der Innere Mann auf den Erhalt des »Glaskastens« der Inneren Frau auf und »bewahrt« sich selbst vor der möglichen Kommunikation mit ihr. All dies sind ganz oft alte Pakte, häufig auch von den Ahnen übernommen.

Die verletzte Innere Weiblichkeit

Es ist oft der Fall, dass die Innere Weiblichkeit, infiltriert von früheren Erfahrungen, noch tief verletzt, vielleicht sogar ohnmächtig der Männlichkeit gegenübersteht. Oft hat die Weiblichkeit all die Bevormundungen, Beschränkungen, Verletzungen, Herabsetzungen aus dem Erfahrungsschatz der weiblichen Vorfahren mit Männlichkeit und Männern in sich gespeichert. Auch die früheren Beziehungen mit Männern, Partnern oder Ehemännern im aktuellen Leben können zur Selbstaufgabe geführt haben. Mehr oder weniger subtil und oft wirklich schwer zu erkennen sind dadurch noch viel Schmerz, Enttäuschung und Ohnmacht mit unserer Weiblichkeit verbunden. Eine tiefe Ablehnung der Männlichkeit, auch unserer eigenen, ist die Folge.

UNUMGÄNGLICH FÜR DAS GLÜCK

Es ist von elementarer Bedeutung, die Innere Frau und Weiblichkeit genau unter die Lupe zu nehmen und von Ängsten, Schmerz- und Todeserfahrungen, Ohnmacht, Schuldzuweisung, Schuldübernahme und Missbrauchserfahrungen zu befreien.

Die Innere Frau koppelt den eigenen Inneren Mann ab, beachtet ihn nicht, stellt ihn in die Ecke oder bekämpft ihn. Die damit verlorene Verantwortung des Inneren Mannes wird mit Vorwürfen und Schuldzuweisungen beantwortet. So wird das Desaster des Inneren Mannes permanent aufrechterhalten.

Ein gravierendes Beispiel sind die Hexenverbrennungen im Mittelalter. Auch diese sind über die Innere Frau von den Ahnen übernommen und gespeichert. Frauen spalten sich infolgedessen von ihrer inneren Weisheit und Klugheit ab, um nicht wieder dafür verbrannt zu werden und die Sippe in Gefahr zu bringen.

Die verletzte Innere Männlichkeit

Auch ein Mann kann seinen Inneren Mann »in die Ecke gestellt« oder in einen »Glaskasten« gesperrt haben. Das hat wiederum vielerlei Gründe. Wie gesagt haben die Männer früher vielfach grausame Dinge getan oder tun müssen, um zu überleben, haben sich von ihrer zarten, mitfühlenden Seite abgeschnitten, um nicht fühlen und hinsehen zu müssen. Besser gesagt: Diese zarte Seite stand gar nicht auf ihrer Agenda, sie war nicht gefragt. Sie sind sich vielleicht selbst fremd und grausam vorgekommen, ohne es als Mann wirklich wahrnehmen zu können, zu dürfen.

Der tiefe alte Krieg zwischen Männern und Frauen wird in jedem und jeder von uns fortgeführt – bis wir uns dessen bewusst werden und die jeweiligen Anteile erlösen.

Männer wurden, beispielsweise für ihre Rolle bei den Hexenverbrennungen, von Frauen häufig abgelehnt und verflucht. Da auch die Mütter einen enormen Einfluss ausüben, können ihre Söhne viel von deren Aversionen Männern gegenüber übernommen haben und daraufhin ihre eigene Innere Männlichkeit wie auch ihren eigenen Vater ablehnen und sich wegen ihrer Männlichkeit schlecht und schuldig fühlen. Sie leben unbewusst in einem permanenten inneren Kampf und ziehen Frauen an, die ebenso im Kampf mit ihrer Weiblichkeit stehen. Dies sind alles Aspekte, die wir uns genau ansehen sollten. Das Annehmen und Integrieren der männlichen und weiblichen Anteile im System ist entscheidend. Verzeihen führt auf diesem Weg zu Heilung und innerem Frieden.

DAS INNERE KIND

Das Spielerische, Fröhliche, Vertrauende, immer wieder Aufstehende, Neugierige, Kreative, bedingungslos Liebende, Lebensfrohe in uns: Unser Inneres Kind sind wir selbst als Kind. Das Innere Kind ist unser inneres kleines Mädchen, wenn wir eine Frau sind, es ist unser innerer kleiner Junge, wenn wir ein Mann sind. Dieser kindliche Anteil hat die übernommenen Programmierungen der Ahnen in sich gespeichert. Er ist tief infiltriert von den archaischen Mustern.

Es gab früher für Kinder sehr klare Regeln, die eingehalten werden mussten. Ein Verstoß wurde meist mit klaren, harten Sanktionen geahndet. Die einzigartige Individualität des Kindes unterstand dem Wohl der Sippe. Genauso wie die einzigartige Individualität einer Frau und eines Mannes dem Allgemeinwohl unterzuordnen war. Meist war das Einhalten der Regeln wichtiger als die emotionalen Befindlichkeiten des Kindes. Die Kinder wurden schon sehr früh mit den Pflichten und Aufgaben der Sippe betraut. Für ihr eigenes Kindsein blieben wenig Zeit und Raum. Das Verständnis für die individuelle, eigene Entwicklung fehlte. Für die Psyche und für Liebe blieb ebenfalls kaum Zeit. Das Funktionieren war wichtiger als die Herzensbindungen.

Bei der Prägung des (Inneren) Kindes war es früher mehr als heute von Bedeutung, ob es sich um einen Jungen oder ein Mädchen handelte. Das Kind wurde je nach Geschlecht den Rollenbildern entsprechend zu einem Mann oder zu einer Frau erzogen. In der jeweiligen Weise wurden die Programmierungen und die Veranlagungen des Kindes vertieft, entwickelt, geprägt oder auch unterdrückt, wenn sie nicht der geltenden familiären und gesellschaftlichen Vorstellung entsprachen.

ZEITENWANDEL

In der heutigen Zeit kommen die Kinder dank des Zellbewusstseins mittlerweile liberaler erzogener Eltern schon viel selbstbewusster auf die Welt. So hat sich auch das Innere Kind weiterentwickelt: Das moderne Innere Kind ist auch schon viel selbstbewusster. Es nimmt viel mehr Raum ein als früher und möchte seine Individualität, seine Einzigartigkeit leben. Das Kind entwickelt eine größere Selbstverständlichkeit, einen höheren Anspruch auf emotionale Nähe, Versorgung, Liebe und Beachtung, als es die Vorfahren erleben konnten und leben durften.

Bei allem Wandel: Auch das moderne Innere Kind hat die verschiedensten alten, übernommenen Programmierungen in sich gespeichert, das tiefe archaische Bewusstsein, das Folgen- und Funktionierenmüssen, um dazuzugehören. So trägt unser Inneres Kind zum Teil viele Doppelbotschaften. Es weiß oft nicht, wie es reagieren soll, ist unsicher und muss sich zwischen Wollen, Müssen und Dürfen entscheiden, will es doch sicherstellen, dass es weiterhin geliebt wird. Dies führt auch bei den schon so weit entwickelten Kindern zu Konflikten, mit denen sie nicht oder oft schwer fertigwerden. So findet in den frühen Jahren auch heute ein Verdrängen oder ein Abkoppeln solcher Zwiespälte statt. Damit bringt sich das Kind jedoch um wesentliche eigene Anteile. Durch die Konkurrenz von altem und neuem Bewusstsein wird das eigene Potenzial gebremst und infrage gestellt.

Ebenso kann dieser innere Konflikt natürlich die Kreativität, die Resilienz und das Durchsetzungsvermögen anregen. Positive Folgen und Entwicklungen sind fantastisch, diese müssen wir nicht verändern, sondern wir freuen uns darüber. Natürlich können wir dem (Inneren) Kind über liebevollste Zuwendung viel Sicherheit vermitteln. Ob diese Sicherheit allerdings die inneren behindernden Programmierungen aufwiegt, ist fraglich. Sie lindert sie auf jeden Fall und vermittelt den Mut, sich später den Programmierungen zu stellen. Oft fühlt sich das (Innere) Kind einsam und mit seinen Bedürfnissen nicht verstanden. Es betrachtet die Welt von seiner Augenhöhe aus und hat noch keine Ahnung von Lösungen, die die Erwachsenen als selbstverständlich ansehen. Es empfindet Situationen als deutlich größer und schlimmer, als die Erwachsenen im Entferntesten ahnen.

Wenn einem Kind aus seiner Sicht eine Ungerechtigkeit widerfährt, die ein Elternteil als erzieherische Maßnahme sieht, kann es die Zusammenhänge oft noch nicht erkennen. Dies geschieht zum Beispiel sehr oft, wenn Bestrafungen nicht gleich auf das ursächliche Geschehen folgen, sondern zeitversetzt. Das kleine Kind hat noch keine Zeitvorstellung in unserem Sinne und auch nicht genügend Erfahrung, um die Kausalzusammenhänge zu durchschauen und das Ganze zu relativieren. Innere Zweifel und Unsicherheit entstehen. Verletzungen, Wut und Aggression oder Antriebslosigkeit können die Folge sein, manchmal auch alles zusammen, was diese Kinder zu einer inneren Zerrissenheit führt.

Aus Kindersicht ist alles viel gewaltiger als aus unserer Perspektive.

All diese gespeicherten Programmierungen und Erfahrungen wiederholen sich im Erwachsenenalter und bewirken unterschiedlichste Schwierigkeiten, wenn sie nicht erkannt und gelöst werden. Finden wir die alten Muster und Programmierungen heraus und lösen sie, können wir mitsamt unserem Inneren Kind unser Potenzial ohne Unsicherheiten und Zweifel leben.

DAS ZUSAMMENSPIEL VON INNERER WEIBLICHKEIT, INNERER MÄNNLICHKEIT UND INNEREM KIND

Haben wir die drei inneren Anteile noch nicht »entstresst« und in Harmonie zueinander gebracht, was normalerweise der Fall ist, arbeiten sie gegeneinander. Sie haben weder ein nennenswertes Verständnis füreinander noch einen wirklichen Bezug zueinander. Sie unterstützen sich nicht sonderlich, sondern bekämpfen sich eher. Sie verhalten sich auf genau die Weise, wie es die Ahnen vorgelebt haben.

Die Innere Frau fühlt sich oft vom Inneren Mann bedroht, in den Schatten gestellt und kontrolliert. Nicht gleichberechtigt und anerkannt, sondern bevormundet, manipuliert, kleingemacht, vielleicht sogar gedemütigt und verletzt. Der Innere Mann fühlt sich von der Inneren Frau nicht wirklich anerkannt, er fühlt sich angegriffen, nicht verstanden, abgelehnt, ausgenutzt und allein gelassen. Das Innere Kind wird in der Erwachsenenwelt sehr oft überhaupt nicht beachtet, es hat keinen Platz.

Die erste Frau, der erste Mann im Leben

Unsere Mutter ist die erste Frau in unserem Leben. Unser Inneres Kind beziehungsweise wir als Kind haben im ersten Augenblick die Mutter als elementarste weibliche Bezugsperson in uns gespeichert. Die Nähe der Mutter zu ihrem Kind ist prägend für sein Urvertrauen. Die Emotionalität der Mutter ist prägend für seine Emotionalität. Wird das Kind sofort weggegeben, aus welchem Grund auch immer, können die nachfolgenden Personen nur Ersatzpositionen übernehmen. Auch die Innere Frau kann vom Inneren Kind nur in der Ersatzfunktion wahrgenommen werden. Eine Sehnsucht nach der wahrhaftigen, leiblichen Mutter wird immer bleiben, wenn dies nicht erkannt und vollständig erlöst wird.

Ähnlich ist der Vater der erste Mann in unserem Leben. Unser Inneres Kind hat im ersten Augenblick den Vater als elementare männliche Bezugsperson in sich gespeichert. Der Vater ist der männliche, lebensspendende und zeugende Part. Das Kind ist auf die zusätzliche Versorgung des Vaters angewiesen. Auch die Anwesenheit des Vaters ist entscheidend für das Urvertrauen des Kindes. Sein strukturgebender Part ist prägend für den strukturgebenden Part des Kindes. Hat der Vater keinen weiteren Kontakt zum Kind, können andere männliche Bezugspersonen nur Ersatzpositionen übernehmen. Die Sehnsucht nach dem wahrhaftigen, leiblichen Vater wird immer bleiben, wenn das nicht erlöst wird.

So ist unsere Mutter für unsere Innere Frau prägend und unser Vater für unseren Inneren Mann. Je nachdem, wie Mutter und Vater mit ihrem Inneren Kind umgegangen sind, gehen wir wiederum auch mit unserem Inneren Kind um.

Die Ablehnung der inneren Anteile

Wurden die Frauen in unserer Sippe unterdrückt und schlecht behandelt, haben wir dieses Wissen in uns gespeichert. Als Folge davon wird unsere Innere Frau von unserem Inneren Mann unterdrückt und schlecht behandelt werden. Haben wir in uns gespeichert, Frauen behandeln Männer schlecht und betrügen sie auf verschiedene Art und Weise, wird unsere Innere Frau unseren Inneren Mann schlecht behandeln und auf verschiedene Art und Weisen betrügen. Ähnliches gilt für unser Inneres Kind. Haben wir negative Erfahrungen bezüglich der eigenen Kindheit oder der Kindheit unserer Vorfahren gespeichert, werden wir auch diese Erfahrungen über unser Inneres Kind in uns ausleben und im Außen anziehen.

Nun können wir uns vorstellen, nicht nur ein Erfahrungsmuster bezüglich unserer Inneren Frau, unseres Inneren Mannes, unseres Inneren Kindes in uns gespeichert zu haben. Wir haben die verschiedensten Varianten an Erfahrungen in uns gespeichert, genau wie die verschiedensten Varianten an Ahnen. Wir machen daher mit unserer Inneren Frau, unserem Inneren Mann, unserem Inneren Kind wechselweise diese verschiedenen Varianten nach. Auf einer Ebene kann es sein, dass wir unsere Innere Frau begehren und auf der anderen Seite unterdrücken, sie in ihrem Muttersein bewundern, in ihrem Frausein aber ablehnen. Es kann sein, dass wir tief in uns nur unserem Muttersein Raum geben dürfen, nicht aber unserem Dasein als Geliebte.

Haben wir als Kind erlebt, dass die Frau auf Kosten der Selbstentfaltung des Mannes oder der Mann auf Kosten der Selbstentfaltung der Frau lebt, verbinden wir diese sich gegenseitig einschränkenden Muster mit einer Beziehung. Dieses Muster in uns spricht dann natürlich gegen eine gleichberechtigte, gegengeschlechtliche Partnerschaft.

Alles, was uns in der Kindheit geschieht, hat Auswirkungen auf unser Inneres Kind und damit auf unser Erwachsenenleben.

Wenn ein Mädchen vom eigenen Vater missbraucht wurde, verbindet es mit seinem Frausein das Missbrauchtwerden, mit dem Mann den Missbrauch. Gleichzeitig verbindet es über seine Innere Weiblichkeit das Begehrtwerden, auch wenn es durch die massive Übergriffigkeit geschah. Dies alles bewirkt einen tiefen Zwiespalt. Ganz oft bleiben solche Mädchen Kindfrauen. Essstörungen sind eine weitere mögliche Folge. Meistens machen die betroffenen Mädchen ihre Mütter für den Missbrauch verantwortlich, da sie sie nicht vor dem Vater geschützt haben. Später übertragen sie diese Muster auf ihre Kinder.

In dieser Konstellation lehnt das Innere Kind gleichzeitig Vater und Mutter ab. Das Kind fühlt sich auf der einen Seite allein und im Stich gelassen, auf der anderen Seite begehrt. Wird das Mädchen als Folge des Missbrauchs schwanger und dieses Kind wird abgetrieben, wird mit Mutterschaft auch noch der Tod des Kindes assoziiert. Sexualität, Fruchtbarkeit und Frausein werden unbewusst mit dem Tod des Kindes verbunden.

Ist diese Tochter in Zukunft im Ausleben ihrer Sexualität frei? Wohl kaum. Kann sie in Zukunft offen einem Mann gegenübertreten? Eher nicht. Verbindet sie unbewusst den Missbrauch ihres Vaters mit dem Partner? Ja, natürlich schwingen in ihrem Leben immer dieses Thema und die Schuld mit. So ist die junge Frau mit all den Erfahrungen in ihrem Unterbewusstsein völlig überfordert, wenn es um die Liebe zu einem Mann geht. Sie ist auch mit ihrem Muttersein überfordert. Es schwingt immer die Ablehnung der eigenen Mutter mit. Oft ist diese Frau auf der systemischen Ebene, also beim Familienstellen, nicht in der Mutterposition zu finden, sondern selbst noch Kind geblieben, auf der Geschwisterebene. Sie ist ihr eigenes Kind. Ein Kind übernimmt dann die von ihr nicht ausgefüllte Mutterrolle.

In ähnlich schwerwiegender Weise kann auch der Sohn von der Mutter missbraucht worden sein. Emotionaler Missbrauch führt ebenso zu massiven Störungen in der Kommunikation der inneren Anteile. Ist der Sohn missbraucht worden, wird auch er in einer späteren Vaterposition seine Verantwortung nicht wahrnehmen können. Er gibt dem fehlenden Schutz durch den Vater oder die Mutter und seiner Männlichkeit die Schuld. Auch er bleibt in der Kinderrolle und ein Kind von ihm übernimmt seine nicht ausgefüllte Vaterrolle.

DAS LÖSEN DER PROGRAMMIERUNGEN

Je nachdem, wie verstrickt in uns Weiblichkeit, Männlichkeit und Kindliches sind, braucht es einiges an einfühlsamem Aufklären und Lösen. Dieses Buch – auch speziell die folgende Meditation – bietet hierzu erste wertvolle Anregungen. Haben wir unsere inneren Anteile von den alten konfusen Informationen erlöst, können unsere Anteile harmonisch miteinander kommunizieren.

MEDITATIVE LÖSUNGSÜBUNG: INNERES KIND

Ich begebe mich an einen ruhigen Ort, an dem ich ungestört bin, und mache es mir bequem. Ich kann mir eine schöne Entspannungsmusik anschalten. Ich nehme eine gelöste Körperhaltung ein, schließe die Augen und atme dreimal tief ein und aus. Mit dem Einatmen atme ich die Lebensenergie in mich hinein, mit dem Ausatmen lasse ich alles Alte und Verbrauchte los.

Ich konzentriere mich ganz auf meine Füße und spüre das Getragensein durch Mutter Erde, die mich unendlich liebt, nährt und umsorgt. Ich nehme diese wärmende, nährende, rotorange Erdenergie in meinen ganzen Körper auf und lasse sie sanft in mein Herz fließen.

Gleichzeitig lasse ich in meiner Vorstellung die gleißend helle, goldene Lichtenergie von Vater Himmel über meinen Scheitel in meinen Kopf und in meinen Körper fließen, in mein Herz und in die Erde hinein.

Jetzt lasse ich beide Energien, die Erdenergie und die Lichtenergie, in mir zu einem mächtigen Energiestrom werden. Er durchfließt mich und verbindet mich mit Mutter Erde und Vater Himmel. Ich bin jetzt zentriert und in der Wahrhaftigkeit.

Ich stelle mir einen wunderschönen Ort vor. Dort nehme ich die Sonne auf meiner Haut, den Wind in meinen Haaren sowie die Düfte und Geräusche wahr.

Ich fühle mich wohl und lasse jetzt die Engel, Jesus, all die reinen Lichtwesen zu mir kommen, die mich jetzt bei meiner Meditation bestmöglich führen und unterstützen können. Ich bin in einem geschützten Raum und öffne mich der Führung, der Heilung und den Wundern, die jetzt geschehen dürfen.

Ich bitte jetzt darum, mein Inneres Kind wahrnehmen zu dürfen. Ich kann mich voller Vertrauen von den Erd- und Lichtkräften führen lassen. Wie sieht mein Inneres Kind aus? Wie fühlt es sich an? Wo ist es? Liegt es irgendwo zusammengekauert in einer Ecke? Dreht es mir in zerlumpten Kleidern den Rücken zu? Hat es eine menschliche Form? Ist es überhaupt anwesend? Ich lasse in dem Gefühl, über die Lichtkräfte zutiefst geliebt und angenommen zu sein, Bilder und Situationen erscheinen, die mit meinem Inneren Kind zu tun haben.

Gefühle steigen hoch. Ich kann sie mir von einer Beobachterposition aus ansehen, wenn sie zu heftig sind. Alles der Heilung Dienende darf jetzt sanft und liebevoll in diesem geschützten Raum geschehen.

Ein riesiger Lichtengel erscheint, der durch seine starke, heilende, heiß lodernde und feurige Lichtkraft alles Dunkle, Schwere und Schmerzhafte in Licht und Liebe verwandelt. Er ist der Engel der Heilung und der Transformation und der Engel der Wiederauferstehung.

Mein kleines Inneres Kind badet und heilt in diesem Licht. Ich bade und heile in diesem Licht. Ich lasse Heilung geschehen. Vertrauensvoll öffne ich mich immer mehr diesem Licht der Erlösung und lasse geschehen. Ich kann geschehen lassen, da all diese bedingungslos liebenden Lichtkräfte jetzt nur für mich und für meine Heilung da sind. Sie haben schon lange auf mich und diese Gelegenheit zur Heilung gewartet.

Langsam, aber sicher entwickelt sich mein Inneres Kind zu einem spielerischen, freudigen Kind, das wieder anfängt zu vertrauen und an sich zu glauben. Ganz viel Vergebung und Verzeihen kann hier vonnöten sein. Ich gebe mir alle Zeit der Welt. All die Menschen, die dafür noch wichtig sind, erscheinen jetzt. Vergebung und Verzeihen darf jetzt geschehen. Wunder geschehen und Heilung geschieht. Vielleicht kann ich mein Inneres Kind in den Arm nehmen und liebevoll an mich drücken.

Wenn ich bereit bin, sage ich aus vollem Herzen zu meinem Inneren Kind: »Ich übernehme jetzt die Verantwortung für dich, ich nehme dich jetzt ernst und ich sorge von jetzt an für dich. Ich gehe mit dir Eis essen, tolle mit dir auf der Wiese herum, tanze vor dem Spiegel, albere mit dir herum und fange an, mit dir wieder Spaß in meinem Leben zu haben.«

Je nachdem, wie es sich am stimmigsten anfühlt, kann ich mein Inneres Kind in mir aufnehmen oder an die Hand nehmen, vielleicht braucht es auch noch eine Weile. Was auch immer geschieht, es ist jetzt genau richtig.

Ich verankere diesen stimmigen Zustand wieder mit einem wunderschönen imaginierten Symbol in mir. Ich danke aus vollem Herzen für die Unterstützung aller Erd- und Lichtenergien.

Ich komme in meiner Zeit mit all meinen Anteilen komplett wieder ins Hier und Jetzt und öffne die Augen. Ich fühle mich reich beschenkt und stimmig in mir.

Danke, danke, danke!

SCANN MICH MIT DER APP!

VARIANTEN

Diese Meditation können Sie auch mit Ihrer Inneren Frau und Ihrem Inneren Mann machen. Gehen Sie dabei genauso vor, aber bringen Sie diese Anteile in die zu ihnen gehörenden archaischen Qualitäten:

Innere Frau:

- ◇ Sie bringen sie wieder in ihre Weiblichkeit, Sanftmut, Anmut, ihr umsorgendes und nährendes Prinzip.
- ◇ In ihre Schönheit und Fülle, in ihr Empfangen und Geben, Nähren und Gebären.
- ◇ In ihre Verantwortung für ihr freudiges Leben.
- ◇ In die Verantwortung für das Innere Kind.

Innerer Mann:

- ◇ Ihn bringen Sie wieder in seine Kraft, Stärke, weise Macht und Herrschaft, in sein umsetzendes und schützendes Prinzip.
- ◇ In seine Schönheit und Fülle, in sein eindringendes und formschaffendes Prinzip.
- ◇ In seine Fähigkeit zu versorgen, in seine Verantwortung für sein freudiges Leben.
- ◇ In die Verantwortung für das Innere Kind.

DAS RESONANZPRINZIP

Ein Gesetz des Lebens: Gleiches zieht Gleiches an.

Kennen Sie das? Sie stehen am Morgen gut gelaunt auf, sind fröhlich, vielleicht scheint die Sonne, zumindest für Sie. Der Tag gelingt Ihnen wunderbar, Sie haben nette Begegnungen, Erfolg, sind in bester Stimmung, treffen andere gut gelaunte Menschen und nehmen die positiven Dinge in Ihrem Umfeld wahr. Was geschieht? Sie bekommen über Ihre positive Ausstrahlung eine positive Resonanz zurück.

Und dann gibt es diese anderen Tage: Sie stehen grantig und missgelaunt auf, ärgern sich über etwas, gleich fällt Ihnen etwas auf den Boden und geht vielleicht kaputt, der Toast verbrennt, Sie verpassen die Bahn, Sie bekommen Stress mit Ihrem Chef und nehmen die negativen Dinge in Ihrem Umfeld wahr, sehen überall Probleme. Über Ihre negative Ausstrahlung an diesem Tag ziehen Sie negative Dinge in Ihr Leben.

WIR SCHWINGEN MIT

Die Welt schwingt mit uns – und wir mit ihr. Zu manchen Menschen fühlen wir uns hingezogen, wir sind neugierig auf sie, fühlen uns in gewisser Art und Weise von ihnen angesprochen, wir fühlen uns wohl in ihrer Gegenwart, spüren etwas Vertrautes bei ihnen. Auf der anderen Seite gibt es Menschen in unserer Umgebung, die wir gar nicht wirklich wahrnehmen, wir könnten uns nicht erinnern, sie in unserer Nähe überhaupt bemerkt zu haben oder dass wir uns sogar ganz kurz mit ihnen unterhalten haben. Und dann gibt es Menschen, die uns unsympathisch sind, in uns ein Unwohlsein und vielleicht sogar Angst auslösen. Uns wird in ihrer Gegenwart unbehaglich, wir fühlen uns angegriffen, vielleicht sogar ausgeliefert. Möglicherweise zeigen wir körperliche Symptome der Abwehr, die in seltenen Fällen bis zur Panik gehen können.

Wie kommt das, was sind die Hintergründe für eine solche Wahrnehmung oder Nichtwahrnehmung, für Resonanz, Nichtresonanz oder Dissonanz? Nun, wir Menschen bestehen aus »schwingenden Frequenzen«, alles in uns ist in Bewegung. Die Zellen dehnen sich aus und ziehen sich wieder zusammen, das Blut fließt, unser Herz pumpt es durch unsere Adern. Wir sind aber auch auf atomarer Ebene Schwingung, in Bewegung und nicht statisch. Schon im 20. Jahrhundert formulierten Physiker den Satz »Es gibt keine Materie«. Denn alles ist Schwingung. Und entsprechend unseren Schwingungen ziehen wir Schwingungen an oder stoßen sie ab.

Über meine Arbeit durfte ich klar erkennen, wie sich unsere inneren Glaubenssätze, Programmierungen und Prägungen auf unsere einzigartige Gesamtschwingung, unsere Ausstrahlung, auswirken. Entsprechend den Frequenzen unserer Überzeugungen ziehen wir im Außen diese Frequenzen immer wieder an. Wir können uns das wie das Einstellen eines Radiosenders vorstellen: Unbewusst hören wir immer den gleichen Kanal. So ist es durchaus sinnvoll, unsere inneren Programmierungen zu erkennen, um die zu lösen, die uns einfach nicht guttun.

RESONANZ UND EIGENE ANTEILE

Wenn es ganz viele Schwingungen gibt, mit denen wir Probleme haben, die uns Angst machen, mit denen wir uns unwohl fühlen – woher kommt das? Vom Ursprung her sind wir ganzheitliche Schwingung und haben alle Archetypen, alle Persönlichkeitstypen in uns gespeichert und angelegt. Jetzt haben wir jedoch, in der Dualität lebend, schon etliche Erfahrungen hinter uns gebracht, die zum Teil sehr schmerzhaft, unangenehm und leidvoll waren. An diese Situationen (und auch Inkarnationen) wollen wir uns meistens nicht mehr erinnern. Wir sind mit den schmerzhaften Erfahrungen überfordert und retten uns scheinbar vor den Schmerzen, indem wir die entsprechenden Anteile abspalten. Wir verdrängen sie oder koppeln die Erinnerung an sie gänzlich ab; das heißt, wir distanzieren uns von Teilen unserer selbst. Und wie bereits beschrieben übernehmen wir solche Abspaltungen auch von unseren Vorfahren, wodurch sie uns noch weniger bewusst sind.

Treffen wir nun auf Menschen, in denen diese Anteile mehr oder weniger stark präsent sind, haben wir mit deren Schwingungen Probleme. Wir können aber auch die Gelegenheit nutzen, unsere eigenen verleugneten Persönlichkeitsanteile zu erkennen und uns daranzumachen, sie zu erlösen.

Keine Begebenheit, so schmerzvoll, angsterregend oder leidvoll sie auch sei, kommt einfach mir nichts, dir nichts in unser Leben hereinspaziert. All unsere Erfahrungen haben etwas mit uns zu tun. Distanzieren wir uns von diesen leidvollen, schmerzhaften Erfahrungen, die wir irgendwann einmal gemacht haben, trennen wir uns unbewusst von einem Teil unserer selbst.

Wir haben nach nichts so viel Sehnsucht wie nach uns selbst, nach unseren eigenen Anteilen in all ihrer Vollständigkeit!

Unser Wesen, unsere Seele hat das tiefe Bestreben, wieder vollkommen zu werden. Sie möchte alle verlorenen emotionalen, körperlichen und geistigen Anteile wieder zurückholen. Wie geschieht das? Wie »organisiert« unsere Seele das?

Nun, sie bringt uns immer wieder in die gleichen oder ähnlichen Situationen, die damals die Schmerzen, das Leid oder die Ängste ausgelöst haben. Dadurch können sich uns die traumatisierten Anteile zeigen. Durch ein erneutes Erleben ähnlicher

Situationen haben wir die Möglichkeit, uns wieder an unsere abgegebenen Anteile zu erinnern. Wir können entscheiden, uns jetzt alles bewusst anzusehen und die Schmerzen, das Leid, die Traumata zu erlösen, um so unsere Anteile wieder anzunehmen.

Nun gibt es natürlich nicht immer nur schwarz oder weiß. Oft ist es eine Mischung aus vielerlei Erfahrungen, die uns ein Mensch oder eine Situation spiegeln kann. Es mag auch sein, dass wir noch Aufgaben, zum Beispiel eine Wiedergutmachung aus einer früheren Inkarnation, ins Hier und Jetzt mitgebracht haben. Sowohl die Situationen wie auch die Menschen, die mit uns zu tun hatten, kommen dann wieder in unser Leben und erinnern uns daran, dass wir noch etwas zu lösen haben.

THEMEN LÖSEN

Auf der nächsten Seite finden Sie einige Testfragen, mit denen Sie Ihre Resonanz auf Menschen in Ihrem Genogramm erfragen können. Es empfiehlt sich, hier die Intuition zu nutzen, aber natürlich können Sie auch den kinesiologischen Muskeltest anwenden, den Sie im Kapitel »Das Handwerkszeug« kennenlernten.

Es ist wichtig, bei diesen Fragen genau zu differenzieren: Geht es bei den Anteilen um Themen wie Dominanz, Gefühl, Liebe, Autorität, Instabilität, Ekel, Grauen, Schwäche, Erfolg, Geld …? Die Themen, bei denen wir noch etwas zu lösen haben, kommen alle in unserem Umfeld vor und wir treten entsprechend mit den Ahnen, Verwandten (oder auch anderen Menschen) in Resonanz. Gibt es innerhalb eines Genogramms zum Beispiel viele außergewöhnliche Todesfälle (zu früh Gestorbene, Abtreibungen, Fehlgeburten, tödliche Krankheiten, Mord und Totschlag und so weiter), kann man davon ausgehen, dass noch eine unerlöste Todesthematik aufzuarbeiten ist. Das Genogramm ist damit auch unser Seelenbuch, in dem wir lesen können, welche Schritte wir fortan gehen sollten.

TESTFRAGEN ZUR RESONANZ

Stellen Sie sich einmal die folgenden wichtigen Fragen und achten Sie darauf, welche Antworten intuitiv vor Ihrem inneren Auge erscheinen:

- Gibt es Personen, mit denen ich noch Anteile vertauscht habe?
- Sind es Mutter, Vater, Großeltern, Urgroßeltern …?
- Sind es verflossene Partner oder Freunde?
- Ist es mein aktueller Partner, mein Kind?
- Mit welchen Personen gehe ich stark in Resonanz?
- Gibt es mit diesen Personen noch Symbiosen, die mich unfrei machen?
- Gibt es Personen, die eine besondere Sehnsucht bei mir auslösen?
- Handelt es sich bei dieser Sehnsucht um weggegebene Anteile meiner selbst?
- Gibt es Sekundärgewinne bei diesem Austausch?
- Habe ich noch fremde Anteile von anderen Personen in mir gebunden?
- Kann ich allein über meine eigenen Anteile leben?
- Brauche ich andere Personen, um zu überleben?
- Welche Anteile in mir machen mir Angst?
- Welche Anteile von anderen machen mir Angst?
- Welche meiner Anteile lösen Schmerz, Traumata, Ohnmachtsgefühle aus?

AHNENARBEIT ZU EINZELNEN THEMEN

Neben den Familienkonstellationen spielen vor allem bestimmte Schwerpunktthemen in unsere Programmierungen hinein. Besonders prägend sind hier die Kriegserfahrungen unserer Ahnen. Relevanz besitzt außerdem die Art, wie unsere Altvorderen mit Themen wie Schuld und Autorität, Sexualität oder Vermögen umgegangen sind und welche Krankheiten sie hatten.

KRIEGSERFAHRUNGEN

»Der Krieg hat einen langen Arm. Noch lange, nachdem er vorbei ist, holt er sich seine Opfer.«
MARTIN KESSEL

Über eine sehr lange Zeit führten auch in unseren Breitengraden Kaiser, Könige, Herzöge, Diktatoren und so weiter Kriege, um ihr Territorium zu erweitern und damit mehr Macht und Einfluss zu haben. Die Kirche predigte Frieden, Nächstenliebe, Unschuld und das Verbot des Tötens, während sie zu Kreuzzügen aufrief. Tod, Brutalität, Missbrauch, Vergewaltigung, Geringschätzung der Frau, Bestrafung und Gewalt waren über die meisten Phasen der Menschheitsgeschichte hinweg an der Tagesordnung. Völlerei, Dekadenz, Willkür, Prostitution gab es nicht nur in diesem Zusammenhang ebenfalls zuhauf. Zudem starben viele an der besonders in Kriegszeiten mangelnden Hygiene.

Regenten oder die Kirche oder gar beide waren die herrschende oberste Instanz, der man gehorchen musste, und sie missbrauchten oft ihre Macht. Schuld, Anklage, Verurteilung, Tod waren tägliche Begleiter der Menschen, Angsteinflößung das Instrument der Macht.

Angst ist das Gegenteil von Liebe. Angst engt ein, sie macht unsicher und lässt einen Menschen permanent in Abwehr und Verteidigung sein. Angst raubt wertvolle Lebensenergie, schränkt ein und nährt Wut, Hass, Eifersucht, Neid, Aggression und so weiter. Angst glaubt an Bestrafung, Mangel, Opfer und an Minderwert. Angst führt zu Hörigkeit und raubt uns den Glauben an uns selbst. Angst verleugnet die eigene Schönheit, die eigene Schöpferkraft und führt in die Abhängigkeit. Angst ist auch das

Gegenteil von Selbstliebe und macht einen jeden Menschen zu einem willfährigen Instrument. Zu einem leichten Futter für Absolutisten, Machthungrige, Manipulierende. Abspaltungen, ausgeblendete menschliche Bereiche und Anteile sind die Folge und sie sind direkt mit der Angst vor Verurteilung verbunden. Viele Menschen haben sich in Kriegen extrem weit von ihrer eigenen Wahrheit und liebevollen Macht entfernt und sind zu manipulierbaren Machtinstrumenten geworden.

WER TRÄGT DIE VERANTWORTUNG?

Wenn viele Menschen außerhalb ihrer eigenen Kraft und Balance sind, ist es nicht schwer, sie zu manipulieren und zu beherrschen und in eine falsche, nicht freie Richtung zu bringen. Nicht in die Richtung der Eigenliebe. Zu viel Druck und zu viele Verbote bewirken jedoch, dass die Sehnsucht nach Ausschweifung und Überkompensation nur umso größer wird und das Ganze sich zum genauen Gegenteil des Angestrebten entwickeln kann.

Dennoch hielten es die meisten für ihre Pflicht, von oben herab befohlene Regeln strikt zu befolgen, auch wenn dies gegen die eigene Überzeugung geschah. Gehorsame Pflichterfüllung und »Ehre« hatten allenthalben einen hohen Stellenwert, insbesondere beim Militär. Die Soldaten mussten schwören, bedingungslos dem »Vaterland« zu dienen und notfalls den »Heldentod« zu sterben, was das Töten fremder Menschen selbstredend mit einschloss. So standen viele bis hin zu den Generälen in einem inneren Zwiespalt, den sie tunlichst verdecken und verstecken mussten. Der Zwiespalt entsprang der bedingungslosen Pflichterfüllung und der dazu im Widerspruch stehenden Ethik, dem Herzen. Vielleicht haben sie ihre Herzensempfindungen sogar so weit verdrängt, dass sie sie gar nicht mehr wahrnahmen. Von sich selbst auf Abstand zu gehen, indem man die eigenen

Machtanteile abgibt, ist das Gegenteil von Eigenverantwortung. All die Anteile, die man nicht in sich anerkannt und integriert hat, die ins Außen abgekoppelt sind, kommen auch im Außen auf einen zu und man hat sie nicht unter Kontrolle. Man wird zum Spielball seiner eigenen abgespaltenen Anteile. Unsere Eigenverantwortung ist für denjenigen, der uns manipulieren und Macht ausüben möchte, höchst kontraproduktiv, wenn nicht sogar gefährlich. Tragen wir für uns die Verantwortung, wissen wir in der Regel ganz genau, was richtig und falsch für uns ist. Jeglicher Missbrauch hat bei (kollektiver) Verantwortungsabgabe ein leichtes Spiel, bei (kollektiver) Eigenverantwortlichkeit keine Chance.

NICHT MEHR TRAGBARER SCHMERZ

Der häufigste Grund für die Abkopplung von Anteilen ist die Angst davor, sie wahrzunehmen, da sie zu schmerzhafte Erinnerungen wachrufen. Unsere nächsten Vorfahren haben zwei Weltkriege mitgemacht, daher sind die grausamen und schrecklichen Ereignisse, die die Ablösung der traumatisierten Anteile ausgelöst haben, auch bei uns noch sehr präsent. Es können zum Beispiel traumatische emotionale Anteile sein, die aus einem zu frühen Tod eines geliebten Menschen resultieren und unsere Vorfahren in eine schreckliche Ohnmacht gebracht haben. Dieses Erlebnis hat sie emotional so überfordert, dass sie die schmerzbesetzten Anteile ins tiefste Innere verdrängt oder abgespalten haben. Dies führt dazu, dass allein das Erscheinen dieser abgespaltenen Anteile schon Angst macht und in einen unguten Zustand führt. Die ausgelagerten eigenen Anteile werden dann meistens an die nächsten Generationen zur Lösung und Aufarbeitung weitergegeben. Gezeigt werden sie oft über Personen im Außen – Menschen, die uns auf irgendeine Weise Angst machen oder Schmerzen in uns auslösen, je nachdem, welche Anteile sie für uns repräsentieren.

Wichtig ist für uns heute die Tatsache, dass die Zeit der Auslagerung der Anteile in der Vergangenheit liegt und oft mit Situationen zu tun hat, die wir nur als Nachfahren von unseren Ahnen übernommen haben. Sie dürfen jetzt heilen, indem wir sie zunächst einmal als Folgen der Kriegszeiten erkennen. Die Tatsache, dass wir uns in einer fortschrittlicheren und freieren Gesellschaft inzwischen weiterentwickelt haben und in Friedenszeiten leben, ist von großer Bedeutung. Wir können im jetzigen »weiseren« Moment viel souveräner mit uns selbst und unseren Übernahmen umgehen, als es unseren Vorfahren damals möglich gewesen wäre. Dies bedeutet, dass wir im Hier und Jetzt mit unserem aktuellen Entwicklungsstand unsere abgespaltenen Anteile ansehen können, ohne ihnen gnadenlos ausgeliefert zu sein. Unsere vermeintliche Ohnmacht ist nur eine Illusion unseres Unterbewusstseins.

HIER UND JETZT!

Die Gegenwart ist der zentrale Schlüssel. Wir leben heute, weder in der Vergangenheit noch in der Zukunft. Das ist sehr wichtig zu wissen. Das Fantastische ist, dass wir in der Gegenwart die Vergangenheit »bereinigen« und unsere Zukunft dadurch positiver prägen, also umgestalten können. Dies ist ein großer Segen. Wir sollten ihn annehmen.

Wir haben den freien Willen, unsere Schöpferkraft zu nutzen oder sie brachliegen zu lassen. Wir haben den freien Willen, uns ausgeliefert zu fühlen oder aber unser Leben positiv zu gestalten, zu verändern, zu schöpfen. Dies können wir schaffen, indem wir uns die Erfahrungen der Vorfahren – wie Kriege, Hungerszeiten, Ohnmacht – vergegenwärtigen und wahrnehmen, was diesbezüglich bei uns noch im Argen liegen könnte. Dann können wir es mit einer Aufräumaktion in unserem Unterbewusstsein erlösen – so wie es die vielen Anregungen in diesem

Buch beschreiben. Wir können die negativen Erwartungen und Programmierungen in positive Erwartungen und Programmierungen umwandeln.

Gerade in Bezug auf Kriegserfahrungen unserer Vorfahren sollten wir nie vergessen: Unsere uns innewohnende Schöpferkraft, die reine bedingungslose Liebe, stellt mit Abstand die stärkste Kraft in uns dar. Verbinden wir die erkannten Programmierungen und Prägungen unseres Zell- und Unterbewusstseins mit dieser Kraft und einem klaren Geist, so können wir alles in unserer Macht Stehende verändern und lösen.

MÖGLICHE AUSWIRKUNGEN AUF UNS HEUTIGE

Die meisten von uns sind in friedvollen Zeiten aufgewachsen und haben niemals einen Krieg erlebt. Dennoch leben die unterschiedlichsten existenziellen Ängste in uns – und viele davon sind eben Übernahmen aus den Generationen vor uns. Wir spüren dann stellvertretend, was unsere Eltern, Großeltern und Urgroßeltern ausgelagert haben, weil es sie sicherlich überwältigt hätte, wenn sie den Schmerz und das Leid in voller Intensität zugelassen hätten.

Ganz so friedvoll sind unsere Zeiten allerdings gar nicht. Ob das wohl einer Aufforderung gleichkommt, genauer hinzusehen, um Wiederholungen zu vermeiden?

Die unguten Gefühle, die uns auch in unseren friedvollen Zeiten immer wieder überkommen, sind für uns oftmals schwierig einzuordnen. Haben wir doch rein äußerlich überhaupt keinen Grund, unzufrieden oder unglücklich zu sein. Wir haben in der Regel ein warmes Zuhause, eine Arbeitsstelle, brauchen keine Angst vor dem Verhungern und vor Angriffen von Feinden zu haben und wir sind äußerlich geschützt über einen gewissen Wohlstand. Die zum

Teil depressiven Stimmungen, Angstzustände, Phobien, die latenten subtilen Ängste mancher Mitmenschen lassen sich nicht rational erklären. Denn die wenigsten wissen, dass wir von unseren Ahnen deren nicht verarbeitete Traumata übernommen haben. Und da unsere Eltern, Großeltern oder Urgroßeltern durch die schrecklichen Ereignisse, die ihnen widerfahren sind, viel zu traumatisiert waren, um diese ansehen zu können, geschweige denn zu lösen, können sich regelrechte Schmerzkörper-Wesenheiten gebildet haben, die jetzt auf den Nachfahren liegen und über sie bedient werden wollen.

Indem wir in unserem friedlichen Umfeld diese Themen erkennen, anpacken und erlösen, profitiert die ganze Sippe, da alle über die »Sippenhaft« in dieser Kriegsschuld zusammenhängen. So dient die Auflösung all der Negativereignisse sowohl den Ahnen wie auch den nachfolgenden Generationen. Da wir etwas nur dann verändern, wenn es »zwickt«, muss dem Ganzen ein Unwohlsein vorausgehen, damit wir uns in eine notwendige, also im tieferen Sinne »die Not wendende« Veränderung begeben.

ÜBERNOMMENE MUSTER UND ÄNGSTE

Übernahmemuster und tief unbewusste Programmierungen, die wir aus den Kriegserfahrungen unserer Vorfahren übernommen haben, können sich konkret in Obrigkeitshörigkeit und durch folgende Ängste bei uns bemerkbar machen: die Angst vor Angriffen, dem Tod, Verletzungen, Vergewaltigungen, vor dem Verlust der Heimat, des eigenen Zuhauses, der liebsten Menschen, vor Bestrafung, die Angst davor, nicht mehr versorgt oder krank zu werden, die Angst, (dem »Feind«) ausgeliefert zu sein, die Angst vor der freien Meinungsäußerung, vor Manipulation und Ähnlichem mehr.

TESTFRAGEN ZU KRIEGSERFAHRUNGEN

Auch für die Kriegserfahrungen von Ahnen gibt es bewährte Testfragen, die ich Ihnen hier aufliste. Nutzen Sie für diese Fragen zum einen Ihre Intuition und zum anderen wieder den kinesiologischen Muskeltest. So finden Sie heraus, welche Themen bei Ihnen belastet sind – und wie Sie bereits wissen, führt schon das Erkennen dessen zu einer ersten Befreiung.

Um die Muster und Ängste dann abfließen zu lassen, können Sie die nachfolgende meditative Loslassübung nutzen. Machen Sie sie so oft, wie Sie spüren, dass es nötig und gut ist. Beziehen Sie auch andere Möglichkeiten des ganzheitlichen Heilens mit ein, wie ich sie im Kapitel zum Handwerkszeug beschrieben habe, und scheuen Sie sich auch nicht, bei schwerwiegenden Themen ganzheitlich therapeutische Hilfe in Anspruch zu nehmen.

- ◇ Bin ich mit meiner belastenden Situation (Depression, Antriebslosigkeit, Angstzustände, Panikattacken, Unfälle, Verletzungen, Traurigkeit, Schmerzen aller Art) in meiner eigenen Identität?
- ◇ Schlüpfe ich in die Identität eines (Ur-)Großvaters oder des Vaters?
- ◇ Bin ich mit meiner belastenden Situation in der Gegenwart?
- ◇ Wechsle ich mit meiner Aufmerksamkeit in eine alte Kriegssituation?
- ◇ Sehe ich in meiner Alltagssituation ein Kriegsumfeld?
- ◇ Gehöre ich nur zur Sippe, wenn ich Krieg spiele?
- ◇ Gehöre ich nur zur Sippe, wenn ich mich verteidigen muss?

- Gehöre ich nur zur Sippe, wenn ich Feinde im Außen habe und mich vor ihnen fürchten muss?
- Differenziert mein System zwischen Freund und Feind?
- Glaube ich tief unbewusst, ebenfalls meinen Partner, meinen Vater oder meine Mutter im Krieg verlieren zu müssen?
- Darf ich überleben, wenn ich gesund bin und in Frieden lebe?
- Muss ich aus meinem Heimatland fliehen?
- Muss ich alles, was mir lieb ist, verlieren?
- Darf ich auf längere Sicht ein warmes, beschützendes Zuhause haben?
- Muss ich »ausgebombt« werden?
- Haben die ganzen Programmierungen noch etwas mit meinem Karma zu tun?
- Gibt es noch Pakte, Versprechungen, Gelübde, Bunde, Flüche? (Wenn ja, sollten Sie sich ganz bewusst davon verabschieden und sie in Licht und Liebe transformieren. Hier bewirkt bereits die bewusste Entscheidung sehr viel.)

MEDITATIVE LÖSUNGSÜBUNG: KRIEGSERFAHRUNGEN

Ich begebe mich wieder an einen ungestörten Ort und nehme eine entspannte Haltung ein. Ich schließe die Augen und bitte all die Lichtkräfte, mich zu führen und zu unterstützen, und danke ihnen aus ganzem Herzen dafür. Ich bitte Mutter Erde, mich zu tragen und mich mit ihrer mütterlichen Liebe zu heilen.

Ich spüre tief in mich hinein, bei welchen Situationen, Begebenheiten noch Ängste, Schuldgefühle oder andere körperliche Befindlichkeiten auftreten, die ihren Ursprung in Kriegsszenarien haben könnten. Ich gehe mit meiner Aufmerksamkeit tief in diese Symptome hinein. Ich bin zutiefst geführt und geliebt über die Erd- und Lichtkräfte.

Ich lasse Bilder aufsteigen und ich lasse mir zeigen, um welche Ursachen es sich bei meinen Ängsten handelt. Sehe ich zum Beispiel Schlachtfelder, abgebrannte Städte, Kriegsverletzte, mich verlassen liegend als Kleinkind in einem Bunker – es gibt viele Möglichkeiten –, gehe ich ganz bewusst zusammen mit der göttlichen Heilenergie in diese Situation hinein. Ich kann mich dabei aus meinem jetzigen geschützten Zustand heraus selbst an die Hand nehmen und beruhigen.

Ich lasse die Personen erscheinen, die mit mir in dieser Thematik noch involviert sind. Es können meine Eltern, Großeltern, Urgroßeltern oder auch andere Personen sein. Sollte ich von ihnen ein Kriegstrauma übernommen haben, kann ich es liebevoll zusammen mit der göttlichen Heilenergie an die entsprechenden Personen zurückgeben. Ich kann auch voller Vertrauen die Lösung an die Heilenergie übergeben. Vielleicht habe ich auch körperliche Gebrechen übernommen, die ich in verzeihender und achtender Liebe an diejenigen übergeben kann, von denen ich sie übernommen habe.

Ich gebe mir den Raum und die Zeit, eingebunden in der unterstützenden Lichtenergie, meine Anteile und die der anderen zu erkennen und damit zu lösen.

Ich gehe in die absolute Klarheit und erkenne all die Überlappungen, die den Kriegsgeschehnissen entsprungen sind und meinen Alltag im Hier und Jetzt noch beeinflussen. Ich kann mich bei allem vertrauensvoll den himmlischen Mächten anvertrauen und sie heilend wirken lassen.

Außer mich der Heilung und der positiven Veränderung zu öffnen und ihr zu vertrauen, muss ich selbst nichts tun. Dieser Prozess kann eine ganze Weile dauern. Ich spüre dabei selbst ganz klar, wie ich mich fühle.

Habe ich ein friedvolles Gefühl in mir, kann ich mir noch einmal meinen gewaltfreien Alltag vorstellen, in dem ich geschützt und geborgen bin, und all den unterstützenden Kräften von ganzem Herzen danken. Ich verankere dieses gute Gefühl mit einem wunderbaren imaginierten Symbol. Dann komme ich mit all meinen Anteilen vollständig wieder ins Hier und Jetzt und öffne die Augen.

Ich bitte die mich unterstützenden Kräfte, mir bei zukünftigen schmerzhaften Situationen die Hintergründe aufzuzeigen und bei der Erlösung zu helfen.

Danke, danke, danke!

SCANN MICH MIT DER APP!

TOD UND LEBEN

Unser Fokus ist bis heute mehr auf die Angst vor dem Tod gerichtet als auf das Leben selbst.

Die Erfahrungen des schmerzhaften Verlusts von geliebten Menschen überdecken sehr oft das Gefühl der Lebenslust in uns. Verlieren wir einen lieben Menschen, sind wir untröstlich, ist er für uns doch nicht mehr ansprechbar. Sein Körper ist tot. Aus seinem Leib ist sämtliches Leben entwichen. Unsere körperlichen Zuwendungen gehen ins Leere und bekommen keine Resonanz mehr. Menschen, die Angehörige haben sterben sehen, sagen fast alle das Gleiche: Kurze Zeit nach dem Ableben entweicht etwas aus dem Körper und der Leichnam ist plötzlich ohne jegliche Ausstrahlung. Dieses Eine, das fehlt, nennen wir »Seele«. Es ist die Einzigartigkeit eines jeden Menschen, seine Essenz. Diese Energieform ist auf der transzendenten Ebene noch vorhanden. Die Seele ist unsterblich. Wir sind jedoch mit unserer Erziehung und Prägung auf die sichtbare Realität konditioniert und nicht auf die feinstoffliche Energieebene. Also nehmen wir den Geist und die Seele meist nicht bewusst wahr. Dennoch fühlen wir vieles, was wir uns über unsere Ratio nicht erklären können. Doch die scheinbar unerklärlichen Dinge dürfen dem kontrollierenden Verstand zufolge nicht sein, da er Angst vor Neuem, nicht Kontrollierbarem und Größerem hat.

So erleben wir beim Tod eines geliebten Menschen einen unendlich großen Verlust und Schmerz. Da mein erstes Kind gestorben ist, spreche ich aus eigener Erfahrung. Dieser überwältigende Schmerz, dieser Schockzustand und diese enorme Ohnmacht lösen in uns ein beängstigendes Gefühl des Verlorenseins aus. Ein Verlassenheitsgefühl, das uns übermannt. Wir verspüren eine große Sehnsucht nach diesem Menschen. Wir fühlen uns nur noch halb, nicht mehr vollständig und scheinen den Boden unter den Füßen zu verlieren.

Folgendes ist nämlich geschehen: Steht uns ein Mensch nah, geschieht es automatisch, dass wir mit ihm Anteile austauschen: emotionale, geistige und seelische. Mit ebendiesen Anteilen hängen wir nach dem Tod des anderen noch zusammen, oft sogar symbiotisch, obwohl der Körper schon gegangen ist. Ebenso haben wir selbst noch Anteile von ihm in uns. Das war zu Lebzeiten dieses Menschen nicht so gravierend, da wir über ihn jederzeit an unsere Anteile herankamen oder sie sogar in uns glaubten, da er stets in unserer Nähe oder jedenfalls erreichbar war.

Oft hat dieser Mensch auch unsere Defizite sowie Ungeliebtes von uns ausgeglichen, womit wir jetzt plötzlich selbst konfrontiert sind. Er kann uns über seine Anwesenheit auch enorm inspiriert und ausgefüllt haben. Auch das wird uns über den Verlust schmerzlich klar. Von einer höheren Warte aus betrachtet leidet nicht nur der noch Lebende unter den fehlenden Anteilen, sondern auch der Verstorbene wird über sie festgehalten, er ist dadurch weiterhin an das Irdische gebunden und wird erst erlöst, wenn der Überlebende diese Anteile freigibt und den Verstorbenen und seinen Tod annimmt und ehrt.

Es kann bereits tröstlich sein, die Gründe für die hohe Intensität einer Trauer genauer zu verstehen.

IN RESONANZ MIT DEM TOD

Anhand des folgenden beispielhaften Teil-Genogramms kann die Ich-Person erkennen, dass sie in diesem Leben ein Thema mit zu früh gestorbenen Kindern hat. Sie geht in Resonanz mit dem Tod, weil er sehr dominant in ihrem Stammbaum vorkommt.

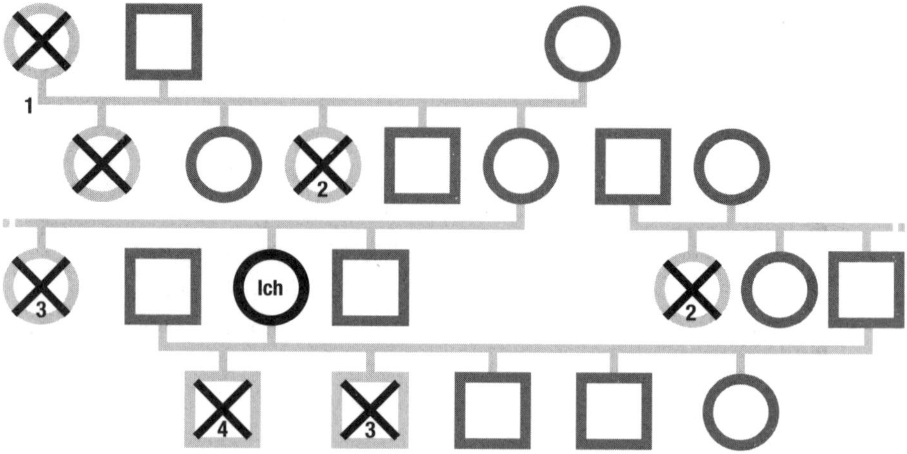

1 Mutter mit Kind im Kindbett gestorben
2 Abgang während Schwangerschaft
3 Kind jünger als 1 Jahr gestorben
4 Abtreibung

Durch diese Familie zieht sich das Thema Kindstod

In diesem Beispiel hat die Klientin den zu frühen Tod eines Kindes übernommen: Die erste Frau ihres Großvaters ist bei der Geburt ihres ersten Kindes zusammen mit dem Baby im Kindbett gestorben, später hat die Mutter der Klientin ein Kind geboren, das nach der Geburt gestorben ist, und sie selbst hat es mit zwei Kindern nachgemacht, einem abgetriebenen und einem geborenen, das ebenfalls kurz nach seiner Geburt gestorben ist. Mit solch einem Genogramm jedenfalls ist die Todesthematik im System gespeichert. Folglich geht die Frau von ihrer Programmierung her in Resonanz mit dem Tod. Meistens hat so jemand Anteile mit den zu früh Gestorbenen vertauscht, entweder um sie über sich selbst weiterhin in der Sippe zu halten, aus einer Überlebensschuld heraus oder um sie in Ehren zu halten. Es gibt noch einige andere Gründe. Es ist wichtig, solche Zusammenhänge in sich zu erkennen, um die Todesthematik zu erlösen und das Thema nicht weitertragen und weitervererben zu müssen.

TESTFRAGEN: RESONANZ MIT DEM TOD

Hier nun wieder einige Testfragen unter Anwendung des kinesiologischen Muskeltests, die zu einer Befreiung von einer Resonanz mit dem Tod führen können:

- ◇ Trage ich schwer an einer Überlebensschuld?
- ◇ Darf mein Kind gesund leben und alt werden?
- ◇ Muss mein Kind im Kindbett sterben?
- ◇ Darf ich an der Seite meines Mannes mit Kind gesund alt werden?
- ◇ Muss ich durch einen frühen Tod als Mutter, Vater, Großmutter, Großvater oder den Verlust meines Kindes jemanden oder mich in der Sippe halten?

MEDITATIVE LÖSUNGSÜBUNG: RESONANZ MIT DEM TOD

Ich setze oder lege mich an einem ungestörten Ort entspannt hin, schließe die Augen und atme dreimal tief ein und aus. Ich lasse alle Anspannung mit dem Ausatmen los und atme die pure Lichtenergie, die mich umgibt, über meine Nase ein.

Ich spüre, wie ich mit beiden Füßen auf Mutter Erde stehe, die mich trägt, nährt und empfängt. Ich lasse in meiner Vorstellung über meine Füße lange Wurzeln in sie hinunterwachsen – durch alle Gesteins-, Wasser- und Erdschichten, bis ich über meine Wurzeln den Mittelpunkt Gaias, die »Erdsonne«, erreiche.

Ich verbinde mich mit der Erdsonne und ziehe über meine Wurzeln die rotorange wärmende, nährende, tragende, gebärende Erdsonnenenergie in meine Füße hinein. Sie fließt weiter über meine Beine, meinen Bauch und meinen Rücken in mein Herz hinein und breitet sich über meinen übrigen Körper aus.

Gleichzeitig öffnet sich mein Scheitelchakra wie eine Lotosblüte und die klärende Lichtenergie fließt in meine Kopfmitte ein. Sie fließt weiter über meine Schultern, meine Arme, meinen Rücken in mein Herz und von dort aus über den übrigen Körper in Mutter Erde.

Beide Energien verbinden sich in mir zu einem mächtigen Strom, der mich durchfließt. Ich bin mit Mutter Erde und Vater Licht verbunden, ich bin zentriert und in der Wahrhaftigkeit. Klarheit und innere Weisheit umgeben mich.

Ich kann in Gedanken an einen wunderschönen Ort gehen und mich mit all meinen Engeln, den himmlischen Heerscharen oder Jesus verbinden, diese Lichtenergien um Unterstützung bitten und ihnen gleichzeitig dafür danken.

In der geschützten, lichtvollen Umgebung lasse ich jetzt die Personen erscheinen, mit denen mich noch tief in mir eine Todesthematik verbindet. Ich kann dabei ganz ruhig und gelassen bleiben und mich von den Lichtkräften führen lassen.

Je nachdem, um welche Begebenheiten es sich handelt, kann ich in die Vergebung und ins Verzeihen gehen oder die Personen zur Transformation ins göttliche Feuer stellen, auch mich selbst, wenn das angebracht erscheint. Ich bitte um und danke für Heilung auf allen Ebenen.

Die inneren Muster, die bei mir noch Todesangst oder Todessehnsucht ausgelöst haben, dürfen jetzt transformiert sein in Licht und Liebe. Die unterdrückten, abgekoppelte, inneren Anteile dürfen zu ihrer ursprünglichen Person wieder zurückgehen. Ich kann diese Heilprozesse intuitiv durch mein Körpergefühl erkennen. Habe ich die Personen wieder verabschiedet und ist die Angelegenheit geklärt, spüre ich selbst am eigenen Leib, ob es sich in mir stimmig anfühlt oder ob noch etwas Weiteres erlöst werden will. Ich lasse mich anleiten und führen und vertraue zutiefst der Erd- und der Lichtkraft.

Am Ende der Meditation spüre ich, ob mein Blickwinkel mehr auf das Leben oder auf den Tod ausgerichtet ist. Habe ich ein gutes, harmonisches Gefühl in mir, verankere ich dies mit einem wunderschönen visualisierten Symbol in meinem Körper und genieße dieses wohlige Gefühl.

Ich bedanke mich zutiefst bei allen Licht- und Erdkräften für ihre Unterstützung, ich lasse mich von ihnen mit ihrem höchsten Segen segnen und komme mit all meinen Anteilen wieder ins Hier und Jetzt, in meine Zeit. Ich atme dreimal tief ein und aus, öffne die Augen, strecke und recke mich und genieße mein neu geschenktes Bewusstsein auch in meinem Alltagsleben.

Danke, danke, danke!

SCANN MICH MIT DER APP!

ABTREIBUNGEN UND ABGÄNGE

Einige Abgänge werden von den Müttern gar nicht bemerkt. Ein solcher Vorgang bedeutet keineswegs, dass die Seele nicht (wenn auch nur für eine ganz kurze Zeit) inkarniert gewesen wäre und nicht wahrgenommen werden sollte.

Haben wir als junge Frau oder vielleicht sogar noch als Mädchen eine Abtreibung oder einen Abgang gehabt, fühlen wir uns unterbewusst auf jeden Fall schuldig. Wir glauben, aus welchem Grund auch immer nicht fähig gewesen zu sein, das Kind auszutragen und zu behalten. Wir haben ein Leben vorzeitig beendet und glauben in tiefster Überzeugung, dafür bestraft werden zu müssen. Der Schmerz über den Verlust des Kindes ist oft von dem Schuldgefühl so überdeckt, dass die Schmerzaufarbeitung Jahre dauern kann. Ich beschreibe all das aus rein systemischer Sicht. Eine moralische oder sonstige Bewertung ist damit ausdrücklich nicht verbunden.

Auch wenn rationale und »vernünftige« Argumente das wirkliche Herzgefühl überdecken wollen, können die übertragenen früheren kirchlichen und gesellschaftlichen Verbote unsere Entscheidung abzutreiben dirigiert haben. Wir hegten dann vielleicht Glaubenssätze wie:

- Wenn ich das Kind behalte, verlässt mich mein Partner, ist mein ganzes Leben zerstört, werde ich aus dem Haus geworfen, enterbt oder fallen gelassen.
- Ich bin unfähig, mein Kind und mich zu versorgen.
- Ich verliere meine Arbeitsstelle.
- Meine heimliche Liebesaffäre wird aufgedeckt.
- Ich verliere mein Ansehen und meine Würde.
- Ich verliere meinen schönen Körper.
- Ich kann nicht das Kind meines Vergewaltigers auf die Welt bringen.

Angst ist die Ursache für die Abtreibung. Angst, wegen des Lebens mit dem Tod bestraft zu werden, wenn auch nicht im wörtlichen Sinne: Angst vor Bestrafung, Ausgrenzung, Ablehnung, Unfähigkeit und fehlender Unterstützung. Ausnahmen mögen Abtreibungen sein, die wegen gefährlicher Krankheiten durchgeführt werden. Doch auch hier entwickeln die Betreffenden ein enormes Schuldgefühl. Oft wird die Erfahrung der Abtreibung abgekoppelt, verdrängt und mit Scheinargumenten zu rechtfertigen versucht.

Die ganzheitliche Sicht

Was aber geschieht bei Abtreibungen in Wirklichkeit? Was geschieht auf der ganzheitlichen Ebene? Wie kann es sein, dass manche Frauen in vergleichbarer Lage abtreiben und manche andere nicht? Wie ist das Zusammenspiel von Mutter und abgetriebenem Kind auf einer tieferen Ebene?

Aus meiner Sicht ist es ein Zusammenspiel der Seelen. Es ist aus der heute üblichen Sicht nicht leicht nachzuvollziehen, aber aus spiritueller Sicht »brauchte« die Mutterseele innerhalb der Serie ihrer Wiedergeburten in der nächsten Inkarnation die Erfahrung der Abtreibung, genauso die Seele des abgetriebenen Kindes. Die Seele des Kindes *wollte* nur sehr kurz inkarnieren. Sie hat in ihrem Seelenplan für dieses spezielle Leben genau diese kurze Inkarnationserfahrung gespeichert und sucht sich für ihre kurzzeitige Inkarnation genau die passende Mutter mit dem passenden Seelenplan heraus. Mutter und Kind sind sich damit auf der Seelenebene über die Inkarnationsdauer einig. Das Kind hat mit dieser kurzen Inkarnation seinen Seelenplan erfüllt. Und die Mutter hat mit ihrer kurzen Schwangerschaft ebenso ihren Seelenplan erfüllt. In Wirklichkeit gibt es keine Schuld im irdischen Sinne. Es gibt Erfahrungen sowie Entwicklungen der verschiedenen Seelen. Die Seele des Kindes wollte genau dasselbe erfahren wie die Seele der Mutter. Dem Resonanzprinzip gemäß kann es auch nicht anders sein.

Möchten wir als Frau, die eine Abtreibung erlebte, nun wissen, was als Ursache hinter diesem Ereignis stand, können wir unseren Seelenplan und den des Kindes anhand des Genogramms erkennen. Wir können nachsehen, welche familiären Muster in uns dazu geführt haben, dieses Kind nicht auf die Welt bringen zu wollen oder zu dürfen. Sehr oft spielen nämlich auch hier Wiederholungen, ein Nachmachen der Ereignisse von vorangegangenen Generationen eine Rolle. In Kriegszeiten gab es zum Beispiel mehr Vergewaltigungen und Abtreibungen, als man gemeinhin weiß. Es gab viele stressbedingte Abgänge (Bombenalarm, schlechte Nachrichten, näher rückende Feinde). Es gab und gibt auch deutlich mehr Inzestfälle mit Abgängen oder Abtreibungen, als wir ahnen. Haben wir nun als Tochter oder Enkelin solche Ereignisse dominant in uns gespeichert, werden wir die abgebrochenen Schwangerschaften mit großer Wahrscheinlichkeit wiederholen.

Es sei noch einmal betont: Mit diesen Ausführungen sollen weder Gewalt noch Leid bagatellisiert werden, es soll auch nicht gesagt werden, dass die Opfer an ihrer Situation im landläufigen Sinne »selbst schuld« seien. Es geht nur darum zu versuchen, das Ganze aus spiritueller Perspektive verständlicher zu machen.

Wollen wir diesen Zyklus durchbrechen, ist wieder das Erkennen der Zusammenhänge elementar wichtig, um uns selbst von der psychischen Belastung durch solche Muster zu befreien und die nachfolgende Generation möglichst vor den faktischen Wiederholungen zu bewahren.

Das Gleiche gilt selbstverständlich für die Väter dieser Kinder. Auch sie fühlen sich schuldig und machen Programmierungen ihrer Ahnen nach. Auch sie werden von den Kinderseelen entsprechend für die kurzzeitige Inkarnation ausgewählt. Mütter, Väter und Kinder haben sich in diesem Leben verabredet, um ebenjene Schwangerschaft zu bewirken und nach einer Zeit auch wieder zu beenden.

TESTFRAGEN ZUM VERLUST EINES UNGEBORENEN

Dies sind die Testfragen für den kinesiologischen Muskeltest, die zu einer Befreiung von Mustern hinsichtlich Abgängen, Abtreibungen und Totgeburten führen können:

- ◇ Kann ich ohne Gefahr schwanger sein?
- ◇ Darf das Kind gesund sein?
- ◇ Darf das Kind ohne Schaden die Geburt überstehen?
- ◇ Gibt es aus früheren Zeiten Kinder, die anerkannt werden müssen, um Frieden in die Sippe zu bringen?
- ◇ Versuche ich, gespeicherte Situationen, Ereignisse in der Sippe über meine Abgänge zu kompensieren?
- ◇ Wie sieht es mit den unbewussten Informationen des Vaters des Kindes aus? Darf er gesundes neues Leben zeugen und erschaffen? Ist er es wert?
- ◇ Muss er in dieser Beziehung etwas für seine Familie, Sippe kompensieren?
- ◇ Fühle ich mich ihm gegenüber gleichzeitig schuldig, nicht in der Lage (gewesen) zu sein, das von ihm gezeugte Kind auf die Welt zu bringen?
- ◇ Fühlt er sich schuldig, mit seinem Samen nicht genug Überlebensstärke bei dem Kind gezeugt zu haben?
- ◇ Stecke ich über diese Schuld noch mit dem Vater meines Kindes in einer Schuldgemeinschaft?
- ◇ Bin ich wütend auf die Befruchtung durch diesen Mann und meine Schwangerschaft?

MEDITATIVE LÖSUNGSÜBUNG: VERLUST EINES UNGEBORENEN

Ich begebe mich an einen ungestörten Ort und nehme eine entspannte Haltung ein. Ich schließe die Augen, atme bewusst tief ein und aus und bitte all die unterstützenden, wahrhaftigen Lichtkräfte, mich bei meinem Ritual zu unterstützen. Innerlich sage ich: »Ich bitte mein Kind für die Abtreibung (oder den Abgang) um Vergebung. Ich erkenne mein Kind an und ehre es.«

Ich öffne mich für die gefühlsmäßige Bindung, die ich zu meinem Kind habe, und gehe mit meiner vollen Aufmerksamkeit hinein. Das kann eine Weile dauern, da diese Gefühle schon alt sind und außerdem meistens vollständig verdrängt wurden.

Es können nun Angstgefühle in mir aufsteigen, ausgelöst von meinen tiefen Schuldgefühlen, die ich meinem abgegangenen oder abgetriebenen Kind gegenüber hege. Es ist wichtig, tief in diese Ängste hineinzufühlen. Denn unter oder hinter ihnen kommt am Ende das Licht mein wahres Ich zutage, meine wahre Essenz. Indem ich in diese meistens verdrängten Gefühle hineinspüre, ihnen ein Gesicht gebe, verlieren sie ihre Bedrohlichkeit und lösen sich auf. Es ist nur eine Frage der Zeit und des Vertrauens. Es ist außerdem auch eine Frage der Übung, wie bei vielem in unserem Leben.

Spüre ich, dass sich diese inneren Schatten in mir aufgelöst haben, kann ich auch meinem abgetriebenen oder abgegangenen Kind gegenüber in ein liebendes Gefühl gehen. Ich ehre sein Schicksal und erkenne seinen auf Seelenebene gefassten Entschluss der kurzen Inkarnation an. Ich vergebe mir und dem Kind. Dieses zweifache Verzeihen kann mir wehtun. Es ist in dieser Vergebungsphase aber wichtig, liebevoll mit mir und meinem Kind umzugehen. Befreie ich so doch uns beide von aller auferlegten Schuld, Sühne, »Sünde« und von allen möglichen Bestrafungsmustern. Ich darf einfach geschehen lassen.

Habe ich mir und meinem Kind verziehen, ist es wichtig, weiter in mich hineinzuspüren, welche Personen bei diesem Ver-

gebungsritual noch mit hineinspielen. Der Vater meines Kindes ist ebenfalls von entscheidender Bedeutung. Kann ich ihm verzeihen, dieses Schicksal mit ihm erlebt zu haben? So gehe ich jetzt tief in meine Gefühle und spüre wahrhaftig hinein.

Bin ich innerlich bereit, dem Vater meines Kindes zu verzeihen, sollte ich es jetzt aus ganzem Herzen tun. Bin ich innerlich bereit, auch mir für diese Liaison zu verzeihen, sollte ich dies ebenfalls aus vollem Herzen tun. Wenn beides noch nicht möglich ist, ist auch das völlig in Ordnung. Dann dauert es eben etwas länger. Ich kann mit meiner Aufmerksamkeit zu meinem inneren Widerstand gehen und diesen erst einmal erkennen und vielleicht erlösen.

Jetzt spielen häufig noch die Eltern und/oder Großeltern mit hinein. Es sind sehr oft ihre Verbote und Normen, die uns Angst machen und uns dazu verleiten, gewisse Schritte zu unternehmen. Und wenn ich eine Abtreibung oder einen Abgang meiner Eltern und/oder Großeltern wiederholen sollte, löst dies einen unbewussten, subtilen und ganzheitlichen Schock bei allen Betroffenen im Familiensystem aus. So ist der nächste Vergebungsschritt, den Eltern und Großeltern zu verzeihen.

Auch hier können massive Ängste in mir hochkommen. Oft habe ich die Ängste meiner betroffenen Vorfahren übernommen und erlebe sie nun selbst. Ich gehe tief in meine Ängste hinein, gebe ihnen ein Gesicht und lasse sie los. Sind doch all diese Angstmuster in Wirklichkeit Illusion, gibt es in Wahrheit doch nur die bedingungslose Liebe und damit das bedingungslose Vergeben und Verzeihen. Ich achte mein Schicksal und das meiner Vorfahren und kann die Vergangenheit ruhen lassen, sie annehmen und mich dadurch heilen.

Ich gebe meinem Kind nun einen Namen und trage es im Herzen als kurzfristig inkarnierte Seele. Ich hole bewusst meine Anteile wieder zu mir zurück und gebe dem Kind die seinen wieder. Auch andere damit zusammenhängende Anteile gebe ich wieder zurück und hole entsprechend von diesen Personen meine

Anteile wieder zu mir. Eine sehr wirksame Methode dafür ist folgende: Ich stelle mir einen riesigen, kräftigen Magneten in meinem Inneren vor, der all meine zu mir gehörenden Anteile anzieht und gleichzeitig all die Anteile abstößt, die in Wahrheit nicht zu mir gehören.

Dann entlasse ich mein Kind frei ins Licht und halte es gleichzeitig in mir in Ehren, jedoch ohne es dabei festzuhalten. Ich achte und ehre nochmals das Schicksal des Kindes, wie ich auch mein Schicksal achte und ehre.

Ich danke all den Lichtkräften, die mich dabei unterstützt haben. Ich segne das Kind, die Dazugehörigen und mich selbst über meine schöpferischen Gaben. Ich komme ins Hier und Jetzt zurück und öffne die Augen.

Danke, danke, danke!

SCANN MICH MIT DER APP!

ABGEGANGENE ZWILLINGE

Im Genogramm zu beachten sind auch die möglicherweise abgegangenen Mehrlingsgeschwister. Oft werden auch sie von den Müttern gar nicht registriert. Vielleicht haben die Frauen kurz eine Blutung, die gleich wieder nachlässt, oder andere nicht sonderlich bedrohliche Symptome. Trotzdem hat der abgegangene Fötus einen entscheidenden Einfluss hinterlassen. Fehlt dem oder den verbliebenen, noch lebenden Kindern doch nun die Verbindung zu dem Zwilling oder Mehrling.

Indem wir Verbindungen zu jemandem aufbauen, geben wir automatisch Anteile von uns ab und übergeben sie energetisch der anderen Person – und umgekehrt. So entstehen unter anderem Bindungen. So hat das überlebende Kind auch schon zu dieser frühen Zeit emotionale, geistige und vielleicht auch seelische Anteile mit dem abgegangenen Zwilling ausgetauscht, die ihm nach dessen Verlust fehlen. Auch die Mutter und der Vater bauen selbstverständlich Verbindungen zu diesem Kind auf, die ihnen ebenfalls fehlen. Der abgegangene Zwilling hatte seinerseits Verbindungen zur Mutter aufgenommen, eigene Anteile der Mutter und dem Geschwisterchen gegeben und geht nun ohne diese in die transzendente Ebene.

Dem verstorbenen Kind fehlen diese eigenen Anteile. Gleichzeitig hat es die der Mutter und des Geschwisters in sich. Über diese vertauschten Anteile hängen die betroffenen Personen noch zusammen und sind nicht frei. So fühlen sich beide Seiten unvollständig und haben eine mehr oder weniger große Sehnsucht nacheinander, die jedoch im Hier und Jetzt schlecht gestillt werden kann, da die fehlende Person ja gestorben (und oft nicht einmal bewusst) ist. Der bereits Gestorbene hängt über die vertauschten Anteile an den noch Lebenden, ist über die vertauschten Anteile gebunden und kommt nicht »ins Licht«, da er noch zu sehr mit der Erde verwoben ist. Da sein Abgang meistens nicht wahrgenommen wird, dauert es oft sehr lange, bis die Überlebenden auf diese Quelle des Verlustes stoßen. Die überlebenden Personen – Mutter, Vater und Geschwister – haben eine unerklärliche Sehnsucht nach etwas oder jemandem, das oder den sie über andere Dinge oder Personen zu ersetzen versuchen, was jedoch nur ansatzweise gelingt. Die Sehnsucht bleibt und das subtil unbefriedigte Gefühl auch.

Stellen wir die Verbindung zu dem abgegangenen Zwilling, Drilling et cetera wieder her, holen wir die vertauschten Anteile zurück und geben die übernommenen wieder ab, ist die zuvor unstillbar scheinende Sehnsucht Vergangenheit. Letztlich war es eine nicht erklärbare tiefe Sehnsucht nach sich selbst, nach den eigenen Anteilen, die mit dem abgegangenen Kind in die transzendente Ebene gewandert sind. Und die ist nun geheilt.

LEBEN

Bisher habe ich in diesem Kapitel hauptsächlich über den Tod gesprochen. Da wir alle im Moment noch deutlich mehr Programmierungen in uns gespeichert haben, die mit dem Tod verbunden sind, war es notwendig, sie zu erläutern, um sie nach und nach lösen zu können. Kommen wir jetzt jedoch zum Leben.

Es gilt zu begreifen, dass wir keine persönlichen Erfahrungen mit etwas brauchen, um darunter zu leiden. Übernommene Muster unserer Vorfahren sind dabei eine wesentliche Ursache.

Die Kirche hat uns jahrhundertelang die Sünde suggeriert und nach dem Tod das Paradies versprochen oder auch die Hölle angedroht. Wir kommen angeblich schon mit der »Erbsünde« auf die Welt. Insofern ist es für uns heute von enormer Wichtigkeit, diese überkommenen Muster in uns selbst zu erkennen und zu lösen, denn sie wirken, auch wenn wir vielleicht schon lange aus der Kirche ausgetreten sind oder niemals Mitglied waren. Es sind alte Ängste, Gelübde und Versprechungen, übernommen von unseren Ahnen. Haben wir solche Muster in unserem System erkannt und ähnlich wie in bereits beschriebenen Beispielen gelöst, sind wir schon ein gutes Stück weiter auf dem Weg, ein wirklich lebenswertes Dasein zu führen.

Leben zeichnet sich durch Bewegung aus. Unser Herz schlägt, Veränderung, freudiges Agieren, Lust, Fröhlichkeit, Lachen und Heiterkeit machen uns lebendig. Leben bedeutet, am Puls der Zeit zu sein: sich über die Bewegung, Reflexion und Aktion zu spüren, zu finden und zu erkennen, wahrzunehmen, wie viel Potenzial in jedem Menschen steckt, die uns allen innewohnende Schöpferkraft im eigenen Leben zu aktivieren und zu nutzen, voller Lebendigkeit jeden Tag zu zelebrieren, egal, was er bringt. Dabei sind wir gut aufgehoben in dem Wissen, zutiefst von Mutter Erde gehalten zu werden und unter Vater Himmel unendliche Freiheit zu haben. Dann fühlen wir uns geliebt und hier auf der

Erde willkommen, zutiefst angenommen allein schon dadurch, dass wir da sind. Wir leben in dem Wissen, dass nach »dürren Jahren« auch wieder die »fetten« kommen, wenn wir sie in uns annehmen können.

Zum Leben gehört es einfach dazu, auch nicht so schöne Ereignisse anzunehmen und sie als liebevoll gemeinte Lernchancen zu sehen. Am meisten lernen wir nämlich von unangenehmen Erfahrungen, die uns auffordern oder eher noch zwingen, genauer hinzusehen und Initiative zu entwickeln, damit wir gestärkt aus ihnen hervorgehen.

Bildlich gesprochen ist das Leben ein Theaterstück, in dem sich jeder erfahren kann. Ein Theaterstück, in dem jeder selbst der Regisseur ist. Leben ist dabei das Gewahrsein von *allem, was ist,* das außerhalb von allem und über allem steht und gleichsam innerhalb der Wahrnehmung eines jeden Menschen ist. Die folgenden Testfragen helfen Ihnen, in dieses freudige und freie Bejahen Ihres Lebens zu kommen.

TESTFRAGEN FÜR LEBEN UND LEBENDIGKEIT

Diese erprobten Testfragen können Sie sich wieder im Zusammenhang mit dem kinesiologischen Muskeltest stellen oder Sie lauschen auf Ihr inneres Gefühl als Antwort, um herauszufinden, welche Programmierungen Sie in Hinblick auf das Thema »Leben« haben:

- ◇ Bleibe ich in meiner Identität, wenn ich lebe?
- ◇ Verbinde ich in meinem System Leben mit Leben?
- ◇ Verbinde ich mit Leben Leid und Tod?
- ◇ Verbinde ich mit Leben Schuften und Sichabrackern?
- ◇ Kann, darf ich ohne Erbsünde leben?
- ◇ Gibt es das Paradies erst nach dem Tod?
- ◇ Bin ich es wert zu leben?
- ◇ Lieben die anderen mich noch, wenn ich lebe?
- ◇ Darf ich Leben ernst nehmen, wenn es mit Freude und Fülle verbunden ist?
- ◇ Gibt es ein Sippenmitglied, das das Leben der anderen ausgleichen muss?
- ◇ Darf Leben Leichtigkeit für mich sein?
- ◇ Darf mein Leben zutiefst erdverbunden sein? (Nur ein erdverbundenes Leben hat wirklich Sinn, da wir nur über Mutter Erde materialisieren, etwas auf die Erde bringen können.)

MEDITATIVE LÖSUNGSÜBUNG: LEBEN

Habe ich all die Fragen bei mir ausgetestet, kann ich wieder an die Lösung gehen. Dazu suche ich mir einen geschützten, ruhigen Ort, an dem ich ungestört bin. Ich zünde mir eine Kerze an, vielleicht lasse ich eine wunderschöne Entspannungsmusik erklingen. Ich mache es mir bequem und entspanne mich, schließe die Augen. Ich atme dreimal tief ein und aus und lasse alles Belastende los.

Ich spüre die Verbindung zu Mutter Erde über meine Füße und die Verbindung zum reinen Licht von Vater Himmel über meinem Scheitel. Ich lasse beide Energien, die gleißend helle, goldene, heilende, klärende Lichtenergie und die rotorange, wärmende, nährende, tragende Erdenergie, in mir zusammenfließen. Ich bin jetzt verbunden mit Vater Himmel und Mutter Erde.

Ich begebe mich mit meiner Wahrnehmung an einen wunderschönen Ort, an dem ich mich sehr wohl und geborgen fühle. Ich lasse dort meine Schutzengel, Geistführer, himmlischen Heerscharen und alle reine Lichtenergie zu mir kommen. Sie leiten, führen, lieben und unterstützen mich. Ich gehe in das absolute Vertrauen, dass ich geführt, angeleitet, geschützt und geliebt bin.

Ich danke aus ganzem Herzen für die Unterstützung und gehe mit meiner Aufmerksamkeit zu lebensbehindernden Glaubenssätzen in mir. All die schwarzen Todesschatten dürfen sich jetzt zeigen. Sollten Personen erscheinen, die etwas damit zu tun haben, lasse ich sie zu mir kommen. Alles, was jetzt geschieht, dient der Heilung und gereicht mir zum Wohl, ebenso wie es auch anderen Menschen und dem großen Ganzen zuträglich ist.

All den bedrohlichen Gestalten und Energien gebe ich Gesichter und lasse sie von der puren Lichtenergie transformieren. Alle Gefühle, die mich belastet und von einem Leben in Fülle abgehalten haben, dürfen jetzt an die Lichtkräfte abgegeben und transformiert werden. Verzeihen darf geschehen, alte Überzeugungen dürfen sich liebevoll verabschieden und durch lebensbejahende ersetzt werden.

Ich bin voller Dankbarkeit und Liebe in meinem Herzen. Ich fange an, mich dem lichtvollen Leben zu öffnen und mich zutiefst als Geschöpf Gottes, inkarniert auf Mutter Erde, zu empfinden. Leichtigkeit und Fröhlichkeit dürfen in mich hineinströmen. All die behindernden Programme fließen in Mutter Erde und werden von ihr aufgenommen und in Liebe verwandelt. Ich fühle mich zutiefst geliebt und angenommen hier auf Mutter Erde, die mich bedingungslos liebt, trägt und nährt.

Dieser Prozess kann einige Zeit dauern, ich gehe dabei liebevoll mit mir um und gebe mir Zeit. Ich kann es einfach geschehen lassen und warten. Wichtig ist nur meine Intention, wieder in Hülle und Fülle leben zu wollen.

Habe ich das Gefühl, dem Leben in mir deutlich näher gekommen zu sein, kann ich mich aus tiefstem Herzen für die Unterstützung bedanken, das schöne Gefühl mit einem wunderbaren imaginierten Symbol verankern und mit all meinen Anteilen wieder ins Hier und Jetzt kommen.

Ich öffne die Augen, um mich zu recken und zu strecken und voller Lust meinem weiteren Leben entgegenzuschauen.

Danke, danke, danke!

SCANN MICH MIT DER APP!

SCHULD

Schuld ist ebenso wie die Erbsünde reine Illusion.

In Wahrheit gibt es keine Schuld, da das göttliche Prinzip reine, bedingungslose Liebe ist. Bedingungslose Liebe nimmt an, verzeiht, vergibt und nährt. Schuld entspringt ausschließlich den selbstverurteilenden Mustern, Mechanismen und Übernahmen von uns Menschen. Ganz viel Schuld wurde und wird über Kirchen und autoritäre Regime generiert. Doch wenn wir beispielsweise schon mit der Erbsünde auf die Welt kämen, könnten wir ja tun und lassen, was wir wollten, wir wären und blieben schuldig und sündig. Die Eigenverantwortlichkeit bei allem, was wir tun, steht aber aus meiner Sicht immer an erster Stelle. Ich spreche von unbewussten Übernahmen als Erklärung für bestimmte Befindlichkeiten, Verhaltensweisen und Geschehnisse, die zum Teil unverständlich sind und nach menschlichem Ermessen sinnfrei, unmoralisch oder auch übergriffig bis kriminell sein können. Damit erteile ich aber keinen Freibrief für unethisches oder sittenwidriges Verhalten. Unsere Eigenverantwortlichkeit bleibt in jedem Fall bestehen.

KIRCHE, GESELLSCHAFT, FAMILIE

Sind wir in unserer Gesellschaft, über unsere Religion, unser Umfeld und unsere Erziehung mit Schuld aufgewachsen, dann sind wir dadurch stark belastet. Wir bedienen unterbewusst oder auch bewusst kaum eine Klaviatur so perfekt wie die des Schuldgefühls und der Schuldzuweisung. Das Schuldgefühl entspringt oft der Angst, nicht mehr geliebt zu sein. Doch aus wirklicher Liebe heraus kann keine Schuld entstehen. Da wir aber von klein auf mit ihr aufgewachsen sind, verbinden wir Schuldgefühle und Schuldzuweisungen mit unseren nächsten Bezugspersonen. So sind in unserem Unterbewusstsein Liebe und Schuld miteinander verwoben und zusammen abgespeichert.

Haben wir nicht den Erwartungen unserer Eltern entsprochen, sind wir gerügt worden und fühlten uns schuldig. Das erzeugte Druck und Leid, und aus alldem entstand ein permanentes unterschwelliges Schuldgefühl. Anklage, Druck und Leid führen zu zwanghaften Gefühlen, die wiederum in beherrschende und dominante Verhaltensweisen münden. Misstrauen und Gegenwehr, Ohnmacht und Selbsterniedrigung sind mögliche Folgen. Gleichzeitig können Menschen über Schuldzuweisungen eine enorme Macht ausüben. Beschuldigen wir andere, so sind diese erst einmal in der Defensive und von unseren potenziellen Defiziten abgelenkt. Und sie lassen sich leichter manipulieren.

SCHULDZUWEISUNG ÜBER SPIEGELUNG

Wir können unbewusste Schuldanteile von uns ausgrenzen und an Mitmenschen delegieren. Dann werden wir beispielsweise für unser verzeihendes Wesen von anderen angegriffen oder nicht ernst genommen. Es gibt wieder einmal sehr viele Möglichkeiten, diese eigenen nicht akzeptierten, verdrängten, verschütteten Anteile auszuleben oder ausleben zu lassen. Partner und Kinder sind für solche Spiegelungen besonders geeignet. Leben wir zum Beispiel in einer Partnerschaft und sind der verzeihende, vergebende Part, handeln wir aus unserer Herzensliebe heraus und versuchen wir, Frieden und Liebe zu schaffen, dann haben wir vielleicht einen Partner an unserer Seite, der dauernd verurteilt, der intolerant und schuldzuweisend ist.

Was passiert hierbei? Unbewusst haben wir unserem Partner unsere verurteilenden und schuldzuweisenden Anteile übertragen, um sie selbst nicht bedienen, sie nicht wahrnehmen zu müssen. Wir haben eine große Abneigung gegen diese unsere Anteile (etwa infolge schlechter Erfahrungen als Kind). Dafür haben wir die friedliebenden, vergebenden Anteile unseres Partners übernommen und leben diese wiederum über uns aus. So hat unser Partner mit diesen »Friede, Freude, Eierkuchen«-Geschichten nichts zu tun, da er solche Verhaltensweisen als naiv und kindlich abtut.

Oft leben beide Partner, sich gegenseitig spiegelnd, unbewusst ihre Schattenbereiche aus und beklagen sie beim jeweils anderen.

Erkennen wir die wahre Situation jedoch, können wir unsere eigenen Anteile wieder zurückholen und annehmen, in uns heilen und integrieren. So haben wir sie unter Kontrolle und brauchen niemanden mehr, der sie für uns bedient und auslebt. Wir können uns dadurch selbstverantwortlich entscheiden, ob wir verurteilen oder ob wir vergeben. Dann können wir auch verurteilende Menschen in Frieden weiterziehen lassen und selbst im Frieden leben. Auch unser Partner hätte keine Probleme mehr mit der anderen Seite, wenn er – inspiriert durch unser Beispiel – seine abgelehnten Anteile integriert hätte.

PERFIDE SCHULDZUWEISUNGEN

Es gibt aber auch eine tief unbewusste perfide Methode, uns selbst trotzdem noch in Schuld und Anklage zu halten: Wir fangen an, Entscheidungen, die wir aus einer früheren Perspektive getroffen haben, aus unserer heutigen, erfahreneren Position heraus anzuzweifeln. Wir nehmen für uns in Anspruch, in der Vergangenheit schon unser heutiges Wissen gehabt haben zu müssen, und verurteilen uns dafür, dass dies nicht so war.

Vielleicht haben wir uns vor zehn Jahren von unserem Partner getrennt. Da wir uns wegen der Trennung schuldig fühlten, gestanden wir ihm Konditionen zu, die für uns absolut unvorteilhaft und vielleicht sogar schädigend waren. In der frischen Schuldsituation glaubten wir jedoch, nicht anders handeln zu können. Wir wollten uns einfach nur freikaufen.

Jetzt ist diese Situation also zehn Jahre her, wir haben uns erfolgreich von unserer Schuld befreit, die es in Wirklichkeit nie gab, da immer zwei dazugehören. Und nun werfen wir uns unser damaliges Verhalten vor. Wir klagen uns an und bleiben dadurch in der unmündigen Situation von damals. So kommen wir nie aus der Schuldrolle heraus. Wir haben zwar vielleicht unser erstes Schuldgefühl erlöst, sind aber durch die Selbstanklage, »so blöd gewesen zu sein«, in eine neue Schuldthematik eingestiegen. Wie ich in meiner Praxis erfahren konnte, gibt es diese Ersatzschuldthematiken sehr häufig; sie sind meistens sehr subtil und nicht so leicht zu entdecken. Tatsache ist, dass wir im Nachhinein natürlich immer schlauer sein können, da wir eine weitere Entwicklungsphase durchlaufen haben.

Es ist so wichtig, uns selbst und die eigene Vergangenheit anzunehmen und nicht zu verurteilen, denn wir wussten es damals einfach nicht besser.

Wir sollten unseren Fokus nicht mehr auf frühere vermeintliche Schuld richten, sondern uns auf Folgendes konzentrieren: Indem wir für den anderen etwas Gutes tun, tun wir es gleichzeitig für uns selbst. Wenn wir liebevoll mit uns und dem anderen umgehen, kommen in der Regel Frieden, Harmonie und Fülle in unser Leben. Wir hören auf, die Schuld permanent bei anderen zu suchen und uns selbst zu beschuldigen, und gehen aktiv in unsere Eigenverantwortlichkeit und blicken nach vorn. Wir wissen aus tiefstem Herzen, dass wir unser Leben selbst gestalten und die Kraft und die Macht haben, unser Glück über Selbstreflexion selbst zu erarbeiten. Auf diese Weise hören wir auf, ein Spielball der Schuld zu sein.

TESTFRAGEN ZUR SCHULDPROBLEMATIK

Die folgenden Testfragen können Sie, wie immer im Zusammenhang mit dem kinesiologischen Muskeltest, nutzen, um sich aus einer Schuldproblematik zu befreien:

- ◇ Bleibe ich in meiner eigenen Identität, wenn es um Schuld geht?
- ◇ Verbinde ich Schuld mit Liebeszuwendung, Aufmerksamkeit, Versorgung und Behütetsein?
- ◇ Verbinde ich Schuld mit dem Eingebundensein?
- ◇ Ist Schuldzuweisung die gängige Kommunikationsebene für mich?
- ◇ Ist Schuldgefühl die gängige Kommunikationsebene für mich?
- ◇ Liebe ich mich noch, wenn ich ohne Schuld bin?
- ◇ Lieben die anderen mich noch, wenn ich ohne Schuld bin?
- ◇ Brauche ich Schuld, um Macht auszuüben?
- ◇ Muss ich mich schuldig fühlen, um zu meiner Familie zu gehören?
- ◇ Fühle ich mich als Mensch dem Göttlichen gegenüber schuldig?
- ◇ Gibt es Liebe ohne Schuld, Beziehung ohne Schuld?
- ◇ Ersetzt das Schuldgefühl meine Liebesgefühle?
- ◇ Ersetzt die Schuldzuweisung meine Liebesgefühle?
- ◇ Kann ich nur über Schuld meine Emotionen ausdrücken?
- ◇ Kann ich meine Emotionen nur über Anklage ausdrücken?
- ◇ Ist Emotion in meinem System in irgendeiner Form mit Schuld gekoppelt?

- ◇ Ist Emotion in meinem System in irgendeiner Form mit Anklage gekoppelt?
- ◇ Bin ich schon durch meine Geburt schuldig?
- ◇ Darf ich mich aus der noch überwiegend vorhandenen Machtstruktur der Schuld herausbewegen?
- ◇ Kann ich ohne Schuld überleben?
- ◇ Ersetzt Schuld meine Selbstverantwortung?
- ◇ Ersetzt Anklage meine Selbstverantwortung?
- ◇ Lebe ich über meine Schuldzuweisung meinen Selbstbestrafungsmechanismus aus?
- ◇ Lebe ich über Schuld meine Lebensberechtigung aus?
- ◇ Kompensiere ich über Schuld meine Lebensberechtigung?
- ◇ Ist Liebe Schuld?
- ◇ Ist Liebe Anklage?
- ◇ Ersetzt Schuld meine Aggressionen?
- ◇ Ersetzt Anklage meine Aggressionen?
- ◇ Ersetzt Anklage meine Lebensberechtigung?

MEDITATIVE LÖSUNGSÜBUNG: SCHULD

Habe ich in all die Fragen hineingespürt und die Palette der verschiedensten Gefühlsempfindungen durchlebt, bin ich in meinem System an die verschiedensten Schuldmechanismen angedockt und kann jetzt an die Lösung gehen.

Ich suche mir wieder einen geschützten, ruhigen Wohlfühlort. Ich kann mir eine beruhigende Musik anschalten und es mir bequem machen. Ich schließe die Augen.

Ich verbinde mich mit Mutter Erde und Vater Himmel und nehme beide Energien in mir auf. Ich spüre, wie ich von der wärmenden, nährenden, gebärenden, rotorangen Erdenergie getragen und von der gleißend hellen, weißlich goldenen, klärenden, heilenden Lichtenergie geführt werde. Beide Energien lieben mich zutiefst und behüten mich. Ich bin jetzt zentriert und in der Wahrhaftigkeit. Beide Energien verbinden mich mit den allerhöchsten, schönsten Energien, die mich Dinge erkennen lassen und mich vollständig heilen.

Ich begebe mich mit meiner Wahrnehmung an meinen Lieblingsort. Ich nehme den Boden unter meinen Füßen wahr, spüre den Wind in meinen Haaren, die Sonne auf meiner Haut, genieße die Düfte in der reinen Luft. Ich lasse wieder all meine Engel und die himmlischen Heerscharen zu mir kommen, bitte um Führung und danke für die Unterstützung.

Jetzt ist der Moment gekommen, in dem ich mir meine Schuldprogrammierungen ansehen, sie erkennen und für alle Zeit lösen und heilen darf. Ich lasse die Fragen noch mal Revue passieren und gehe mit meiner Aufmerksamkeit in die noch behindernden Emotionen und Glaubenssätze hinein.

Die göttliche, kosmische Unterstützung zeigt mir jetzt alle noch behindernden Situationen, Menschen und Programme. Ich kann mich und die anderen, die mit meiner Schuldthematik zu tun haben, in ein riesiges reinigendes, heilendes göttliches Feuer stellen. Die schlechten, vernichtenden Gefühle nehme ich erst einmal an und übergebe sie anschließend dem göttlichen Feuer, den

Lichtkräften zur Transformation. Tief in mir weiß ich, dass ich geliebt werde und jetzt die Zeit meiner Erlösung gekommen ist.

Immer und immer wieder lasse ich mir meine Schuldschichten zeigen, reflektiere sie und lasse gleichzeitig Heilung geschehen. Ich bin bereit, mir und den anderen zu vergeben. Ich bin bereit, Frieden und Liebe in mein Leben einkehren zu lassen. Ich bin bereit, mich zu erlösen von den alten Vernichtungsprogrammen und sie in Akzeptanz und gegenseitige Wertschätzung zu transformieren. Dieser Prozess kann eine ganze lange Weile dauern. Ich gebe mir liebevoll all die Zeit, die ich dafür brauche.

Ich bin allein über mein Dasein zutiefst geliebt und anerkannt, allein dadurch, dass ich geboren wurde. All die Schuldanteile, die im Lauf der Zeit vertauscht wurden, dürfen zu ihrem Ursprung zurückkommen und gehen. All meine Anteile dürfen Heilung und Reinigung erfahren und ich kann sie voller Liebe wieder aufnehmen und integrieren.

Ich spüre, wie ich immer mehr lieben, achten und wertschätzen kann. Mich selbst und meine Mitmenschen. Ich bin der wertschätzende, liebende Mittelpunkt in meinem Leben. Ich verbinde dieses angenehme Gefühl mit einem visualisierten Symbol, an das ich jederzeit denken kann, um mich neu mit diesem Gefühl zu verbinden. Ich danke noch einmal aus vollstem Herzen für die lichtvolle Unterstützung.

Ich komme mit all meinen Anteilen komplett wieder ins Hier und Jetzt, in die Gegenwart. Ich fange an, mich wieder zu bewegen, öffne meine Augen und sehe die Welt durch die achtende, wertschätzende Brille.

Danke, danke, danke!

10 SCANN MICH MIT DER APP!

AUTORITÄT

»Wenn die Macht der Liebe über die Liebe zur Macht siegt, wird die Welt Frieden finden.«

JIMI HENDRIX

Bis in die jüngere Vergangenheit hinein wurden unsere Vorfahren von mehr oder weniger restriktiven Herrschern beziehungsweise Regimen regiert und haben diesen ihre eigene Autorität unterstellt. Dies bedeutet, dass sie – um überleben zu können – ihre Macht und Autorität nach außen verlagert und an eine politisch höhere Macht und Autorität abgegeben haben. Viele Obrigkeitshörige und die »überzeugten Mitläufer« haben oft ihre eigene tiefe innere Wahrnehmung brachliegen lassen (müssen) und sich (mehr oder weniger zwangsläufig) einer dominanten Meinung angeschlossen, nicht wenige sind sogar völlig dem Fanatismus verfallen.

Die Folge davon ist, dass die Männer sich von ihrer eigenen Kraft, Macht und Autorität entfernt haben und in Wirklichkeit nur noch über die äußere Macht und Autorität leben und stark sein konnten. Sie waren dadurch leicht manipulierbar und korrumpierbar geworden.

Uns Heutigen ist eine gewisse innere Autorität (scheinbar) selbstverständlich. Doch der Blick in die Geschichte zeigt, wie jung diese Auffassung ist.

Viele der Frauen an ihrer Seite spürten das, wurden oft zwar unterdrückt, konnten aber keine wirkliche Autorität, Macht und Stärke der Männer erkennen und nahmen sie damit nicht mehr ernst. Das ließ sie vielfach unsicher werden, sie fühlten sich verlassen und wurden manipulierbar. Sie fühlten sich nicht wirklich beschützt und geborgen. Die Frauen durften ihre diesbezügliche Meinung und ihre Gefühle aber in den seltensten Fällen offen äußern. Sie haben als subtile Gegenwehr oft reagiert, indem sie sich zurückzogen, überfordert waren, ohnmächtig wurden, Krankheiten entwickelten wie Asthma, Ekzeme oder Krebs beziehungsweise indem sie früh starben. Alternativ konnten sie ihre Kinder als Ersatz für die Vaterposition nehmen, doch oft waren die Söhne auch im Krieg oder zu jung.

Oft haben die Frauen klarer als die Männer die Folgen des Handelns der Männer und die Konsequenzen des Krieges wahrgenommen. Vielleicht konnten sie sich die Sinnlosigkeit der vielen Toten bewusster machen als ihre Gatten. Die meisten Frauen waren dennoch so erzogen und geprägt, ihre Macht und Autorität an ihren Mann abzugeben, der wiederum in vielen Fällen gar keine wirkliche natürliche Autoritätsperson war. Die Frauen stellten seine Autorität dennoch nicht infrage. Sie galt über lange Zeiträume einfach als gegeben.

ÜBERNOMMENE PROBLEME MIT DER AUTORITÄT

Sehen wir uns jetzt die männlichen und weiblichen Programmierungen der Anteile an, die sich aus diesen Verhaltensweisen entwickelt haben und heute noch dominant auf wahrscheinlich jede und jeden von uns wirken.

Tief unbewusst klagen wir äußere Autorität an, da die wahrhaftige innere eigene Autorität von ihr erstickt und ersetzt wurde. Wir klagen uns damit subtil selbst dafür an, der äußeren Autorität unsere Macht gegeben zu haben. Der weibliche Anteil, der sich unterordnet und gleichzeitig oftmals klarer sieht, wird abgelehnt, da er nicht wirklich ausgelebt werden konnte, nicht ernst genommen wurde und oft zur Selbstaufgabe und Krankheiten oder Depressionen führte. Der männliche Anteil wird ebenfalls abgelehnt, da er höchstens zu einer illusionären Stärke, Autorität und Macht führte, die in Wirklichkeit von der eigenen Stärke entfernt war und ebenfalls in die Abhängigkeit von der außenstehenden Macht und sehr oft zum Beispiel in den sinnlosen Tod auf dem Schlachtfeld mündete. Ein Kind, das gleichzeitig das Innere Kind der Erwachsenen darstellt, hat in einem solchen Elternhaus über sein Zellbewusstsein also eher keine wahrhaftige, authentische und eigenverantwortliche Macht, Autorität und Stärke kennengelernt.

AUTHENTIZITÄT = TOD?

Natürlich gab es zu allen Zeiten auch Männer, die ganz genau die Folgen ihres Handelns erkannt und sich der äußeren Macht nicht untergeordnet haben. Genauso gab es solche Frauen. Leider sind diese authentischen Menschen, wenn sie nicht die entsprechenden politischen und gesellschaftlichen Machtpositionen hatten, wegen ihres Widerstands oft inhaftiert oder gar getötet worden. Wenn man von solchen Vorfahren in seinem Stammbaum weiß, sollte man sich diese Programmierung genau bewusst machen, da in diesem Falle Authentizität im System mit dem Tod assoziiert sein kann. Fehlt der Aspekt der harten Sanktionen beziehungsweise des Todes, haben diese Programmierungen allerdings einen positiven Effekt auf unser Zellbewusstsein und müssen nicht erlöst werden.

Es geht jetzt darum, die extremen, negativen und manipulativen Programmierungen zu erkennen, die uns daran hindern, in unsere eigene Macht zu kommen. Denn gerade in der heutigen Zeit wirken allenthalben extreme Kräfte, die für meine Begriffe meist mit der verlorenen wahrhaftigen inneren Autorität zu tun haben, mit dem Abgeben der eigenen Autoritätsanteile an fremde Mächte. Also ist es sehr wichtig, diese alten, tief eingeprägten Muster zu erkennen, aufzuspüren und zu lösen. Nur so bleiben wir auf Dauer in einer wirklich selbstverantwortlichen und friedvollen Zeit.

SELBSTREFLEKTIERTE EIGENVERANTWORTLICHKEIT

Über eine selbstreflektierte Eigenverantwortlichkeit, die auf der Basis der eigenen wahrhaftigen Autorität aufgebaut ist, würden jegliche Schuldzuweisungen, Anklagen, Verurteilungen, Angstzustände und Extreme ein Ende finden. Nur so können wir unseren Nächsten seinem eigenen Glück und Schicksal überlassen, ohne uns manipulativ einmischen zu müssen.

> *Wir können endlich aufhören zu glauben, dass immer nur einer von uns recht behalten kann.*

Natürlich ist diese Einstellung elementar wichtig für die Erlösung der eigenen inneren Autorität. Hier möchte ich aber auch ausdrücklich noch einmal darauf hinweisen, dass wir alle im gesamten Universum miteinander verbunden und verwoben sind und jeder mit seinem Handeln den Nächsten positiv oder aber auch negativ beeinflussen kann und damit sich selbst positiv oder negativ beeinflusst. Da sich das Kleine im Großen und das Große im Kleinen spiegelt, können wir bei uns, den Einzelpersonen, schon einmal anfangen hinzusehen, weil jeder von uns einen Teil der Seele der gesamten Menschheit abbildet und die Regierung, der Staat und das Volk und so weiter letztlich nur so gut sein können wie die Individuen, die sich darin befinden. Es ist sehr wichtig, dass wir uns wieder die Macht der positiven Veränderung zugestehen und aufhören zu glauben, wir könnten nichts bewirken.

TESTFRAGEN ZUR AUTORITÄT

Für diese Fragen können Sie wieder den kinesiologischen Muskeltest sowie Ihre Intuition nutzen:

- ◇ Bleibe ich in meiner Identität, wenn es um Autorität geht? Bleibe ich in meiner Mitte?
- ◇ Bedeutet Autorität in meinem System wirkliche, natürliche Autorität?
- ◇ Bedeutet Autorität Leid, Demütigung, Unterjochung, Gefängnis, Unwohlsein, Schmerzen, Ohnmacht, Schock?
- ◇ Habe ich meine Autoritätsanteile abgegeben?
- ◇ Bediene ich die Autoritätsanteile eines anderen?
- ◇ Werde ich wütend und aggressiv, wenn es um Autorität geht?
- ◇ Habe ich Angst vor meiner eigenen Autorität?
- ◇ Möchte ich mit meiner Autorität Macht ausüben?
- ◇ Gebrauche ich meine Autorität als Waffe, als Schutz?
- ◇ Bin ich über meine Autorität fremdbestimmt?
- ◇ Bestimme ich andere fremd mit meiner Autorität?
- ◇ Kenne ich eine wahrhaftige innere Autorität, die weise und liebevoll agiert? Zum Wohle meiner selbst und aller?

Fragen Sie sich, welche Traumata noch erkannt sein wollen, und versuchen Sie, die Antwort intuitiv zu erspüren. All diese Fragen können Sie ebenfalls zu den Themen »Macht«, »Stärke«, »Einfluss« und so weiter stellen.

MEDITATIVE LÖSUNGSÜBUNG: AUTORITÄT

Ich suche mir wieder einen Ort, an dem ich ungestört bin. Ich mache es mir bequem, schließe die Augen und atme dreimal tief und ruhig ein und aus.

Ich verbinde mich wie mittlerweile gewohnt mit Mutter Erde und Vater Himmel und nehme beide Energien in mir auf. Ich spüre, wie ich von der wärmenden, nährenden, gebärenden, rotorangen Erdenergie getragen und von der gleißend hellen, weißlich goldenen, klärenden, heilenden Lichtenergie geführt werde. Ich bitte meine himmlischen Helfer wieder um Hilfe.

Ich gehe in mich und schaue mir in mir ganz ehrlich an, wie ich mit Autorität im Außen umgehe und damit bei mir selbst. Ich mache mir klar, wo die Ursachen liegen, falls ich Probleme mit der Autorität haben sollte. Ich gebe diesen Erkenntnissen in mir Raum und gehe wieder in das Annehmen, Vergeben, Verzeihen und damit in die Heilung. Ich fange an, mir Raum für meine eigene Autorität zu geben, die mehr und mehr zu mir (zurück)kommt.

Ich bedanke mich bei meinen Helfern, öffne die Augen, um mich zu recken und zu strecken und voller Lebenslust meinem weiteren Leben entgegenzuschauen, in dem ich anfange, in Verantwortung »mein eigener Chef«, »meine eigene Chefin« zu sein.

Danke, danke, danke!

11 SCANN MICH MIT DER APP!

POTENZIALENTFALTUNG

Das eigene Potenzial zu leben bringt uns tiefe innere Zufriedenheit und das gute Gefühl, bei uns selbst angekommen zu sein, was sich auch positiv auf die Menschen in unserem Umfeld auswirkt.

Um das eigene Potenzial zu leben, müssen wir die eigenen Ambitionen erkennen und die tiefen Fähigkeiten und Gaben in uns wahrnehmen und umsetzen. Wie viele stecken in einem unbefriedigenden Beruf, der sie nicht glücklich macht? Wie viele arbeiten nur des Geldes wegen, um überleben zu können? Dabei leben sie in der Regel das Leben ihrer Eltern nach. Sie leben zudem die nichterfüllten Bedürfnisse der Eltern über sich aus.

Die wenigsten haben sich überhaupt schon Gedanken über das eigene Potenzial gemacht, darüber, was es zum Ausdruck bringt. Manche haben sich noch nicht einmal gefragt, warum sie auf der Welt sind: Habe ich eine Aufgabe für die Welt übernommen oder bekommen? Habe ich besondere Fähigkeiten in diese Welt gebracht? Kann ich mit meinem Potenzial etwas bewirken? Für mich ist unmissverständlich klar, dass jeder Mensch mit einem klaren Seelenplan auf die Welt kommt. Jeder kann über sein Sosein und Handeln enorme Veränderungen bewirken, sofern er seinen Seelenplan erkennt. Dieser drückt sich auch über sein Potenzial aus. Erst wenn wir den Mut und die Liebe zu uns entwickelt haben, uns klar und offen mit unseren Qualitäten zu zeigen, können wir wirkliche Fülle empfangen und leben.

Was sind die wahrhaftigen Qualitäten, die uns in unser Potenzial bringen? Es ist das bedingungslose Annehmen unserer selbst und das Bewusstsein des allumfassenden Seins, von dem *wir* ein bedeutender Teil sind. Dazu gehört, dass wir uns selbst ernst nehmen mit den eigenen Bedürfnissen, dass wir in uns hineinhorchen, um zu erfahren, was das Göttliche, das große Ganze mit uns vorhat, und dass wir tiefinnere Liebe, positive innere Autorität und Verbundenheit aussenden, mit denen wir auf dieser Welt etwas bewirken können. Erkennen können wir unser Potenzial, indem wir in uns hineinspüren und fragen:

- ◇ Was macht mich glücklich?
- ◇ Bei welchen Aktivitäten fühle ich mich wohl?
- ◇ Wann fühle ich mich in mir angekommen?
- ◇ Was gibt mir innere Befriedigung und Leichtigkeit?
- ◇ In welchen Bereichen bin ich tief in mir bereit, die volle Verantwortung zu übernehmen?
- ◇ In welchem Bereich fühle ich mich einzigartig?

Wenn Sie solchen Fragen auf den Grund gehen, werden Sie recht bald spüren, wo Ihre Fähigkeiten liegen, auch wenn sie bis jetzt noch verborgen waren, was besonders häufig uns Frauen betrifft.

FRAUEN UND POTENZIAL

Frauen können von den tief archaischen Mustern her, die trotz aller gesellschaftlicher Fortschritte immer noch in ihrem Zellbewusstsein wirken, meist nicht wirklich ihr Potenzial leben. Sie waren in langen Perioden der Menschheitsgeschichte in erster Linie auf das Kinderkriegen und die Sorge um die Familie reduziert. Nun gab es jedoch immer wieder auch Situationen, in denen die Frauen darauf angewiesen waren, ihre Kreativität und ihr Potenzial einzusetzen, um zu überleben, beispielsweise in Kriegszeiten, wenn der männliche Part gefehlt hat, wenn der Partner zu früh gestorben ist, man sich von ihm getrennt hat et cetera. Natürlich gab es immer auch Frauen, die auswärts arbeiten mussten, um zu überleben. Die »Motivation« resultierte in solchen und ähnlichen Fällen also meist aus einem Notstand und nicht aus dem tiefen Bedürfnis heraus, über das eigene Potenzial, aus der eigen Fülle, aus der eigenen inneren Freiheit heraus etwas Eigenes, Schönes zu erschaffen.

Dies wirkte und wirkt sich bis heute generationenübergreifend elementar prägend aus. Unbewusst kreieren wir uns als Frau also immer wieder subtil Krisensituationen, um unser Potenzial leben zu dürfen, zu können. Oder aber wir leben unser Potenzial und erfahren immer wieder Rückschläge oder unbewusste Ängste steigen in uns auf, die wir nicht deuten können. Heutzutage können Frauen in der Regel ihr Potenzial entfalten und unabhängig leben, jedenfalls sollte dies in fortschrittlichen Gemeinschaften möglich sein. Neben der Überwindung der oft immer noch bestehenden Hürden, wie etwa der Benachteiligung im Berufsleben, ist es deshalb für Frauen umso wichtiger, unbewusste Ängste und behindernde Programme zu erkennen und zu lösen.

MÄNNER UND POTENZIAL

Männer tun sich deutlich leichter, ihr Potenzial zu leben, steckt in ihrem Zellbewusstsein doch die Forderung, aktiv und dominant zu sein. Allerdings haben sie mit den oft hohen Erwartungen und Ansprüchen an sich selbst und gleichzeitig von außen zu kämpfen. Sie stehen unter Leistungs- und Konkurrenzdruck. Das freie natürliche Ausleben des eigenen Potenzials wird durch diesen Druck gedrosselt, obwohl viele ebenjenen Druck überhaupt erst als Motivation erleben. Da sie tief in sich die Botschaft gespeichert haben, funktionieren zu müssen, um zu überleben, stellen sie ihr Potenzial unter das Funktionieren und die scheinbaren äußeren Ansprüche. Das heißt, das Potenzial darf in vielen Fällen nur ausgelebt werden, um die Familie zu ernähren, um über Erfolg anerkannt zu werden, um dem Konkurrenzkampf zu begegnen und besser zu sein als die anderen Männer.

TESTFRAGEN ZUM EIGENEN POTENZIAL

Mithilfe dieser Testfragen können Sie die Hemmschwelle beim Ausleben Ihres ureigenen Potenzials überwinden:

- ◇ Bleibe ich mit meinem Potenzial in meiner eigenen Identität?
- ◇ Bleibe ich mit meinem Potenzial in der Gegenwart?
- ◇ Stelle ich eine Person aus der Sippe mit dem Ausleben meines Potenzials in den Schatten?
- ◇ Darf ich als Frau mein Potenzial leben?
- ◇ Darf ich als Mann mein Potenzial leben und gleichzeitig reines Vergnügen dabei haben?
- ◇ Darf ich als Frau mein Potenzial auch ohne Notsituation leben?
- ◇ Überhole ich als Frau die Frauen meiner Sippe, wenn ich vergnügt mein Potenzial lebe?
- ◇ Darf ich mein Potenzial leben und gleichzeitig glücklich in meiner Partnerschaft und Familie leben?
- ◇ Dürfen die Gegebenheiten, die ich mit meinem Potenzial schaffe, die Personen in meinem Umfeld erheben?
- ◇ Dürfen Potenzial, Herz, Geist, Seele und Körper miteinander in Einklang sein?
- ◇ Darf ich mit meinem Potenzial in die Öffentlichkeit gehen?
- ◇ Muss ich mich als Frau mit meinem Potenzial hinter den Männern verstecken?

MEDITATIVE LÖSUNGSÜBUNG: DAS EIGENE POTENZIAL

Ich bringe mich an einem ungestörten, ruhigen Ort in eine entspannte Position und nehme innerlich Kontakt zu mir auf. Ich schließe die Augen, atme dreimal tief ein und aus, lasse alles Alte mit meinem Ausatmen abfließen und nehme frische Energie mit meinem Einatmen auf.

Ich spüre in meine Füße, die beide auf dem Boden stehen, hinein und nehme Mutter Erde als tragende und nährende Kraft wahr. Ich lasse über meine Füße lange Wurzeln in den Mittelpunkt der Erde wachsen. Ich nehme über meine Wurzeln die rotorange, wärmende, nährende, tragende Erdenergie auf und ziehe sie über meine Füße in meinen gesamten Körper und dabei direkt in mein Herz hinein.

Über meinen Scheitel bin ich mit der heilenden, klärenden, göttlichen Lichtenergie verbunden. Diese gleißend helle, goldene, heilende Lichtenergie fließt wie ein Lichtstrahl über meinen Kopf in mein Herz hinein und breitet sich ebenfalls über meinen ganzen Körper aus.

Beide Energien fließen harmonisch in mir zusammen, verbinden sich zu einem mächtigen Strom in mir. Ich bin verbunden mit Mutter Erde und Vater Himmel. Ich bin zentriert und in der Wahrhaftigkeit. Ich spüre die innere Ruhe und Gelassenheit in mir, ich spüre das Getragensein über die Erde und ich spüre die erhellenden Lichtkräfte. Ich fühle in mich hinein, um intuitiv zu erfahren, welche Dinge in meinem Leben mich tatsächlich tief erfüllen.

Vielleicht übernehme ich eine anspruchsvolle Aufgabe, für die ich besonders geeignet bin, die ich mir bis jetzt aber nicht zugetraut habe. Etwas, was schon lange in mir schlummert und erkannt werden möchte.

Dies alles zu spüren kann eine Weile dauern, ich gehe in mein Vertrauen und kann mich von den Lichtkräften, an die ich glaube, führen lassen. Ich stelle mir klar vor, wie ich mein Poten-

zial in meiner Familie und in meinem Umfeld lebe und voll akzeptiert werde. Ich kann der Selbstfindung viel Zeit einräumen. Mit großer Gelassenheit, Ruhe und Vorfreude kann ich auf die Antwort in mir warten. Ich spüre immer wieder ehrlich, klar in mich hinein, bei welchen Vorstellungen ich das schönste Wohlgefühl, die direkteste Verbindung zu mir wahrnehme.

Habe ich in mir eine Antwort gefunden, mein mir innewohnendes Potenzial erkannt – es können natürlich auch mehrere Eigenschaften sein –, spüre ich in mich hinein, ob begleitend Ängste oder ein Unwohlsein in mir aufsteigen. Auch dieser Prozess mag eine Weile dauern. In der Magengegend kann es ziehen, der Hals kann sich wie zugeschnürt anfühlen, körperliche Reaktionen können die Angst ausdrücken. Es ist ein Gefühl des Unwohlseins und der Spannung.

Ich nehme diese Gefühle vertrauensvoll an und gebe ihnen allen Raum, den sie brauchen, um in die Heilung zu gehen.

Ich gehe geistig jetzt mit meiner ganzen Aufmerksamkeit in diese körperlichen Regionen hinein. Ich bin geführt, angeleitet und getragen von der heilenden, liebenden, reinen Licht- und Erdkraft. Mit dem Wissen, dass diese Ängste auch nur Teile von mir selbst, übernommene Anteile von meinen Ahnen sind, kann ich mithilfe meines Höheren Selbst eine Lösung und tiefe, vollkommene Heilung erbitten, erwirken und gleichzeitig für diesen Segen danken.

Als Erstes spüre ich in mich hinein, ob es allein meine eigenen Ängste sind. Sollten es noch von meinen Ahnen übernommene sein, gebe ich diese in Liebe an genau diese Vorfahren wieder zurück. Es können nun heftige Reaktionen auftreten. Wut, Ohnmacht, Ärger, Aggressionen über die lange Zeit, die ich mich habe davon abhalten lassen, mich selbst mit meinem Potenzial zu verwirklichen. Ich gehe wieder mit meiner vollen Aufmerksamkeit genau in diese Emotionen hinein. Indem ich mir sowie den beteiligten Personen verzeihe, komme ich in meinen inneren Frieden. Ich öffne mich der Heilung, diesem liebenden, heilen-

den Licht, und lasse meine verdrängten oder verlorenen Anteile in der Vorstellung wieder zu mir kommen.

Ich darf jetzt auch alle übernommenen, mich noch behindernden Anteile abgeben an die Lichtkräfte, die alles entsprechend der göttlichen Ordnung transformieren und dem richtigen Ursprung zuführen. Die Ängste dürfen sich zusammen mit den Ursachen in Liebe auflösen und transformieren. Dieser Heilungsprozess kann eine Weile dauern.

Wenn ich mich innerlich rund fühle, glaube, in Harmonie angekommen zu sein, wird mir die erfolgreiche Lösung angezeigt. Ich kann mir noch einmal mein Potenzial imaginieren, hineinspüren und mir freudig erregt vorstellen, wie ich mit vollem Lebensrecht mein Potenzial lebe.

Nun verankere ich dieses schöne Gefühl mit einem imaginierten Symbol und danke den Lichtkräften von ganzem Herzen. Ich spüre tief in meinem Inneren die immerwährende Unterstützung über die Erd- und Lichtkräfte. Dann komme ich komplett mit all meinen Anteilen wieder ins Hier und Jetzt in die Gegenwart und öffne die Augen.

Danke, danke, danke!

12 SCANN MICH MIT DER APP!

BEZIEHUNGSFÄHIGKEIT

Die Beziehungsfähigkeit, die wir als Kind bei unseren Eltern erfahren haben, werden wir später in unserer Partnerschaft und bei unseren eigenen Kindern wiederholen und ausleben, sofern wir uns nicht bewusst anders entscheiden.

Bin ich beziehungsfähig oder nicht? Kann ich in langen Beziehungen glücklich sein, kann ich lange glücklich verheiratet sein? Worin besteht das Geheimnis einer langen glücklichen Beziehung? Als Erstes untersuchen wir wieder die Übernahmen der Beziehungen unserer Eltern, Großeltern, Urgroßeltern und so weiter. Dabei können wir Folgendes in Erfahrung zu bringen versuchen:

◇ Wie sahen die Beziehungen meiner Ahnen aus?
◇ Waren es funktionale Gemeinschaften, um versorgt und anerkannt zu sein?
◇ Waren es Zusammenschlüsse, um Kinder zu zeugen und aufzuziehen? Haben sie in ihren Beziehungen lange durchgehalten? Mussten sie durchhalten, um den familiären, gesellschaftlichen, kirchlichen Normen zu entsprechen?
◇ Sind sie in ihrer Beziehung wie in einer Art Korsett gefangen gewesen?
◇ Waren die Partner lange zusammen oder haben die damaligen hygienischen Verhältnisse, Umstände und Kriege für Trennungen durch Tod, Gefangenschaft, Vaterlandsverlust und so weiter geführt?
◇ Waren die Beziehungen von Angst oder Liebe bestimmt?
◇ Waren die Beziehungen mehr vom Verstand oder vom Herzen geprägt?

DIE KONSEQUENZEN DER MUTTER-KIND-BEZIEHUNG

Ich führe hier ein ausführlicheres Beispiel auf, um klarzumachen, wie wichtig die Mutter-Kind-Beziehung für das gesamte Leben und speziell für unsere Beziehung zu Partnern ist. Natürlich ist die Vater-Kind-Beziehung ebenso bedeutsam.

Ich hatte zwei bezaubernde junge Schwestern in meiner Praxis, nennen wir sie Tea und Tina, die bildhübsch, aber jetzt schon eine Zeit lang ohne Partner waren. Sie hatten stets das tiefinnere Gefühl, dass, was sie auch machten, wo sie auch waren, die Anziehung, die Gefühle und die Gelegenheiten, einem Partner zu begegnen, nicht gegeben oder zumindest gestört waren. Wir mussten sehr tief gehen und viele Schichten abtragen.

Sie hatten ein angesehenes, nach außen hin sehr geregeltes Elternhaus. Trotz alledem fehlte beiden Töchtern das direkte Band zu ihrer Mutter Paula. Diese konnte sich das selbst nicht erklären und war ganz unglücklich deswegen. Sie hatte sich alle Mühe gegeben, ihre Kinder mit Liebe und den gesellschaftlichen Normen entsprechend zu erziehen. Auch verlief die Ehe der Eltern harmonisch.

Wir nahmen uns die Großelternebene vor. Dort sah es schon ganz anders aus. Sowohl beim Vater der jungen Damen als auch bei der Mutter war einer von deren Elternteilen viel zu früh verstorben. So mussten die jeweils ältesten Kinder in die zu besetzende Elternrolle schlüpfen, um das Loch zu füllen. Die Eltern der jungen Mädchen kannten also keine längere harmonische Elternschaft. Sie kannten stattdessen den schmerzhaften Verlust eines Elternteils. Dieser Verlust war noch gespeichert im System der Schwestern. Er war sogar mit einem Schock verbunden, da es bei beiden Elternteilen ein plötzlicher Tod war. Die Eltern der jungen Damen haben sich über den Verlust des frühen Tods eines Elternteils gefunden. So hatte jeweils der Partner den zu früh gestorbenen Elternteil des anderen ersetzt. Die Großmutter der beiden hat wiederum ihre eigene Mutter nicht kennengelernt, da sie bei der Geburt gestorben war. Die Großmutter wurde von einer Ersatzmutter erzogen. Ein echtes, direktes Mutterband und eine herzliche Beziehung zur Mutter gab es also auch hier nicht. Nun war wie erwähnt auch der Großvater mütterlicherseits zu früh gestorben. So hatten die jungen Schwestern, wenn es um herzliche Beziehungen ging, auf diesen Ebenen Verlustschmerz übernommen. Auf der Vaterseite ähnlich.

All diese Programmierungen hatten Tea und Tina von beiden Eltern in ihrem System gespeichert, wenn es um Beziehungen ging. So haben sie genauso wie ihre Mutter und Großmutter das direkte Mutterband aus Angst vor nochmaligem Schmerz gekappt. Diese Schmerzprogrammierungen führten bei ihnen nun zu einer massiven Abwehrhaltung gegenüber einem Partner, da eine eigene Familie entstehen könnte und sie als Mütter ebenfalls ausfallen könnten.

Schicht für Schicht arbeiteten wir uns vorwärts, weitere erstaunliche Erkenntnisse kamen hinzu. Auslöser war die Geburt der Tochter des Bruders der jungen Damen, ihrer ersten Nichte Lea. Tea war zutiefst beglückt über die Geburt ihrer Nichte. Sie war selig und fühlte sich so verbunden mit diesem kleinen Wesen, als wäre es ihre eigene Tochter. Gleichzeitig hatte sie enorme Angst, dieses Kind würde bald sterben.

Quasi simultan hatte Tina genau in der Zeit, in der Lea geboren wurde, enorme Schwindelgefühle und Unterleibsschmerzen. Das Baby kam zu früh und zudem auf einem anderen Kontinent. Keine der Schwestern hatte daher den Zeitpunkt der Geburt vorher gewusst. Beide spürten ihn jedoch genau. Ebenso die Mutter Paula: Sie hatte die gleichen Symptome wie die eine Schwester, nämlich Schwindelgefühle.

Was lief da ab? Welche feinstofflichen Energien wirkten da, welche Muster wollten noch erkannt werden? Welche Rolle spielte das neugeborene Baby in diesem Sippenverbund, wenn es so massive körperliche Reaktionen bei einigen Sippenmitgliedern auslöste? Ich spürte, dass dies eine Riesenchance war, Zusammen-

hänge zu erkennen, die wir davor noch nicht erkennen durften, betrafen sie doch sehr tiefe Schichten des Unterbewusstseins. Die Geburt von Lea erinnerte Tea an eine eigene Geburt, die sie in einem früheren Leben gehabt hatte, und zwar – jetzt halten Sie sich fest – genau mit Lea. Tea kannte Lea als ihr eigenes Kind in einer früheren Inkarnation, wie wir durch eine Meditation herausfanden. Sie empfand das glückselige Gefühl von früher, als wäre es heute. All die Informationen von dieser früheren Erfahrung der Geburt waren noch eins zu eins in ihrem Unterbewusstsein gespeichert. Die Angst, das Kind würde früh sterben, kam ebenfalls aus ihrem Wissen von früher. Dieses Kind starb in der damaligen Zeit kurz nach seiner Geburt.

Gleichzeitig inkarniert, und zwar als Mutter und Großmutter, waren Tina und Paula, also Schwester und Mutter, die damals als Mutter und Großmutter in der Sippe fungierten. Tina war seinerzeit die Mutter von Tea und Paula war zu jener Zeit die Großmutter. So waren damals die gleichen Positionen Enkelin, Tochter, Mutter, Großmutter zum Teil von den gleichen Personen besetzt. Dies bedeutet: Im Hier und Jetzt haben all diese Personen dieses auf der einen Seite glückliche, auf der anderen Seite schreckliche Erlebnis von damals noch in ihrem Unterbewusstsein gespeichert.

Jetzt war diese Erinnerung nicht die einzige gespeicherte Information im System der beiden Damen. Der Verlust eines oder mehrerer Kinder war so oft gespeichert, dass alle unbewusst beschlossen, diese Verluste über Symbiosen, Verträge, Versprechungen, Schwüre, Pakte und so weiter zu beenden. Was bedeutet das nun wieder? Tina und Paula hatten eine Symbiose geschlossen und unbewusst den Vorsatz gefasst, keine weiteren Schwangerschaften oder Geburten zuzulassen, da ihr System keine toten Kinder mehr ertragen konnte. Beide achteten unbewusst akribisch darauf, da es um die Vermeidung weiterer Todesfälle ging. Auch das eigene Überleben wäre dem Genogramm zufolge ja bei Nichteinhaltung bedroht.

Tea war durch die vielen Verluste von eigenen Kindern in ihren Vorleben ebenfalls so traumatisiert, dass sie mit Tina und Paula in einer Gruppenseele war, die das Thema hatte: »Keine weiteren Schwangerschaften und Geburten mehr, da zu schmerzhaft und mit Tod verbunden.« Unbewusst glauben wir, in so einer Gruppenseele bleiben zu müssen, um weiterhin dazuzugehören und keinen Verrat zu begehen.

So hatten nun alle drei Damen, die Töchter und die Mutter, in dieser Inkarnation dieselben Glaubenssätze in sich gespeichert: keine Schwangerschaften, keine Kinder mehr, keine engen Beziehungen mehr. Erschwerend hinzu kamen die gemeinsamen Erinnerungen, von den damaligen Vätern ihrer Kinder im Stich gelassen zu werden. Dies führte dazu, dass sie in einem potenziellen Partner den Verursacher des Todes ihres Kindes sahen, der sie dazu noch im Stich ließ.

Sie hatten sich selbst von ihrem urweiblichen Anteil distanziert, und dies auf zwanghafte Art und Weise. Sie hatten sich programmmäßig inzwischen so geschützt, dass sie von ihrer Wahrnehmung her Männer völlig ausgeblendet hatten, wenn es um Körperlichkeit und Sexualität ging. Ihre eigenen erotischen Gefühle waren komplett abgespalten. Sie hatten als Vorbild des Mannes ihren Bruder und ihren Vater und an diese Männer kam kein anderer auch nur annähernd heran. Auch dies war ein Schutzmechanismus in ihrem System.

Unterbrechen wir kurz die Geschichte der Schwestern und schauen wir uns noch einmal tiefer an, was beim Tod des eigenen Kindes geschieht. Einige emotionale Anteile wie die Liebe, die Begeisterung, das tiefe Sichfallenlassen, das Vertrauen, das zwischen Mutter und Vater vorhanden war, gehen beim Tod des Kindes mit dem Kind fort. Die Eltern versuchen damit bewusst oder auch unbewusst, die emotionale Bindung zum Kind aufrechtzuerhalten. Die Liebesanteile von Mutter und Vater, entstanden aus dem Liebesakt von Mann und Frau, sind damit erst einmal verschoben. Diese Anteile sind nun zum großen Teil dem Tod geweiht, da sie an das verstorbene Kind gebunden sind, das sich jetzt auf der Todesebene befindet. Das bedeutet: Ein Teil der Liebe der Partner ist auf der transzendenten und nicht mehr auf der irdischen Ebene. Auch das gestorbene Kind ist über die vertauschten Anteile noch an die irdische Dimension gebunden und kann dadurch nicht richtig ins Licht gehen. So ist es zum Wohle aller, auch der nachfolgenden Generationen, elementar wichtig, diese Zusammenhänge zu erkennen, um die eigenen emotionalen Anteile wieder zurückzuholen. Der Glaube, nur über die verlorenen eigenen Anteile mit dem gestorbenen Kind verbunden zu sein, ist in Wirklichkeit Illusion. Die bedingungslose Herzensliebe ist das einzig Wahre. Die Seelenverbindung, die immer bleibt, egal, auf welcher Ebene wir uns befinden. Wir sind auf dieser Erde, um genau das zu lernen. Dabei ist auch hier der Weg das Ziel.

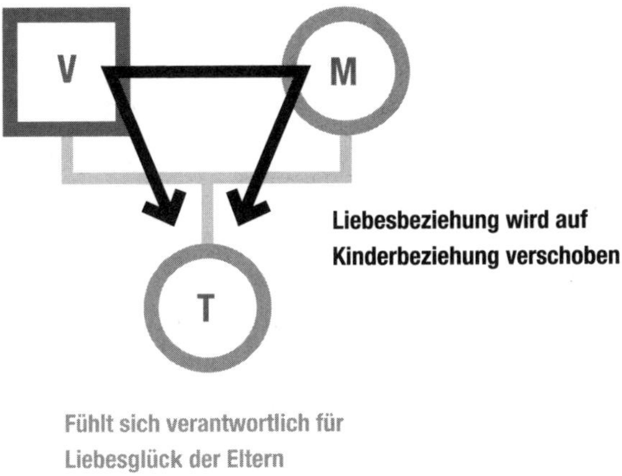

Eine Dreiecksbeziehung

DAS LÖSEN

Da die beiden Schwestern bei der Vergabe von Programmen, die zuverlässig eine Partnerschaft verhindern, anscheinend laut »Hier!« geschrien haben, schufen sie sich eine geniale Ersatzbeziehung. Sie haben sich eine Familie herausgesucht, in der Dreiecks- und/oder Mehrecksbeziehungen gang und gäbe sind.

In einer Dreiecks- oder Mehrecksbeziehung löst Mutterglück Partnerglück ab. Vaterglück löst Partnerglück ab. Partnerglück wird über Elternglück weitergeführt. Die Beziehung der Eltern untereinander wird über das Kind weitergeführt. Das Kind fühlt sich dadurch verantwortlich für das Liebesglück der Eltern.

Oft wird die Liebe eines Elternteils oder beider Eltern über die Liebe zu einem bestimmten Kind ausgelebt. Dann schlüpft dieses Kind in die Vater- oder Mutterrolle und ersetzt einen Elternpart, es wechselt von der Kinder- in die Partnerrolle. Auch dies ist bei den Schwestern geschehen.

Die ältere Schwester Tina ist in den Mutterersatz gegangen und die jüngere Schwester Tea war ihr Kind. Ihre Mutter ist zur älteren Schwester mutiert und der Vater war nun Partner der älteren Schwester – in diesem Falle nur energetisch, nicht physisch ausgelebt. Gleichsam ist über diese Verschiebung die ältere Schwester fest eingebunden in ihre Herkunftsfamilie. Ist sie doch illusionär bereits Mutter und hat einen Ehemann und Kinder.

Das strahlt sie nun energetisch aus und jede Person im Außen wägt sie in einer Beziehung mit Familie. So wird sie nur Männer anziehen, die ebenfalls scheinbar oder wirklich gebunden sind. Das bedeutet, dass ihr Energiefeld für einen freien potenziellen Partner verschlossen ist. Der Platz neben ihr ist besetzt, nämlich von ihrem Vater.

In dieser Konstellation ist auch die jüngere Schwester nicht frei für eine Partnerschaft, da sie sich unbewusst entschieden hat, in die Kinderrolle ihrer älteren Schwester zu gehen. Damit strahlt sie auch einen bestehenden Familienbund aus, in dem kein Platz für einen Partner ist.

So sind in dem System der Schwestern mehrere Konstellationen auf »besetzt« geschaltet und ein Ablösen dieser behindernden Programmierungen ist notwendig, um den Partnerschaftsplatz energetisch frei zu machen. Die Beziehungsgeflechte lösen Beziehungsunlust aus, da sie zu keiner wirklich befriedigenden Beziehung aller Parteien führen können. All diese Entdeckungen zu verarbeiten und die Blockaden zu erlösen erforderte bei den Damen etwas Zeit, die Mühe war jedoch von Erfolg gekrönt.

War das Thema »Kinder« bei unseren Eltern stressbesetzt, werden wir diesen Stress auf unsere eigenen Kinder übertragen. Musste unsere Mutter zum Beispiel wegen ihrer Schwangerschaft viel zu früh heiraten, ihr Elternhaus und ihre Heimat verlassen, war sie noch dazu nicht annähernd erwachsen genug, um eine Familie zu gründen, schwingt dieser ganze Stress subtil bei uns als Tochter mit, wenn es um Kinder und Familiengründung geht. Das kann ein unerklärliches, nicht greifbares Gefühl sein, etwa eine Schuld- und Anklagehaltung, die bei unserer Beziehung zu unseren Kindern mitschwingt. Gleichzeitig sind der zu frühe Verlust der kindlichen Umgebung und die Überforderung aufgrund unserer Unreife als zu junge Mutter unterschwellig präsent. Je nachdem, wie unsere Beziehung als Kind zu unseren Eltern war, werden wir diese Beziehungsgeflechte nachmachen oder auch in der Umkehr leben. Mehr dazu konnten Sie schon im Kapitel »Eltern-Kind-Beziehungen« lesen.

TESTFRAGEN ZUR BEZIEHUNGSFÄHIGKEIT

Hier finden Sie die Testfragen für die Anwendung des kinesiologischen Muskeltests, die zu einer Befreiung der Blockaden in Beziehungen führen können. Es geht dabei eben nicht nur um die Partnerebene, sondern auch um die Ebene von (möglichen) Kindern:

- ◇ Verbinde ich unbewusst Beziehung mit Schuld und Strafe?
- ◇ Sehe ich in der Beziehung zu meinem Kind jemand anderes?
- ◇ Sehe ich in der Beziehung zu meinem Kind irgendeinen Verstorbenen (Mutter, Vater, Geschwister und so weiter)?
- ◇ Bleibe ich in meiner Beziehung zu meinem Kind in meiner eigenen Identität?
- ◇ Muss meine Beziehung zu meinem Kind gestört sein?
- ◇ Gibt es Schuldprogramme von mir, die ich auf mein Kind übertrage?
- ◇ Wechsle ich die Identität, wenn es um die Beziehung zu meinem Kind geht?
- ◇ Bleibe ich mit meiner Beziehung zu meinem Kind in der Gegenwart?
- ◇ Rutsche ich in die Vergangenheit?
- ◇ Muss mein Kind für mich irgendjemanden oder irgendwas ersetzen?
- ◇ Kenne ich mich noch, wenn ich mein Kind bedingungslos liebe?
- ◇ Liebe ich mich noch, wenn ich mein Kind bedingungslos liebe?
- ◇ Darf ich in Beziehungen bedingungslos lieben?

- ◇ Überhole ich damit jemanden aus meiner Sippe?
- ◇ Ist bedingungslose Liebe in einer Eltern-Kind-Beziehung reine Illusion?
- ◇ Fühle ich mich, wenn es um Beziehungen geht, im Stich gelassen?
- ◇ Stehe ich selbst in meiner Beziehung noch im Zentrum meines Lebens?
- ◇ Stelle ich mit meiner Beziehung den anderen ins Zentrum meines Lebens?
- ◇ Verliere ich mich selbst in Beziehungen?
- ◇ Darf es mir in Beziehungen gut gehen?
- ◇ Darf es anderen in einer Beziehung mit mir gut gehen?
- ◇ Muss ich mich in Beziehungen abrackern?
- ◇ Ist meine Beziehung mit Wut, Ärger und Schuld unterminiert?
- ◇ Ist in meiner Beziehung das Kind / der Elternteil nur Erfüllungsgehilfe für etwas Bestimmtes?
- ◇ Verleumde, verrate oder verstecke ich in der Beziehung einen wesentlichen Teil von mir?

MANGEL UND FÜLLE

In all unseren Beziehungen ist folgende Frage elementar wichtig: »Ist meine Beziehung, mein Ansinnen, mein inneres Bedürfnis tief in mir aus der Fülle oder aus einem Mangelbewusstsein entstanden?« Gehen wir von vergangenen Zeiten aus, die uns immer noch prägen, ist die Hauptprogrammierung sicherlich das Mangelbewusstsein. Unsere Vorfahren haben zum Beispiel über die vielen Kriege mehr Mangel als Fülle erfahren.

Die Ursehnsucht, geliebt zu sein, ist ebenfalls dominant in unserem System vorhanden. Die Ursache dafür ist die bedingte Liebe, die fordert, die das Geben und das Empfangen von Liebe an Bedingungen koppelt. Die Folge davon ist, dass wir immer meinen, braver, besser, größer, stärker, reicher, angepasster, erfolgreicher und so weiter sein zu müssen, um anerkannt und geliebt zu werden.

Der Mangel ist in unserem System noch mit viel vermeintlicher Sicherheit und Souveränität verbunden. Es fällt uns nicht schwer, aus unseren unzähligen Erfahrungen heraus souverän mit dem Mangel zu jonglieren. Er ist in uns »verlässlicher« angelegt als die echte Fülle, die uns eher unbekannt ist.

Die eigene Genialität und Stärke in uns fühlt sich fremder an als der unserem System vertraute Mangel.

Materielle Dinge wie Geld und Luxus dienen oft als Kompensation für innere Leere. Sie können auch dafür genutzt werden, andere in seine Abhängigkeit zu bringen und darüber vermeintliche Sicherheit und Kontrolle zu haben. Auch diese Art von Mangelkompensation kann als Fülle in unserem System gespeichert sein. Wenn in unserem System der Mangel der ausschlaggebende Impuls ist, Geld, vermeintliche Fülle, Reichtum und Erfolg zu erlangen, werden diese Energien auf Dauer keine wirkliche Befriedigung bringen. Wir sprachen von diesem Phänomen ja schon als hedonistischer Tretmühle.

Alles, was wir an eine Bedingung knüpfen, sollten wir genauer unter die Lupe nehmen. Ansonsten macht es uns unfrei. Fühlen wir uns innerlich jedoch frei bei allem, was wir unternehmen, können wir davon ausgehen, dass wir es aus der inneren Fülle heraus tun. Energie, die aus der Fülle heraus erschaffen ist, kann wiederum in die Fülle und zu befriedigenden Beziehungen führen, wenn sie integriert ist. Befinden sich Seele, Geist und Körper in Harmonie, können wir aufatmen und uns fliegen sprichwörtlich die gebratenen Tauben in den Mund. Wir können völlig entspannt mit dem Strom des Lebens schwimmen und es werden sich uns erfreuliche Gelegenheiten bieten – auch in Richtung Partnerschaft.

TESTFRAGEN ZUM THEMA FÜLLE

Die folgenden Testfragen können Sie intuitiv oder auch mithilfe des kinesiologischen Muskeltests beantworten, um zu klären, inwieweit Sie wahre Fülle leben:

- Ist meine Beziehung zu Geld und Fülle aus meinem inneren Mangel heraus entstanden?
- Ist meine Beziehung zu Geld und Fülle aus meiner inneren Fülle heraus entstanden?
- Bleibe ich in meiner Identität, wenn es um die Beziehung zu Geld geht?
- Glaube ich, für meine Mutter, meinen Vater, meine Großeltern und so weiter Geld, Reichtum, Fülle schaffen zu müssen?
- Schaffe ich Wohlstand von meinem Herzen aus?
- Fühle ich mich mit meinem inneren Gefühl wirklich wohl bei dem, was ich tue?
- Möchte ich das Geld und den Erfolg für mich haben?

◇ Glaube ich, mit meinem Geld und Erfolg etwas erreichen zu müssen?
◇ Bin ich nur anerkannt als erfolgreicher, reicher Mensch?
◇ Möchte ich mit meinem Geld und mit Erfolgen einige Seiten von mir verstecken, die ich als mangelhaft empfinde?

MEDITATIVE LÖSUNGSÜBUNG: BEZIEHUNGSFÄHIGKEIT

Ich begebe mich wieder an einen ungestörten, ruhigen Ort und nehme eine entspannte Position ein. Ich schließe die Augen und atme dreimal tief ein und aus.

Ich verbinde mich mit Mutter Erde und Vater Himmel. Ich spüre das Getragen-, Genährt- und Geschütztsein durch die große Mutter Gaia. Ich nehme diese Energie in mir auf. Gleichzeitig öffne ich mich über meinen Scheitel und lasse das göttliche Licht in meinen Kopf und durch meinen ganzen Körper fließen. Ich lasse beide Energien zu einem mächtigen Energiestrom in mir werden, der mich durchfließt und bis über meine Körpergrenzen hinaus strömt.

Ich bin jetzt zentriert und in der Wahrhaftigkeit, verbunden mit der weiblichen und männlichen höchsten Energie.

Ich vergegenwärtige mir nun einzelne der stressbesetzten Fragen, die ich unter Anwendung des Muskeltests gestellt habe, und fühle mich in das jeweilige Gefühl tief hinein. Ich gebe ihm Raum in mir und beachte es liebevoll oder zumindest mit meiner ganzen Aufmerksamkeit. Ich sage innerlich Ja zu diesem Gefühl, zu dieser Überzeugung. Ich weiß tief in mir, dass mein Höheres Selbst völlig frei davon ist. Es ist mein programmiertes Ich, das da noch leidet oder ein Mangelbewusstsein initiiert, das jetzt durch meine Schöpferkraft, mein Höheres Selbst vollkommen geheilt werden darf.

Ich kann trotz des unguten Gefühls in meiner inneren Gelassenheit bleiben, da ich über mein Höheres Selbst alles zu verändern und zu heilen vermag. Als Erstes vergebe ich mir und allen anderen Personen, die dazugehören.

Es geht um meine Heilung und dafür lohnen sich alle Anstrengungen. Dieses Vergebungsritual kann eine Zeit lang dauern und vielleicht mit einigen inneren Widerständen verbunden sein. Liebevoll mit mir selbst umzugehen ist immer sehr wichtig.

Habe ich in mir ein friedvolles Gefühl, kann ich die anderen und mich mit meiner Schöpferkraft segnen.

Anschließend achte und wertschätze ich das Schicksal eines jeden sowie mein eigenes und danke allen lichtvollen Helfern aus ganzem Herzen. Ich kann das gute Gefühl mit einem imaginierten Symbol verankern.

Jetzt komme ich mit all meinen Anteilen komplett wieder ins Hier und Jetzt, öffne die Augen, bin harmonisch und vollständig bei mir selbst.

Danke, danke, danke!

13 **SCANN MICH MIT DER APP!**

SEXUALITÄT

Es gibt wohl kaum einen Lebensbereich, in dem es so viel Sehnsucht und zugleich so viele Missverständnisse und Fehldeutungen geben dürfte wie in der Sexualität.

Die Sexualität verbindet uns mit unserer Urkraft, die uns das Gefühl des Miteinanderverschmelzens und der Einheitserfahrung geben soll und kann. Kaum ein Bereich unseres Lebens wurde so intensiv thematisiert, war so umstritten, umwoben, mit tausend Fehleinschätzungen verbunden wie die Sexualität. Wie viele Verbote, Regeln, Verhaltensvorgaben, die noch aus vergangenen Zeiten stammen, sind mit unserer Sexualität verknüpft! Die Angst vor einer ungewollten Schwangerschaft kam und kommt erschwerend hinzu, bedeutete sie früher doch oft, ausgestoßen oder zumindest geächtet zu sein.

Wenn diese Programmierungen in unserem System dominant sind, fällt es uns womöglich schwer, unsere Sexualität frei, sinnlich und lustvoll auszuleben. Die Sinnlichkeit und die Fähigkeit, sich vertrauensvoll fallen zu lassen und zu öffnen, wird durch Funktion, Kontrolle, Abneigung und Angst ersetzt. Eine Abspaltung der eigenen sinnlichen Gefühle, der eigenen sexuellen Erfüllung fand und/oder findet statt, um uns in vermeintlicher Sicherheit zu wiegen. Wir schützen uns damit selbst.

Sanftmut, Güte, Zärtlichkeit sind oft in der Eheroutine des Selbstverständlichen untergegangen, des Müssens und des Glaubens, man »gehöre« einander beziehungsweise die Abhängige »gehöre« dem Dominanten. Das Empfinden, verfügbar sein zu müssen, hat alle Erotik, Sinnlichkeit und die damit einhergehende Nähe vertrieben, hat einen inneren Rückzug bewirkt.

Oft wollen Frauen sicherlich auch über die Sexualität dem Partner gefallen und vergessen (oder besser: betrügen?) dabei vollständig sich selbst. Sie machen alles aus einer unterschwellig programmierten Angst der Ahnen, nicht mehr geliebt zu sein und verlassen, sprich nicht mehr versorgt zu werden. Das führt auf Dauer zu Frustration, Aggression und Wut, in Wahrheit gegen sich selbst. Das kann ebenso die Männer betreffen, es sind aber mehr die Frauen, da sich hier wie schon angedeutet die alten archaischen Wurzeln zeigen.

Gerade im Bereich der Erotik und der Sexualität wiegen die alten Muster, Verbote und Prägungen schwer.

Häufig wird die Sexualität auch als Manipulationsinstrument gebraucht: Einer versucht, den anderen über die Körperlichkeit in die Abhängigkeit zu bringen. Ist unser Partner abhängig von uns, können wir ihn über Liebesentzug oder auch extreme Techniken gefügig machen. Gerade Frauen, die den Mann nur ihrer finanziellen Sicherheit wegen »benutzen«, manipulieren ihn oft über ihre Körperlichkeit und erotische Anziehung. Einige Männer sind viel zu naiv, um das zu erkennen, oder sie brauchen zumindest relativ lange dafür. Dies gilt umgekehrt ebenso für Männer: Auch sie können Frauen über ihre Sexualität manipulieren. Geld und Erfolg scheinen bei ihnen einen hohen Sexappeal zu bewirken.

POSITIONEN IM GENOGRAMM

Der Vater ist der erste Mann im Leben der Tochter. Er ist ihre erste heimliche Liebe. Die Töchter wurden früher oft schon als Mädchen deutlich älteren Männern »versprochen«, um versorgt zu sein. Ist es da verwunderlich, dass die jungen Mädchen in den älteren Männern, mit denen sie verheiratet wurden, oft ihre Väter sahen? Denn häufig bestand zwischen Vater und Ehemann kein großer Altersunterschied. Musste der potenzielle Ehemann doch schon erfolgreich sein und genügend Geld verdient haben, um die Tochter, oftmals auch deren ganze Familie, angemessen ernähren zu können.

Ist die Vater-Tochter-Thematik aktiv, kann ein Partner Kind spielen, wenn es um Zärtlichkeiten und Liebkosungen geht, und beim sexuellen Akt plötzlich eine ganz kindliche Stimme bekommen. Solch ein Partner sucht im anderen den Elternteil, den er vermisst oder zu dem er ein besonders inniges Verhältnis hat respektive hatte.

Da der Vater der erste Mann im Leben der Tochter ist und der Ehemann erst danach folgt, differenziert das Unterbewusstsein bei den Mädchen in vielen Fällen nicht zwischen Vater und älterem Ehemann. So schwingt das erotische, sexuelle, triebhafte Verhalten bei den jungen Mädchen auch beim Vater mit. Ebenso verhält es sich bei den Vätern ihren Töchtern gegenüber.

Wieder einmal spielt die Beziehung zwischen Vater und Tochter beziehungsweise zwischen Mutter und Sohn eine große Rolle.

Nach dem Erkennen und »Entstressen« dieser Programmierungen kann der Vater seine natürliche, klare Vaterposition einnehmen und die Mutter ihre klare Mutterposition. Das heißt, Liebeszuwendungen der Eltern ihren Kindern gegenüber können ohne das Mitschwingen sexueller Gedanken oder Bedürfnisse geschehen.

Auch die erotische Beziehung zu Geschwistern kann eine massive Rolle bei der Verschiebung der Positionen spielen. Grundsätzlich ist die Sexualität zwischen zwei Partnern gestört, wenn einer der Partner für den anderen eine andere Person (etwa einen älteren Bruder) »ersetzen« soll oder irgendeine andere Person emotional mitspielt.

Praktizierten Inzest gab und gibt es auch heute leider noch in vielen Familien. Früher war es häufiger der Fall, dass sich die Väter ihre Töchter »genommen« haben, wenn die Ehefrauen aus verschiedenen Gründen »nicht mehr zur Verfügung standen«.

Wie auch immer die Sexualität in unserer Familie gelebt wurde, können wir davon ausgehen, dies in unserem Unterbewusstsein gespeichert zu haben und es entsprechend nachmachen zu müssen oder zu kompensieren.

WIRKLICHE FREIHEIT UND ERFÜLLUNG

Wie kommen wir in unserer Sexualität zu wirklicher Freiheit? Wir müssen unseren eigenen Richter in uns eliminieren, um nicht permanent beobachtet und für unsere Körperlichkeit und Sexualität bestraft zu werden. Wir müssen uns entscheiden, aus unserer uns selbst richtenden Rolle auszusteigen. Dann fangen wir an, auch in unserer Sexualität selbst Schöpfer unseres Lebens zu sein. Haben wir zudem die gegengeschlechtliche Körperlichkeit in uns angenommen, sind wir schon einen deutlichen Schritt weiter. Dafür ist es ausschlaggebend, uns selbst mit unserem Körper anzunehmen, uns gut und schön zu finden, wie wir sind, uns anzunehmen und zu lieben – genau so, wie wir sind.

Doch wie kommen wir zu einer wirklich erfüllten Sexualität? Als Erstes sehen wir uns unsere Eltern, Großeltern und so weiter an und versuchen herauszufinden, wie diese die Sexualität gelebt oder auch nicht gelebt haben. Dies ist für viele natürlich ein heikles Thema, über das »man« zudem nicht spricht. Dennoch lässt sich sicher einiges in Erfahrung bringen oder auch anhand von eigenen Beobachtungen und Erinnerungen als Stimmung erfassen. Anschließend stellen wir wieder Testfragen an unser Unterbewusstsein.

Für eine freie erfüllte Sexualität gilt es, in uns das zu erlösen, was sie blockiert.

TESTFRAGEN ZUR SEXUALITÄT

Die folgenden Fragen können Sie wieder mithilfe des kinesiologischen Muskeltests beantworten und so eine Befreiung von sexuellen Blockaden einläuten. Wenn sie sich nicht eindeutig mit Ja oder Nein beantworten lassen, können Sie auch auf Ihr Körpergefühl achten und so die Antworten erfahren. Haben Sie bei einer Frage so ein unterschwellig komisches Gefühl, sollten Sie sich diese Thematik genauer ansehen:

- ◇ Sehe ich in meinem Partner eine andere Person?
- ◇ Kann ich gleichzeitig geliebte Frau und Mutter sein?
- ◇ Darf ich meine Sexualität nur zum Kinderkriegen oder -zeugen leben?
- ◇ Bleibe ich als Mann ein Mann oder mutiere ich mit einer Kinderzeugung ausschließlich zum Vater?
- ◇ Darf ich mit meinem Partner noch eine erfüllte Sexualität haben, obwohl ich Mutter oder Vater geworden bin?
- ◇ Darf ich mit meiner erfüllten Sexualität meine Ahnen überholen?
- ◇ Gelange ich mit meiner Sexualität in eine Abhängigkeit?
- ◇ Bleibe ich bei meiner Sexualität ich selbst?
- ◇ Darf und kann ich meine Sexualität frei ausleben?
- ◇ Liebe ich mich noch, wenn ich meine Sexualität frei auslebe?

Fragen Sie sich in dem Zusammenhang auch, ob Sexualität in Ihrem System Folgendes bedeutet:

- ◇ Missbrauch, Übergriffigkeit?
- ◇ Gefahr der ungewollten Schwangerschaft?
- ◇ Gewaltausübung, Vergewaltigung?
- ◇ Gefahr der Gesundheit?
- ◇ Achtung, Wertschätzung?
- ◇ Ausgestoßensein?
- ◇ Gefahr, die eigene Ehre zu verlieren?
- ◇ Gefahr, als willfähriges Opfer zu enden?
- ◇ Unterwerfung?
- ◇ Bestätigung der Männlichkeit, Weiblichkeit?
- ◇ Machtausübung?
- ◇ Stärke?
- ◇ Beweis der Potenz?
- ◇ Unterdrückung der Frau?
- ◇ Kompensation?

MEDITATIVE LÖSUNGSÜBUNG: SEXUALITÄT

Ich begebe mich an einen ungestörten, ruhigen Ort und nehme eine entspannte Position ein. Ich schließe die Augen und atme dreimal tief ein und aus.

Nun kann ich mich wieder über die Füße an Mutter Erde anschließen und die Negativprogrammierungen in den Boden abfließen lassen. Gleichzeitig lasse ich das strahlende kosmische Licht über meinen Scheitel durch meinen ganzen Körper fließen und mich damit ganz und gar heilen.

Es ist sehr wichtig, sich selbst mit seiner Körperlichkeit anzunehmen und sich seiner Körperlichkeit nicht zu schämen und zu genieren. Über das strahlende warme Licht wird alles Dunkle und Ungelöste in Licht und Liebe verwandelt und transformiert.

In das heilende göttliche Licht eingehüllt, stelle ich mir einen riesigen Magneten in mir vor, der all die abgespaltenen Sexualanteile von mir wieder in mich hineinzieht, heilt und integriert. Alle übernommenen Anteile, die nicht wirklich zu mir gehören, gebe ich dahin zurück, wo sie ursprünglich hingehören.

Habe ich ein rundes, gutes Gefühl, bedanke ich mich bei Mutter Erde und den himmlischen Lichtkräften und komme mit all meinen Anteilen komplett wieder ins Hier und Jetzt zurück. Ich spüre meinen Körper, öffne die Augen und bin ausschließlich ich selbst im Hier und Jetzt.

Danke, danke, danke!

14 SCANN MICH MIT DER APP!

ARBEITSVERHÄLTNISSE

Kaum irgendwo anders verbringen wir so viel unserer wachen Zeit als in unserem Beruf. Und auch dort sind wir so lange nicht frei, bis wir uns selbst darum kümmern.

Auch in unseren Arbeitsverhältnissen sind wir zunächst geprägt von den Programmierungen unserer Ahnen. Bedenken wir allein, dass bis 1958 ein Mann das Dienstverhältnis seiner Frau kündigen konnte und das von ihr in die Ehe eingebrachte Vermögen verwaltete sowie über die daraus entstehenden Zinsen verfügte. Das hat natürlich tief greifende Auswirkungen auf das Verständnis von Frauen in ihrem Selbstwert, in ihrer Fähigkeit, einen Job auszufüllen, Karriere zu machen, Geld zu verdienen und zu verwalten. Und natürlich haben die alten Muster auf der anderen Seite starke Auswirkungen auf Männer, die sich sehr häufig unter Druck sehen, ihre Partnerin und die Familie bestens versorgen zu müssen und die Verantwortung allein zu tragen.

Schauen wir uns anhand eines Beispiels aus meiner Praxis an, wie andere Muster aus der Vergangenheit uns auch heute noch unterschwellig beeinflussen können.

VIELFÄLTIGE BREMSEN

Ein junger Mann hatte eine hervorragende Ausbildung in verschiedenen Ländern absolviert. Trotz alledem war ihm bei seiner Jobsuche bisher kein Erfolg beschieden. Wir sahen uns seine Familie an. Er war Ingenieur genau wie sein Vater. Jetzt wollte der Vater unbedingt, dass sein Sohn in seiner Firma arbeitete. Dieser junge Mann wollte sich jedoch weiterentwickeln und in eine andere Firma einsteigen. Er zog einen unabhängigen Werdegang vor. Wir testeten aus, dass dieses Ausscheren bereits in seinem System Thema war: »Verrat« am Vater und an dessen Firma sowie an den Ahnen war ein Tabu. Sein Urgroßvater hatte die Firma als Ingenieur gegründet. So glaubte der junge Mann unterschwellig, als Ingenieur in die Fußstapfen seines Urgroßvaters treten zu müssen, um in der Sippe bleiben zu können.

Hinzu kam, dass der junge Mann in einer festen Partnerschaft war. Er befürchtete, dass die Arbeit in der Firma der Familie ihm kaum mehr Zeit für seine Partnerin lassen würde. So hatte er eine subtile Abwehr gegen den Job, er hatte Angst, seine Beziehung könnte deswegen in die Brüche gehen. Das nämlich hatte er bei seinen Eltern erlebt, da sein Vater »mit der Firma verheiratet« war und kaum Zeit für die Familie hatte. Letztendlich hatte diese Dysbalance zur Trennung seiner Eltern geführt.

Dieser junge Mann war sehr reflektiert und hatte ein enorm gutes Gespür für sich. Er wusste, dass er etwas ändern musste, um sein Selbstwertgefühl wiederzugewinnen und einen anderen Job zu bekommen. Sein Testergebnis lautete wie folgt: Unbewusst würde der Erfolg in seinem Job und das Geldverdienen seinen Selbstwert definieren und er würde ein Gefangener des Jobs und der Ansprüche von außen werden. Das Überholen der Männer in der Sippe kam erschwerend hinzu. Zudem war sein Großvater mütterlicherseits ein hoher Beamter, allerdings auch Ingenieur. Von dieser Seite her hatte er das »Angestelltsein« in seinem System und nicht das Unternehmerische, allerdings kamen diese Strömungen wiederum von seinem Urgroßvater mütterlicherseits, da auch der ein großes, sehr erfolgreiches Unternehmen gegründet hatte. Diese vielen verschiedenen Strömungen in dem jungen Mann bewirkten innere Vorbehalte bezüglich seiner Karriere.

Innerlich wusste er nicht, was er wirklich wollte, unbewusst wollte er auch keinen Vorfahren über sein Anderssein verraten. Wir lösten seine inneren Blockaden und kurze Zeit später fing er genau in dem Job an, den er sich vorstellte.

TESTFRAGEN ZUM ARBEITSVERHÄLTNIS

Die folgenden Testfragen eignen sich zur Klärung der Situation im Beruflichen:

- ◇ Bleibe ich in meiner Identität, wenn es um meine Arbeitsstelle beziehungsweise -suche geht? (Wenn nein, überlegen Sie sich, in welche Identität Sie rutschen: Vater, Großvater, Mutter, Großmutter, Urgroßvater.)
- ◇ Befinde ich mich in meinem Job oder bei meiner Jobsuche in der Gegenwart?
- ◇ Rutsche ich in die Vergangenheit?
- ◇ Wen glaube ich mit meinem Job zu überholen?
- ◇ Ist mein Job mein Gefängnis?
- ◇ Ersetzt mein Job meinen Selbstwert?
- ◇ Definiert sich mein Selbstwert über Erfolg, Verdienst, Einfluss?
- ◇ Bleibe ich bei der Arbeit in meiner Macht?
- ◇ Gebe ich meine Macht ab?
- ◇ An wen gebe ich sie ab?
- ◇ Steht mein Beruf in Konkurrenz zu meinem Privatleben und meiner Familie?
- ◇ Definiere ich mich ausschließlich über meinen Beruf?
- ◇ Verschiebe ich den Sinn und den Inhalt meines Lebens auf meinen Job?
- ◇ Bin ich in meinem Job mit meiner Berufung verbunden?
- ◇ Darf es mir in meinem Job gut gehen?
- ◇ Muss ich meinen Job verlieren, um in der Sippe zu bleiben?
- ◇ Glaube ich, in meinem Beruf leiden zu müssen?

- ◇ Verbinde ich mein Arbeitsumfeld mit einem Kriegsschauplatz?
- ◇ Darf ich mit meinem Job meine Familie ernähren?
- ◇ Darf ich dabei gesund und fröhlich sein?
- ◇ Sehe ich in meinen Mitarbeitern andere Personen aus meinem bisherigen Leben?
- ◇ Sehe ich Kindheitsanteile von mir gespiegelt?
- ◇ Rutsche ich bei Schwierigkeiten im Job in mein Inneres Kind?
- ◇ Sehe ich in meinen Mitarbeitern eins meiner Geschwister?
- ◇ Lebe ich in meinem Job meine Sippenchefposition aus?
- ◇ Muss ich mit meinem Job genauso in der zweiten Reihe stehen wie in meiner Geschwisterfolge?
- ◇ Sehe ich in meinem Chef meine Mutter oder meinen Vater?
- ◇ Welche noch unerlösten Kindheitserfahrungen mache ich über Schwierigkeiten im Job nach?
- ◇ Bin ich mit meinem Job zufrieden?
- ◇ Kann ich mich in meinem Job verwirklichen?

PROJEKTIONEN DER FAMILIE AUF DAS ARBEITSUMFELD

Wie ich schon angedeutet habe, sehen wir in unseren Mitarbeitern oft unsere Geschwister oder Halbgeschwister und projizieren unsere Erfahrungen von früher auf sie. Aber auch unsere Eltern: Sie haben das Sagen im Alltag gehabt, uns zu essen und zu trinken gegeben, sich um uns gekümmert. Je nachdem, wie das Verhältnis als Kind zu unserer Mutter oder unserem

Vater war, wird dann auch das (Abhängigkeits-)Verhältnis zu unserem Vorgesetzten sein. Gibt es viele Verhaltensweisen des Chefs, die uns an unsere Mutter oder unseren Vater erinnern, so driften wir mit unserer Wahrnehmung, mit unseren Verhaltensweisen, mit unserer Kommunikationsebene wieder ab in die Vergangenheit, in die Zeit, in der wir diese Prägungen erhalten und diese Erfahrungen gemacht haben. Das Ergebnis ist eine getrübte Wahrnehmung und eine verschobene Kommunikationsebene. Ein eindeutiges Handeln im Hier und Jetzt ist nicht mehr möglich.

MOBBING

Ist in unserem Arbeitsumfeld ein Mensch, der uns schlecht behandelt, uns mobbt, gegen uns intrigiert, können wir davon ausgehen, dass auch dieses inakzeptable Verhalten etwas mit unserer Vergangenheit beziehungsweise unserer Programmierung aus dem Genogramm zu tun hat. So können wir zum Beispiel in der Kindheit große Probleme mit der Autorität unseres Vaters gehabt haben. Wir fühlten uns von ihm schlecht behandelt, zurückgewiesen, in die Ecke gestellt. Vielleicht hat er uns andere Geschwister vorgezogen, uns sogar hintergangen und unehrlich behandelt (jedenfalls in unserer Wahrnehmung). Jetzt ist da eine Person in unserer Arbeitswelt, die genau die gleichen alten Emotionen in uns auslöst, die genau das Gleiche mit uns macht wie unser Vater damals.

Es sind beim Mobbing auch immer Anteile von uns selbst vorhanden, die erkannt und erlöst werden wollen. Wenn wir als Kind eine für uns nicht vorteilhafte Position hatten oder schlecht behandelt wurden, ist das in unserem System gespeichert. Wer sich schlecht behandeln und mobben lässt, hat von der Sippe her entsprechende Muster und Übernahmen in sich. Unbewusst glaubt er, diese Übernahmen umsetzen zu müssen, um so weiterhin zur Sippe zu gehören. Unbewusst zieht der Gemobbte diese Situationen also an, um dazuzugehören. Das bedeutet wieder nicht, dass wir hier Opfer und Täter verwechseln oder unethisches Verhalten bagatellisieren oder gutheißen wollen. Es geht wie immer darum, diese Gegebenheiten zu erkennen, da wir dann allein über uns selbst und unsere Klarheit diese unselige Situation beenden können.

Die Seite des Mobbenden

Kommen wir jetzt zu demjenigen, der mobbt. Genau wie der Gemobbte hat er entsprechende unbewusste Programmierungen in sich. Ist er als Kind zum Beispiel nur über sein rücksichtsloses Verhalten anerkannt und gesehen worden, glaubte er, nur so Macht ausüben zu können und Beachtung zu finden. Dann ist auch dies tief in ihm gespeichert. Würden wir in sein Genogramm sehen, könnten wir außerdem sicher feststellen, dass er ein entsprechendes Verhalten von einem oder mehreren Vorfahren nachmacht und glaubt, nur auf diese Weise weiterhin zur Sippe zu gehören. All das geschieht wie immer auf der unbewussten Ebene.

Wenn wir uns in frühere Generationen hineinversetzen, ahnen wir, dass da viel unerlöst geblieben sein dürfte.

Viele Muster, die noch aus Kriegszeiten stammen, machen sich heutzutage auch über das Mobbing bemerkbar. Es ging damals nicht darum, miteinander auszukommen, sondern ums Überleben. Sehr vereinfacht ausgedrückt, musste der Gegner schneller tot sein als man selbst. Diese Erfahrungen unserer Ahnen möchten erkannt, erlöst und geheilt werden. So kann sich das Mobbing auch wie Krieg anfühlen. Das sind dann besonders befremdliche Gefühle für uns im Hier und Jetzt, da wir in unseren Breitengraden inzwischen längst in einer überwiegend friedlichen, entwickelten Zeit leben.

Auch karmische Ursachen sind denkbar

Haben wir die Familienposition abgeklärt (nachgemachte Verhaltensweisen der Geschwister, das Verhalten von Vater, Mutter, Großeltern und so weiter), kommen möglicherweise auch noch karmische Begebenheiten hinzu. Uns begegnen oft Menschen aus früheren Leben, mit denen wir noch Probleme erkennen, lösen beziehungsweise ausgleichen müssen. Haben wir zum Beispiel mit einigen Personen aus einer früheren Erfahrung heraus noch »ein Hühnchen zu rupfen« oder sie mit uns, werden uns diese Personen und die damit verbundenen Situationen so lange begegnen, bis wir sie erkannt und erlöst und uns damit auch komplettiert haben.

In unserem Arbeitsfeld gibt es viele Möglichkeiten, uns selbst über die anderen zu erfahren und zu erkennen.

Bei jedem Mobbingfall, in dem wir als Opfer erscheinen, sollten wir tunlichst auch unsere »Täterschaft« untersuchen. Wieder geht es nicht darum, unethisches Handeln zu rechtfertigen, sondern darum, die Zusammenhänge zu verstehen. Denn nur mit einer ganzheitlichen Sichtweise können wir Dinge erkennen und lösen. Nur so können wir aus unserer Opferrolle aussteigen und unser Leben wieder selbstverantwortlich in die Hand nehmen, uns abgrenzen und den anderen klar unsere Unantastbarkeit zeigen, unsere innere Souveränität.

TESTFRAGEN ZUM THEMA MOBBING

Hier folgen wieder bewährte Testfragen, die zu einer Befreiung aus einer Mobbingsituation führen können. Nutzen Sie dafür wieder Ihre Intuition und den Muskeltest:

- ◇ Bleibe ich in meiner Identität?
- ◇ Bleibe ich in der Gegenwart?
- ◇ Sehe ich in dem, der mobbt, einen Verwandten?
- ◇ Sehe ich in dem, der mobbt, jemanden aus einem früheren Leben?
- ◇ Kompensiere ich über das Mobben meinen Erfolg?
- ◇ Kompensiere ich über das Mobben meinen Misserfolg?
- ◇ Hängt das Gemobbtwerden mit einer Kompensation zusammen? Gleiche ich also etwas aus der Vergangenheit aus?
- ◇ Hängt das Mobben mit einer Kompensation zusammen? Gleiche ich also etwas aus der Vergangenheit aus?
- ◇ Sehe ich in dem Mobben die Chance, wieder zur Sippe zu gehören?
- ◇ Hat das Mobben Sekundärvorteile?
- ◇ Verwechsle ich Mobben mit emotionaler Zuwendung?

MEDITATIVE LÖSUNGSÜBUNG: ARBEIT UND MOBBING

Ich suche mir einen ruhigen Ort, an dem ich völlig ungestört bin und mich wohlfühle. Ich nehme eine bequeme Position ein, schließe die Augen und atme dreimal tief ein und aus.

Mit dem Ausatmen lasse ich alle Anspannung los und mit dem Einatmen ziehe ich die reine, frische kosmische Energie in meinen Körper hinein. Er entspannt sich immer mehr.

Ich spüre, wie ich von Mutter Erde liebevoll getragen und beschützt bin. Ich spüre die liebevolle Umarmung von Mutter Erde, ich liege geborgen in ihrer üppigen Weiblichkeit. Die rotorange, wärmende, nährende Erdenergie fließt durch meinen ganzen Körper. Ich bin zutiefst geliebt und umsorgt. Ich gebe mich diesem friedlichen Gefühl in mir voll und ganz hin.

Gleichzeitig spüre ich die Verbindung mit dem goldenen, heilenden göttlichen Licht, das in meinen Scheitel eintritt, mich durchfließt und durchströmt, sich mit dem rotorangen, wärmenden, nährenden Licht verbindet und mich zentriert und erdet. Ich bin mit Vater Licht und Mutter Erde verbunden. Ich bin auf der wahrhaftigen Ebene, auf der Wunder geschehen.

Ich gehe jetzt mit meinem Bewusstsein an einen wunderschönen Ort in der freien Natur, an dem ich mich besonders wohlfühle. Ich nehme den Boden unter meinen Füßen wahr, die Sonne auf meiner Haut, den Wind in meinen Haaren. Ich rieche die Düfte dieser herrlichen Natur, höre die wunderschönen Geräusche, das Plätschern des Wassers und das Singen der Vögel.

Ich stelle mir jetzt die Schwierigkeiten vor, die ich in meiner Arbeit habe. Ich gebe meinen Bedürfnissen und Ängsten einen Raum in mir und gehe mit meinem Bewusstsein hinein. Ich nehme meine Bedürftigkeit wahr und lasse mich in jene Zeiten führen, in denen sie entstanden ist.

Ich lasse alle Lichtkräfte, Engel, meine Schutzengel und Geistführer zu mir kommen. Sie unterstützen und leiten mich, sie heilen und lieben mich zutiefst. Ich begebe mich voller Ver-

trauen in ihre Obhut und öffne mich für meine Heilung. Wie sehe ich in meiner Bedürftigkeit aus? Wie alt bin ich? In welcher Situation stecke ich? Bin ich allein? Wer ist noch bei mir? Ich kann mir alle aufsteigenden Bilder ansehen.

Ich kann mich in das gleißend helle, lodernde göttliche Feuer stellen und Klärung und Heilung geschehen lassen. Gleichzeitig bin ich in den Armen von Mutter Erde geborgen und beschützt. Dieser Heilungsprozess kann eine Weile dauern, es können mehrere Bilder und Situationen hochkommen.

Ich gehe durch meine Befindlichkeiten in dem sicheren Bewusstsein, zutiefst geliebt und geführt zu sein. Ich öffne mich für mein Heilwerden. Ich lasse die Personen erscheinen, die hinter den Personen aus meiner Arbeitswelt stehen, mit denen ich Probleme habe. Ich stelle mir gleichzeitig vor, ein starker, großer Magnet zu sein, der alle von mir abgegebenen Anteile wieder zurückholt und die fremden Anteile abstößt. Sie gelangen wieder zu ihrem Ursprungsort.

Über das göttliche Feuer wird alles transformiert und geheilt, was der göttlichen Ordnung entspricht und dem Wohle aller dient. Ich bin aus tiefstem Herzen dankbar. Ich bin zutiefst gesegnet und geliebt.

In meiner Zeit gehe ich in die Vergebung, ich verzeihe. Die Personen, mit denen ich Schwierigkeiten habe, zeigen sich mir und eine klärende wahrhaftige Kommunikation, in der ich die Hintergründe erkenne, findet statt. Eine ganzheitliche Heilung geschieht. Ich bin gesegnet und dankbar. Ich lasse mich führen und lieben. Ich nehme die tiefe, bedingungslose Liebe von Mutter Erde und Vater Himmel an.

All das, was jetzt noch gesagt werden soll, wird nun mitgeteilt. Die Missverständnisse dürfen in die Klärung gehen, die Verletzungen in die Heilung. Ich lasse es geschehen, ich öffne mich meiner Heilung und Klärung. Wenn ich das Gefühl der Klärung in mir habe, kann ich alle Personen wieder entlassen und ihnen von Herzen danken.

Habe ich in mir ein gutes, rundes Gefühl, verankere ich es mit einem wunderschönen imaginierten Symbol in mir.

Ich bedanke mich von Herzen bei all den Lichtkräften und Mutter Erde für ihre lichtvolle Unterstützung und komme mit all meinen Anteilen wieder ins Hier und Jetzt. Ich öffne die Augen und beginne, meinen Körper zu bewegen.

Danke, danke, danke!

15 **SCANN MICH MIT DER APP!**

SCHWIERIGKEITEN VON UND MIT KINDERN

Hat Ihr Kind Schwierigkeiten, schauen Sie bei sich.

Natürlich übernehmen auch unsere Kinder die Bürden der Ahnen und Schwierigkeiten sind immer Ausdruck von Begebenheiten und Mustern, die angesehen und erlöst werden wollen. Hat unser Kind etwa Probleme in der Schule, sollten wir uns als Erstes die Situation mit unseren eigenen Eltern ansehen. Und wir sollten wissen: Wir als Eltern, es können auch die Großeltern, Onkel, Tanten und so weiter sein, sind bei Schwierigkeiten unserer Kinder meistens die Auslöser oder die Mitverursacher.

Hatten zum Beispiel die Eltern in der Schule selbst Schwierigkeiten, macht das Kind die entsprechenden Ereignisse nach, kompensiert sie oder lebt sie über das gegenteilige Verhalten. Von dem tief gespeicherten Überlebensmechanismus her darf das Kind seine Eltern, Großeltern, Urgroßeltern und so weiter nicht überholen – über eine höhere Schulbildung oder bessere Noten. Also kann es unbewusst für sich beschließen, seine Fähigkeiten in den verschiedenen Lernfächern nicht zu entwickeln, sich zurückzuhalten oder vielleicht sogar grob den Unterricht zu stören oder der Klassenclown zu werden.

Schwierigkeiten können auch ein Hilfeschrei des Kindes nach mehr Beachtung sein. Oft arbeiten beide Eltern und sind mit ihren Ansprüchen so in ihrer Überforderung gefangen, dass sie die emotionalen Bedürfnisse der Kinder gar nicht mehr wirklich wahrnehmen. Die finanzielle Belastung ist dann vielleicht in den Vordergrund getreten. Vielen Eltern ist es leider auch wichtiger, die Kinder zu dressierten Marionetten zu machen, die jeden Tag Lern- und andere Freizeitprogramme haben, damit die Eltern über sie der Gesellschaftsnorm entsprechen und mithalten oder auch besonders hübsch glänzen können.

Für die gesunde Entwicklung des Kindes ist es für meine Begriffe entscheidend, dass das Kind Kind sein und seine Emotionalität in jeglicher Beziehung ausleben darf. Statt mit sechs schon drei Sprachen zu beherrschen und perfekt Geige spielen zu können, ist es wichtiger, dass es frei spielt und sich in der Interaktion mit anderen Kindern sozialisiert und mit kreativen Lösungsmöglichkeiten experimentiert. Denn dies alles ist nicht nur schön für die Kinder, sondern auch für den späteren Beruf ein Vorteil, sind doch Kreativität und Empathie immer mehr gefragt, weil die meisten eingepaukten Fähigkeiten mittlerweile besser von den modernen Maschinen ausgeführt werden können. Außerdem: Emotional entwickelte und eigenverantwortliche Menschen fühlen sich nicht nur mit sich selbst und anderen wohler, sondern sind auch die Basis für eine gesunde und tragfähige Gesellschaft.

HELIKOPTERELTERN

Natürlich muss das Kind auch eine angemessene liebevolle, herzliche Zuwendung der Eltern erhalten, was ihm Selbstvertrauen und eine grundsätzliche Sicherheit vermittelt. Angemessen bedeutet, dass man es hier auch übertreiben kann, denn das ungesunde Gegenextrem zur Gefühlskälte ist die gluckenhafte »Übermutterung« seitens der Eltern.

Schwierigkeiten können also auch von einer Überbehütung seitens der Eltern ausgehen. Sie schwirren dann sprichwörtlich wie Hubschrauber ständig um das Kind herum. Es ist ein emotionales Überstülpen, ein Festhalten, eine zu starke Identifikation mit dem Kind.

»Übervaterung« bezeichnet hier das gleiche Prinzip wie bei der Übermutterung: Die Regeln und die Dominanz des Vaters sind so übermächtig, dass sich das Kind kaum herausentwickeln kann. Es zeigt dies häufig über Schwierigkeiten in der Schule, mit Schulkameraden und Freunden, des Weiteren über Unselbstständigkeit und schnelle Überforderung bei äußeren Ansprüchen.

CHANCE STATT MANGEL

Kinder sind der beste Spiegel für die Eltern! Geht es unserem Kind nicht gut, können wir davon ausgehen, dass es auch uns damit etwas Wichtiges zeigt. Je mehr Muster und Blockierungen wir bei uns und auch den Kindern gelöst haben, desto mehr Kraft steht uns und ihnen zur Verfügung.

Fangen wir an, die Probleme unserer Kinder nicht mehr als eigenen Mangel oder als Strafe zu sehen, sondern als Chance zur Weiterentwicklung, sind wir schon einmal den ersten positiven Schritt gegangen. Auch die Kinder spüren daraufhin die Souveränität, mit der wir die Probleme anpacken, und schon leiden sie nicht mehr so sehr darunter, da sie unsere Offenheit erkennen und die Hoffnung auf eine Lösung wächst.

DIE BALANCE NIE VERGESSEN!

Wenn wir uns daran erinnern, dass das ganze Familiensystem eine ausgeklügelte Balance ist, wird uns klar, dass wir als Eltern mit den Schwierigkeiten der Kinder etwas zu tun haben müssen. Es wird uns klar, dass die Kinder mit ihren Problemen sehr sicher etwas für unser Familiensystem ausgleichen. Wir sollten diese Ausgleichsmechanismen erkennen, um sie ins Positive zu verändern.

TESTFRAGEN ZU PROBLEMEN VON UND MIT KINDERN

Die folgenden Testfragen haben sich bewährt, wenn es um eine Befreiung von Problemen von und mit Kindern geht. Beantworten Sie sich diese Fragen ganz in Ruhe intuitiv und nutzen Sie den kinesiologischen Muskeltest:

- ◇ Glaube ich tiefinnerlich, dass mein Kind eine Lebensberechtigung hat?
- ◇ Muss mein Kind sein Leben über Schwierigkeiten kompensieren?
- ◇ Hat mein Kind eine Überlebensschuld?
- ◇ Ist bei meinem Kind ein Zwilling abgegangen?
- ◇ Hat mein Kind eine Todessehnsucht?
- ◇ Ist mein Kind ausschließlich in seiner eigenen Identität?
- ◇ Ist mein Kind im Hier und Jetzt?
- ◇ Hat mein Kind Sehnsucht nach abgegebenen Anteilen seiner selbst?
- ◇ Sieht mein Kind in mir seine Mutter beziehungsweise seinen Vater in der natürlichen Position?
- ◇ Sieht sich mein Kind in der Position des Kindes als Mitglied in der Familie?
- ◇ Sind die Schwierigkeiten meines Kindes die Schwierigkeiten, die ich sehe?
- ◇ Fühlt sich mein Kind bei mir zu Hause geborgen und geliebt?
- ◇ Habe ich meinem Kind meine Schwierigkeiten übertragen, die ich selbst als Kind hatte?
- ◇ Sehe ich in meinem Kind jemand anders, wenn es um Schwierigkeiten geht?

MEDITATIVE LÖSUNGSÜBUNG: SCHWIERIGKEITEN VON UND MIT KINDERN

Ich begebe mich an einen ungestörten Ort und nehme eine entspannte Haltung ein. Ich schließe die Augen, atme dreimal bewusst tief ein und aus. Ich verbinde mich wieder mit Mutter Erde und Vater Himmel, indem ich mich über die Füße verwurzele und das helle Licht über meinen Scheitel empfange. Erd- und Himmelsenergie durchströmen meinen Körper. Ich bin in der Wahrhaftigkeit.

Ich begebe mich in meiner Vorstellung an meinen Lieblingsort, ich lasse alle himmlischen Helfer und die höchsten Lichtkräfte zu mir kommen, ich lasse mich führen und begleiten. Ich danke aus vollstem Herzen für die Unterstützung.

Ich lasse mein Kind, mit dem es Schwierigkeiten gibt, in meiner Vorstellung zu mir kommen. Ich darf jetzt auf der wahrhaftigen Ebene all die Hintergründe der Probleme erkennen. Ich spüre in mich und in mein Kind hinein. Wo empfinde ich in mir Dissonanzen? Wo spüre ich bei meinem Kind Dissonanzen? Gibt es da noch andere Personen, die bei dieser Thematik dazugehören? Klinken sich bereits gestorbene Ahnen ein, die erlöst werden wollen? All dies erfasse ich, indem ich mich auf meine Intuition und meine innere Stimme verlasse.

Sollte etwas davon zutreffen, gebe ich in meiner Vorstellung in Liebe die übernommenen Anteile wieder zurück und empfange in Liebe wieder meine eigenen. Anteile abgeben und wieder holen darf ich auch für mein Kind, wenn es zu seinem und des großen Ganzen höchstem Wohle geschieht. Dies kann ich mich fragen und ich spüre tief in mir intuitiv die Antwort. Ich kann mich vertrauensvoll führen lassen und in der Liebe sein.

Ich stelle all das negative Alte ins göttliche Licht und lasse alles in Liebe transformieren. Ich bitte die geistige Welt, meinem Kind die belastenden Bürden abzunehmen, und danke gleichzeitig dafür. Ich spüre, wie sich langsam innerer Frieden in mir und in meinem Kind ausbreitet. Sollten noch negative Bänder oder Verstrickungen vorhanden sein, bitte ich die geistige Welt, dies ebenfalls mit allen Ursachen auf sanfte, liebevolle Art zu lösen und zu heilen.

Habe ich ein gutes, abgerundetes Gefühl in mir, verabschiede ich mein Kind ganz liebevoll und verankere dieses Gefühl mit einem wunderschönen visualisierten Symbol in mir.

Ich komme in meiner Zeit mit all meinen Anteilen komplett wieder ins Hier und Jetzt und öffne die Augen.

Danke, danke, danke!

16 **SCANN MICH MIT DER APP!**

KRANKHEITEN

Körperliche Beschwerden ganzheitlich zu betrachten, das kann die entscheidende Lösung und Heilung bringen.

Krankheiten sind oft das Resultat innerer manifestierter Überzeugungen, Denkweisen, Glaubenssätze und Programmierungen, die über die Körperebene ausgedrückt werden. Die Denkweisen und feinstofflichen Energien können, wenn sie intensiv und oft genug gedacht werden, zu feststofflicher Materie werden. Leider sind es die hier schon oft angesprochenen tief unbewusst wirkenden Programmierungen, die sich negativ manifestieren. Haben wir zum Beispiel die fatale Überzeugung in uns, die Krankheit des Vaters oder der Mutter oder anderer Vorfahren nachmachen zu müssen, um zu überleben, werden wir auf Dauer diese Krankheit über unseren Körper manifestieren.

Krankheiten können auch als Kompensation für ein Überholen der Ahnen auftreten oder als Ausgleichsmöglichkeit anderer »verbotener Handlungsweisen«. Sind wir zum Beispiel deutlich erfolgreicher als unser Vater, geht es uns finanziell erheblich besser und führen wir ein signifikant besseres Leben als unsere Eltern oder Ahnen, kann es durchaus sein, dass wir dies über die körperliche Ebene kompensieren, um es »wiedergutzumachen«.

Ein Glaubenssatz könnte sein: »Nur über meine Krankheit habe ich einen Platz in der Sippe«, »Nur über meine Krankheit darf ich leben« oder »Nur über meine Krankheit erhalte ich Zuwendung«. Gleichzeitig können noch Glaubenssätze aktiv sein wie »Nur als Opfer kann ich Macht ausüben, nur als Kranker kann ich Einfluss haben«. Sie alle spiegeln ein tiefes inneres Mangelgefühl und fehlendes Urvertrauen.

Wenn etwa eine Mutter zu früh stirbt, fühlt sich das Kind von ihr auch verraten. Gleichzeitig empfindet es sich als nicht wert, nicht stark genug, die Mutter in seinem Inneren am Leben zu halten. Es kann dann zum Beispiel Asthma ausbilden, um sich selbst zu bestrafen. Es klagt seine Mutter über die Krankheit an und will ihr so ein schlechtes Gewissen machen – in der illusionären Hoffnung, dann mehr Zuwendung zu erhalten. Es hält sich in dieser Negativspirale, da es eine freie, liebende, dauerhafte Beziehung zu seiner Mutter nicht kennt.

UNFÄLLE

Unfälle können ebenfalls Ausdruck einer übernommenen Programmierung sein. Es gibt solche, die wir direkt, also auch in gleicher Form, den Ahnen nachmachen, etwa Autounfälle, Bein- und Armbrüche, um so unbewusst in der Sippe zu bleiben. Es können auch Selbstbestrafungs- und -vernichtungsprogramme sein, die unbewusst wirken. Es sind Zeichen beziehungsweise Ausdrucksmöglichkeiten des Höheren Selbst, das uns etwas aufzeigen möchte, was wir bis jetzt ignoriert haben, nicht hören wollten oder konnten oder aus verschiedensten Gründen verdrängt haben. Dabei werden die Symptome immer bedrohlicher.

Wir verletzen uns zum Beispiel erst den rechten großen Zeh, kaum ist er einigermaßen geheilt, verletzen wir uns den linken, jetzt jedoch so vehement, dass wir nicht mehr laufen können. Später kommt vielleicht noch die Hüfte dazu und dann sind wir so angeschlagen, dass wir nur noch ruhig liegen und uns mit nichts mehr ablenken können. Dann sind wir gezwungen, über uns nachzudenken, und kommen möglicherweise zu folgenden Erkenntnissen: »Ich habe bis jetzt meine innere Autorität nach außen gestellt, ich habe anderen Menschen unbewusst meine Macht gegeben und bin in deren Abhängigkeit gegangen. Ich war nicht mehr frei, meinen eigenen Weg zu gehen, meine innere Freiheit war verloren. Es gab in meiner Sippe viele Ahnen, deren alte Muster von mir Gehorsam zu fordern scheinen. Es war tief unbewusst sehr wichtig, dem Ansehen, der Ehre, der Fassade, den Ansprüchen und der Etikette der Familie zu entsprechen. Ich liege nun da wie ein begossener Pudel, das Bein hochgelegt, mit heftigen Schmerzen, und bin jetzt bereit, diesem Mechanismus, dieser Programmierung in die Augen zu sehen und zu meiner eigenen Autorität zu erwachsen.«

KRANKHEITEN IM GENOGRAMM

Erkennt man im Genogramm einige Ahnen, die zu früh, also in jüngeren Jahren und nicht an naturbedingter Altersschwäche gestorben sind, auf dem Schlachtfeld Gebliebene, Vermisste, gleich nach der Geburt Gestorbene, abgegangene Zwillinge, sollte man in sich hineinfühlen oder austesten, ob man sich mit einem der zu früh gestorbenen Ahnen aus irgendeinem Grund identifiziert und das Gefühl hat, ihnen etwas nachmachen zu wollen oder zu müssen. Nach dem gleichen Prinzip sollte man sich im Genogramm anschauen, welche Krankheiten existierten.

Wir können uns als Nachkommen aus den unterschiedlichsten Gründen mit den verstorbenen Kranken so identifizieren, dass wir glauben, für sie leben zu müssen, ihr Leben, ihre Krankheit über uns vollenden zu müssen. So sind wir in der Todesenergie des zu früh Gestorbenen respektive in der Krankheitsenergie des Kranken und stellen diese oftmals über unsere eigene. Wie schon angeklungen ist, machen wir die Dinge sogar in denselben Jahreszeiten, Monaten, manchmal sogar Tagen nach.

Wir können auch Krankheiten von sehr lieb gewonnenen Personen übernehmen und unbewusst glauben, ihnen dadurch unsere Zuneigung zu zeigen und ihr Leben zu erleichtern. Dies ist natürlich eine Illusion, mitzuleiden war noch nie richtig und auch noch nie hilfreich.

TESTFRAGEN FÜR KRANKHEITEN

Hier finden Sie wieder eine ganze Zahl von erprobten Testfragen für alle möglichen körperlichen und psychischen Beschwerden sowie Unfälle. Das Testen und Lösen in der hier beschriebenen Weise ersetzt keineswegs die Diagnose und Therapie durch einen Arzt oder Heilpraktiker und soll Sie nicht dazu animieren, ohne Rücksprache mit diesen »Profis« Ihre Medikation zu ändern oder gar einzustellen. Wie Sie sicher wissen, sollten Sie in Zweifelsfällen immer fachkundigen Rat einholen.

Nutzen Sie therapiebegleitend die folgenden Fragen auch mithilfe des kinesiologischen Muskeltests. Wo keine Ja-Nein-Antworten möglich sind, achten Sie auf die Antworten, die intuitiv in Ihnen aufsteigen. In dem Moment, in dem Sie tief in Kontakt mit sich selbst sind, bekommen Sie durch Bilder oder Sätze aus Ihrem Inneren genau die richtigen Antworten zur Lösung Ihres Problems. Muße, Entspannung und Ruhe sind dafür erforderlich, ein klarer Ausstieg aus dem Alltag, die bewusste Rückverbindung zu Ihrem Körper, Ihrer Seele und Ihrem Geist:

- ◇ Bleibe ich mit meiner Krankheit in meiner Identität?
- ◇ Bleibe ich mit meiner Krankheit in der Gegenwart?
- ◇ Liebe ich mich nur mit meiner Krankheit?
- ◇ Gehöre ich nur über meine Krankheit zur Sippe?
- ◇ Halte ich eine zu früh gestorbene Person über meine Krankheit in der Sippe?
- ◇ Halte ich mich über meine Krankheit am Leben? Auch wenn ich dadurch Gefahr laufe zu sterben?
- ◇ Kann ich über meine Krankheit mein Umfeld beeinflussen?

- ◇ Erhalte ich über Krankheit Zuneigung und Liebe?
- ◇ Kann ich nur über meine Krankheit meine Familie und meine Kinder gesund erhalten?
- ◇ Ist meine Krankheit meine einzige Berechtigung, hier auf Erden zu leben?
- ◇ Ist meine Krankheit meine einzige Berechtigung, friedvoll mit meiner Familie zu leben?
- ◇ Kann ich nur über Krankheit eine Familie gründen?
- ◇ Bin ich nur über meine Krankheit glücklich?
- ◇ Verbinde ich in meinem Unterbewusstsein Gesundheit und Wohlergehen mit Gesundheit und Wohlergehen? Wenn nein, was verbinde ich dann damit?
- ◇ Was hält mich davon ab, wirklich gesund zu sein?
- ◇ Was hält mich davon ab, wirklich glücklich zu sein?
- ◇ Was sind die Hintergründe meines Leidens?
- ◇ Darf ich bei mir ankommen und dort verweilen?
- ◇ Welche Personen und Umstände bringen mich immer wieder aus meiner Lebensmitte?
- ◇ Gibt es noch Versprechungen, Gelübde, Pakte, Verschwörungen, Flüche, Bündnisse, Übernahmen, die mich von meinem ureigenen Glück abhalten?

Wenn Sie diese Fragen getestet haben, können Sie Ihre Heilung fördern, indem Sie die Meditation am Ende des Kapitels praktizieren.

ALLERGIEN

Auch Allergien können wir eins zu eins unseren Ahnen nachmachen – in der unbewussten Annahme, so unsere Zugehörigkeit zur Sippe zu bewahren. Allergien sind ebenfalls psychosomatisch bedingt, also Aussagen des Körpers, des Geistes und der Seele. Sie deuten Unverträglichkeiten an, die sehr oft mit der Ablehnung eigener Anteile zu tun haben. Die Energiefelder der unverträglichen Speisen, Getränke, Pollen und so weiter passen nicht zum Energiefeld des jeweiligen Menschen. Sie lösen eine Dissonanz aus, die sich in körperlichen Symptomen zeigt.

Hinter Allergien stecken in der Regel auch psychische Ursachen, eine innere Ablehnung und Wehrhaftigkeit gegen Situationen und/oder Personen. Teste ich über den kinesiologischen Muskeltest meine Klienten, die auf Weizen allergisch reagierten, erhalte ich bei der Frage »Bedeutet Weizen in Ihrem System Weizen?« zum Beispiel immer wieder ein Nein. Das heißt, hinter dem Allergen steckte eine Situation, die Stress auslöste.

Einer meiner Klienten etwa hatte eine hochgradig ausgeprägte Neurodermitis. Er konnte anfangs fast nichts essen, ohne einen Hautausschlag zu bekommen, und zum Teil schnürte es ihm den Hals zu. Es schwoll alles an. Wir stellten bei ihm genetische Übernahmen fest, einige seiner Onkel hatten Allergien beziehungsweise Asthma, ebenso seine Groß- und Urgroßeltern. Er selbst nun lebte psychische Unstimmigkeiten über seine Allergien aus. Emotionale Bürden, die versteckt weitergegeben wurden, innere Konflikte, Scheinwelten und auch eine veritable Überlebensschuld verschafften sich über seine Haut Ausdruck. Dazu kamen Kriegsgeschehnisse, die mit Verbrennungen, Erfrierungen und Vergiftungen einhergingen. Nach und nach testeten wir all die behindernden Umstände aus und lösten sie.

Allergien deuten in jedem Fall auf einen inneren Mangel hin, der gesehen werden möchte. Eine Aversion, die in Liebe, Akzeptanz und Fülle umgewandelt werden möchte. Die Haut, die bei Allergien oft betroffen ist, steht beispielsweise für Probleme in den Bereichen Kontakt, Grenze und Zärtlichkeit. Reagieren wir etwa auf bestimmte Lebensmittel allergisch, ist es wichtig, die Symbolik der Lebensmittel zu überprüfen, um herauszufinden, womit wir sie assoziieren, also mit welcher Angelegenheit, Sache oder Person in unserem System wir sie verbinden. Oft ist eine Allergie auch ein Ablehnen unserer selbst und auch die kann »weitervererbt« worden sein. Möglicherweise steckt hinter dem Allergen auch eine Person, die abgelehnt wird.

Sämtliche Befindlichkeiten während der Schwangerschaft und Geburt wirken sich auf das Kind aus. Werden wir auch schon in dieser Zeit in irgendeiner Form abgelehnt, lehnen wir uns anschließend selbst ab, da wir die Aversion gespürt haben. Allergien können ebenso Selbstbestrafungsmechanismen sein. Wir können über eine Allergie auch Macht und Einfluss ausüben, müssen doch unsere Mitmenschen unsere Allergie beachten. Wir haben also einen Sekundärgewinn.

TESTFRAGEN FÜR ALLERGIEN

Diese Testfragen haben sich bei unterschiedlichen Allergien bewährt. Sie können dabei auch Ihre körperliche Reaktion beobachten: Gehen Sie mit einer Frage in Resonanz oder lässt sie Sie völlig kalt?

- ◇ Bleibe ich mit meiner Allergie in meiner eigenen Identität?
- ◇ Bleibe ich mit meiner Allergie in der Gegenwart?
- ◇ Verbinde ich mit dem Allergen das, was es ist?
- ◇ Handelt es sich um meine eigene Ablehnung?
- ◇ Habe ich sie von Vater, Mutter, Großeltern übernommen?

- ◇ Habe ich einen Sekundärvorteil davon?
- ◇ Ersetze ich mein »Michabgrenzen« über die Allergie?
- ◇ Verschiebe ich meine Enttäuschung, Wut, Verbitterung auf meine Allergie?
- ◇ Ersetzt meine Allergie meine Lebensaufgabe?
- ◇ Ersetzt meine Allergie in Wirklichkeit meine verdeckten Aggressionen?
- ◇ Gehöre ich nur mit meiner Allergie zur Sippe?
- ◇ Liebe ich mich nur mit der Allergie?
- ◇ Will ich mich mit meiner Allergie bestrafen?
- ◇ Will ich andere mit meiner Allergie bestrafen oder manipulieren?
- ◇ Kann ich mich nur über meine Allergie abgrenzen und beschützen?
- ◇ Gibt mir meine Allergie Sicherheit?
- ◇ Halte ich mögliche negative Ereignisse über meine Allergie fern oder nehme sie vorweg?
- ◇ Drücke ich sexuelle Probleme über die Allergie aus?
- ◇ Habe ich Libido- oder Potenzprobleme?
- ◇ Kann ich die Verantwortung für meine eigene Lust annehmen?
- ◇ Sind dies ausschließlich *meine* sexuellen Probleme?
- ◇ Darf ich meine Allergie loslassen?

UNFRUCHTBARKEIT UND ABGÄNGE

Viele Paare haben einen ausgeprägten Kinderwunsch, aber aus den verschiedensten Gründen kommt es nicht zur natürlichen Befruchtung oder immer wieder zu Abgängen. Wie wir schon gesehen haben, gingen mit den Kriegserlebnissen unserer nächsten Vorfahren viele Vergewaltigungen, ungewollte Schwangerschaften, Abtreibungen und Verluste einher. Oft waren die Väter verschwunden, vielleicht wieder zurück in ihrem Heimatland, manchmal im feindlichen Land, und die Kinder unerwünscht, da sie aus Vergewaltigungen oder »unerlaubten« Beziehungen hervorgegangen sind. Die Frauen wurden bei den Schwangerschaften und Geburten allein gelassen, erlebten neben all ihren schrecklichen Erfahrungen auch gesellschaftliche Ächtung, waren traumatisiert, psychisch und physisch am Ende. Diese Traumata konnten von den Frauen damals nicht aufgearbeitet werden, da sie selbst viel zu tief verletzt waren. Auch die Kinder dieser Frauen und Männer konnten sie meistens nicht aufarbeiten, da sie noch zu nah am Geschehen standen.

Wieder einmal sind es die nachfolgenden Generationen, die das Thema aufs Tapet bringen müssen oder besser gesagt dürfen.

Haben wir als Frau von unseren weiblichen Vorfahren energetisch die Information übernommen, dass schwanger zu sein und Kinder zu bekommen eine Gefahr bedeutet, sowohl für den Körper als auch für Seele und Geist, so haben wir tief in uns eine innere Weigerung, schwanger zu werden.

Aus meiner Erfahrung ist es entscheidend, auf allen Ebenen herauszufinden, ob das Unbewusste bereit ist, dem Wunsch nach einer eigenen Familie zu entsprechen. Sind in einer Frau bezüglich einer Schwangerschaft und Geburt eines Kindes noch Angst, Schrecken, Schmerz, Verlust, Ausschluss, Verdruss und Tod gespeichert, wird sie unbewusst dafür sorgen, die Schwangerschaft und Geburt eines Kindes zu verhindern.

All diese Fakten sind für beide Sippen, die des Vaters wie die der Mutter, zu klären, da beide auf das Familienthema einwirken. Und nicht immer müssen die Ursachen weit zurückreichen. Hat zum Beispiel der Ehemann Stress bei seiner Geburt gehabt, seine Mutter ist bei seiner Geburt fast gestorben, der Vater ist vielleicht im Krieg gefallen, so wird dieser Ehemann seine Programmierung unbewusst auf seine Ehefrau transferieren. Natürlich muss die Ehefrau die gleichen Programmierungen unbewusst in sich tragen. Aus all den übernommenen Speicherungen können enorme Ängste entstehen, die dann unterschwellig zu der Frage führen: Bin ich in der Lage, ein Kind zu gebären und zu erziehen?

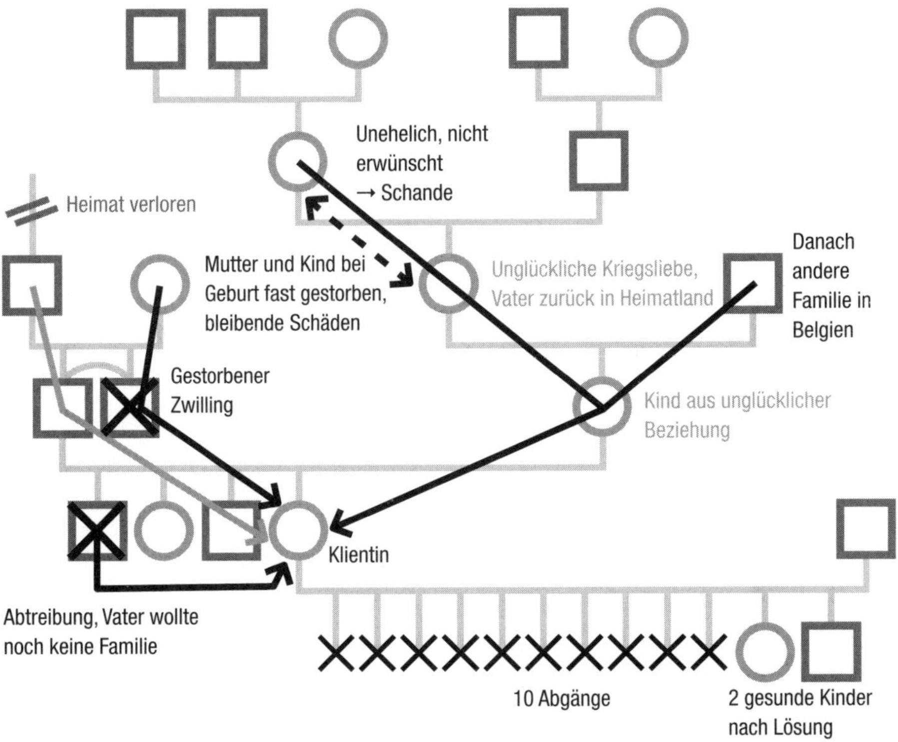

Beispiel für eine Negativspeicherung bei unerfülltem Kinderwunsch

Nicht ganz so gravierende, aber auch oft wirksame Ängste sind die der Äußerlichkeiten. Eine Frau mag sich vielleicht fragen: Bin ich nach der Geburt noch schön genug? Bin ich mit einem Kind gefangen in meiner Beziehung? Bin ich mit einer Schwangerschaft und Geburt eines Kindes noch die Geliebte meines Mannes oder »nur« noch die Mutter unseres Kindes?

Bei all diesen Negativauflistungen ist die lichtvolle Kehrseite wieder, dass Lösung und Heilung schon durch Erkennen möglich sind. Um die unbewussten Blockaden zu identifizieren, die noch in Ihrem Unterbewusstsein wirken können, gebe ich Ihnen deshalb wieder gängige Testfragen an die Hand.

TESTFRAGEN FÜR UNGEWOLLTE KINDERLOSIGKEIT

All die verschiedenen Todesängste bei Schwangerschaft und Geburt sind abzuklären. Auf welchen Ebenen, bei welchen Ahnen sind sie entstanden und übernommen? Schwangerschaft und Geburt sind immer einzeln zu testen. Alle einzeln durchzutestenden Bereiche habe ich mit einem Schrägstrich verbunden, zum Beispiel Schwangerschaft/Geburt oder Vater/Mutter.

- ◇ Bin ich mit meiner Schwangerschaft / meinem Kinderwunsch in meiner eigenen Identität?
- ◇ Bleibe ich mit meinem Kinderwunsch im Hier und Jetzt?
- ◇ Glaube ich, über mich / meinen Partner die Sippe aussterben lassen zu müssen?
- ◇ Trage ich dramatische Erfahrungen bezüglich Schwangerschaft / Kinder bekommen / Familie gründen in mir?

- ◇ Dürfen in meinem Familiensystem gleichzeitig Vater, Mutter und Kind gesund sein?
- ◇ Kann ich eine Schwangerschaft/Geburt überleben?
- ◇ Kann mein Kind eine Schwangerschaft/Geburt überleben?
- ◇ Kann der Vater des Kindes meine Schwangerschaft/die Geburt des Kindes überleben?
- ◇ Muss ein Großelternteil bei meiner Schwangerschaft/der Geburt des Kindes sterben?
- ◇ Muss ich bei meiner Geburt die Notstandssituationen meiner Großmutter oder Urgroßmutter nachmachen, die sie bei der Flucht im Krieg erlebt haben?
- ◇ Ist meine Seele mit meinem Kinderwunsch einverstanden?
- ◇ Gibt es Pakte, Flüche, Versprechungen, die noch wirken und mich davon abhalten, Kinder in die Welt zu setzen? (Überlegen Sie anschließend, für wen Sie diese energetischen Konstrukte bedienen zu müssen glauben.)
- ◇ Muss ich mit meiner Schwangerschaft oder Geburt das damalige Kriegsschlachtfeld meiner Mutter, Großmutter oder Urgroßmutter, eventuell auch der Schwiegerfamilie nachmachen?
- ◇ Darf ich über meine Schwangerschaft die Basis einer gesunden Familie bilden?

Haben Sie all die Fragen ausgetestet, können Sie an das weitere Heilen der aufgekommenen Negativüberzeugungen gehen. All die Programmierungen, die Sie noch von einem Kind abgehalten haben, können Sie wieder in einer meditativen Übung bewusst an die Kräfte von Mutter Erde und Vater Himmel zur

Heilung und zur Transformation übergeben. Auch die Lösungsübung am Ende dieses Kapitels ist sehr unterstützend. Je nachdem, wie tief die Blockaden sitzen, kann es durchaus mehrere Entspannungssitzungen benötigen, um ein wirklich gutes Gefühl zu haben. Das Erkennen ist auf jeden Fall schon der erste wichtige Schritt. Wenn medizinische Ursachen ausgeschlossen sind, sind die Aussichten darauf, gesunden Nachwuchs auf die Welt zu bringen und ein glückliches Familienleben zu führen, mit den hier beschriebenen Methoden sehr gut.

PSYCHISCHE PROBLEME

Psychische Probleme der Ahnen können ebenfalls eins zu eins von den Nachfahren übernommen werden. Sie finden möglicherweise auch aus kompensatorischen Gründen statt. Jedes psychische Problem zeigt einen Zwiespalt zwischen Geist, Körper und Seele im System auf. Es weist auf Dissonanzen hin, die erkannt und erlöst werden wollen.

Einer der Gründe für psychische Probleme können traditionell falsch besetzte Positionen innerhalb der Sippe sein. Haben wir dieses Muster übernommen und als Kind zum Beispiel die Position unserer Mutter ersetzt, sind wir von Anfang an in eine uns überfordernde Situation geraten, die unsere Psyche schwer belasten kann. Wir sind daraufhin nicht mehr richtig geerdet und nicht mehr in unserer Mitte. Es gibt viele Beispiele für solche und ähnliche Fälle, in denen Menschen glauben, Verantwortung für andere übernehmen oder auch Verantwortung an sie abgeben zu müssen. In dem Moment, in dem wir Verantwortung für jemanden übernommen haben, wird unsere eigene Macht und Autorität gedeckelt. Eine Ausnahme sind natürlich Kinder, für die man bis zu einem gewissen Alter verantwortlich ist.

Bürden von Ahnen und »karmische Schulden« sind die nächste mögliche Ursache für psychische Leiden. Versprechungen, Pakte, Verfluchungen oder Schwüre, die übernommen wurden, dirigieren das System ebenfalls oftmals in diese Richtung. Sie wirken so lange, bis wir sie erkannt und gelöst haben. Dazu ein Beispiel aus meiner Praxis.

EXTREME ÜBERLEBENSSCHULD

Eine Klientin kam wegen psychotischer Symptome zu mir. Sie hörte eine Stimme, die ihr permanent sagte, was sie zu tun habe. Sie machte daraufhin oft irrationale Dinge. Sie sprang etwa eine steile Treppe hinunter, verschenkte ihren ganzen Schmuck und verletzte sich absichtlich mit einem Messer. Sie war in psychiatrischer Behandlung und kam immer wieder für bestimmte Zeiträume in die geschlossene Abteilung.

Ich sagte ihr, dass ich wahrscheinlich die Ursachen herausfinden und einen Ausgleich schaffen könne, jedoch nur komplementär zu ihrer psychiatrischen Behandlung, die sie auf keinen Fall abbrechen dürfe.

Ich testete als Erstes bei ihr aus, ob sie in dem Moment, in dem sie dieser Stimme folgte, in ihrer eigenen Identität blieb: Sie war dann wie erwartet nicht in ihrer eigenen aktuellen Identität und Position. Sie rutschte weit in die Vergangenheit zurück in die Position einer Urgroßmutter, in der eine tiefe Überlebensschuld wirkte. Die Frau hatte damals zwei Kinder und ihren Mann überlebt und dadurch unbewusst ein tiefes Schuldgefühl entwickelt. Dieser Überlebensschuld entsprang nun jene Stimme, die ihre Urenkelin aufforderte, sich gewissermaßen stellvertretend zu bestrafen. Von anderen Ahnen kamen weitere problematische Programmierungen hinzu und so lebte diese Frau ein unbewusstes Vernichtungsprogramm. Sie machte sich infolge all der übernommenen Bestrafungs-, Vernichtungs- und Schuldprogrammierungen ihr Leben selbst zur Hölle. Sie rutschte durch die intensive Überlebensschuld so stark in die Vergangenheit, dass sie die Gegenwart gar nicht mehr richtig wahrnahm.

Es waren viele Sitzungen erforderlich. Wir arbeiteten peu à peu die Negativerfahrungen aus der Vergangenheit ab und integrierten nach und nach die Drittstimme als abgekoppelten Vernichtungsanteil ihrer selbst: Erst erlösten und heilten wir diesen Anteil natürlich. Doch dann war es elementar wichtig, ihn zu integrieren, damit sie ihn unter Kontrolle hatte und er nicht mehr wie von außen auf sie zukam. Wir erlösten die Überlebensschuld in ihrem Ahnenfeld und ihren Vernichtungsmechanismus.

So gelangte meine Klientin mit ihrem Bewusstsein immer mehr ins Hier und Jetzt. Sie kam allmählich in ihre eigene Kraft und Autorität. Sie gewann zunehmend an Erdverbundenheit und nahm ihre eigene Mitte besser wahr. Auch viele abgegebene Anteile von ihr integrierten wir und übernommene gaben wir an ihren Ursprung zurück. Am Ende der Therapie war sie eine Frau, die wieder im Hier und Jetzt lebte, wieder ihren eigenen Haushalt führen konnte, sich keine Verletzungen mehr zufügte und – nach Rücksprache mit ihrem Arzt! – auf ihre starken Psychopharmaka verzichten konnte.

Depression

Depressive Verhaltensweisen sind ebenfalls im Stammbaum zu entschlüsseln. Eine der ersten Fragen könnte hier lauten: Was versuche ich zu »dekomprimieren«, das heißt, aus welcher übernommenen Situation will ich den Druck herausnehmen?

Heutzutage haben wir dank der medizinischen und psychiatrischen Fortschritte viel mehr Klarheit als unsere Vorfahren. Depressionen wurden früher oft nicht als solche erkannt und vielfach nicht so ernst genommen. Trotzdem gab es sie zuhauf und wir machen natürlich auch sie unseren Ahnen nach, aus den unterschiedlichsten Gründen. Zu den wichtigen Fragen gehören also auch die folgenden: Woher kommt der innere Druck, den ich über meine Depression auszugleichen versuche? Was macht mich so antriebslos?

Einerseits können massive Aggressionen gegen eine oder mehrere Personen, die uns oder einem unserer Vorfahren unrecht getan haben, die Ursache sein. Wenn wir erfahrungsbedingt keine machtvolle Unterstützung von außen erwarten, nehmen wir unsere Depression als unterstützenden Freund. Wir hören auf zu agieren und gehen in die Selbstaufgabe, in die Passivität. Wir glauben unbewusst, uns so schützen zu können.

Des Weiteren können auch zu früh verstorbene Anverwandte der Auslöser einer Depression sein. Identifizieren wir uns in diesem Leben mit einem zu früh gestorbenen Ahnen, sind wir mit unserer Aufmerksamkeit deutlich häufiger und intensiver in der Vergangenheit und mehr im Totenreich als bei den Lebenden. Uns fehlt im wahrsten Sinne des Wortes der innere Antrieb, im Hier und Jetzt zu leben, da viele unserer Anteile in jenen fernen Sphären weilen. Daraus kann sich eine starke Todessehnsucht entwickeln. Holen wir unsere eigenen Anteile wieder zu uns zurück, kann auch die Lebensfreude wiederkehren.

Das Unterbewusstsein agiert in seiner eigenen Logik.

All meinen Klienten mit derartigen Problemen ist es nach der Aufdeckung solcher Zusammenhänge und der Auflösung der Blockaden deutlich besser gegangen, da sie sowohl mit ihrer Kraft als auch mit ihrer Aufmerksamkeit wieder präsent waren. Natürlich gibt es noch vielerlei andere Auslöser einer Depression, die ich gar nicht infrage stellen will. Ich habe aus meiner Praxiserfahrung jedenfalls die geschilderten Erkenntnisse gewinnen dürfen. Und ich besinne mich dabei gern auf den pragmatischen Spruch: »Wer heilt, hat recht.«

TESTFRAGEN FÜR PSYCHISCHE BESCHWERDEN

Die folgenden Testfragen lassen sich wieder im Zusammenhang mit dem kinesiologischen Muskeltest und mithilfe der Intuition nutzen, um – therapiebegleitend – zu einer Befreiung von psychischen Problemen zu kommen:

- ◇ Sehe ich in meiner Erkrankung/Depression meine Erkrankung?
- ◇ Oder verstecken sich unverarbeitete Aggressionen oder etwas anderes dahinter?
- ◇ Bin ich ganz ich selbst mit meiner Erkrankung/Depression?
- ◇ Befinde ich mich mit meiner Erkrankung/Depression in der Gegenwart?
- ◇ Muss ich mittels meiner Erkrankung eine Belastung »dekomprimieren« (etwa ein eigenes Angst- oder Schockerlebnis oder das eines Verwandten)?
- ◇ Sind bei meiner Erkrankung/Depression Ängste im Spiel?
- ◇ Sind es ausschließlich meine eigenen?
- ◇ Bin ich mit meiner Aufmerksamkeit mehr im Totenreich als in der Gegenwart?
- ◇ Habe ich Sehnsucht nach meiner Kindheit?
- ◇ Habe ich Sehnsucht nach meinen verstorbenen Eltern, Geschwistern oder anderen Bezugspersonen?
- ◇ Fühle ich mich nur mit meiner Erkrankung geliebt?
- ◇ Kann ich nur über meine Erkrankung zur Ruhe und in die Entspannung kommen?
- ◇ Gehöre ich nur über meine Erkrankung noch zum Familienbund?

- ◇ Glaube ich, dem Druck der Außenwelt nur mit meiner Erkrankung zu entkommen beziehungsweise ihm begegnen zu können?
- ◇ Glaube ich, mit meiner Erkrankung jemanden in der Sippe zu halten?
- ◇ Glaube ich, über meine Erkrankung jemandem aus meiner Sippe nah zu sein?
- ◇ Gibt es noch Gelübde, Pakte, Versprechungen, Eide und so fort, die mich in meiner Erkrankung halten?

Haben Sie all die Fragen durchgetestet, können Sie sich selbst schon deutlich besser mit Ihrer psychischen Erkrankung oder Depression einordnen. Sie gewinnen mehr und mehr Klarheit über sich selbst. Wichtig ist jedoch, dass Sie sich in jedem Fall von einer fachkundigen Person therapeutisch begleiten lassen und die hier im Buch genannten Techniken ergänzend nutzen.

ERKENNTNIS UND LÖSUNG

Der erste Schritt zur Lösung ist auch bei körperlichen und psychischen Erkrankungen das Erkennen der inneren Programmierungen, die uns noch davon abhalten, gesund zu sein. Diesen Schritt haben wir mit den jeweils beschriebenen Fragen getan. Der zweite Schritt ist das Zurückerinnern an das ganzheitliche schöpferische, ursprünglich heile Wesen, als das wir gedacht sind. Dazu können wir uns mit unserem vollen Bewusstsein an einem ungestörten Ort in einen entspannten, offenen körperlichen Zustand bringen. Klänge können als Unterstützung sehr hilfreich sein: Es gibt in vielen Portalen geeignete Entspannungsmusik, die dazu beiträgt, uns frei zu machen und innerlich zu öffnen.

Dann öffnen wir uns unserer ursprünglichen Kraft und sagen innerlich Ja zu ihr. Da wir irgendwann einmal unbewusst Ja zu unserer Krankheit gesagt haben, entscheiden wir uns jetzt dazu, bewusst zu unserer Gesundheit Ja zu sagen. Wir können uns vorstellen, wie wir als gesunder, fröhlicher Mensch ausgelassen in wunderschönen Blumenfeldern voller inspirierender Düfte tanzen und rundum glücklich sind.

Es gibt viele schöne Bilder und Erlebnisse, deren Sie sich bedienen können. Die folgende Meditation bietet Ihnen dafür Anregungen. Es geht darum, dem negativen Gefühl der Krankheit ein positives Bild der Gesundheit, des ursprünglichen Heilseins gegenüberzustellen. Wichtig ist es nämlich, mit seinem Bewusstsein wieder in eine gute Schwingung zu kommen. Da wir ja in Wirklichkeit Schwingung sind, können wir unser System über positive Frequenzen positiv beeinflussen und damit zur Heilung beitragen. Das kann jeder Mensch, wenn er in seine ursprüngliche Schöpferkraft kommt – wenn er die angelegten negativen Programmierungen Schicht für Schicht abträgt, um das ursprüngliche heile Wesen wieder zu spüren und dessen heilsames Wissen für sich zu nutzen.

ES SICH LÖSEN LASSEN

Es kann sein, dass Sie die folgende wirkungsvolle Meditation öfter praktizieren müssen, um zu einem befriedigenden Ergebnis zu kommen, es kann aber auch sein, dass einmal reicht. Es kommt darauf an, wie liebe- und vertrauensvoll Sie sich der Heilung öffnen können.

MEDITATIVE LÖSUNGSÜBUNG: KRANKHEITEN

Ich begebe mich an einen Ort, an dem ich nicht gestört werde. Ich setze oder lege mich bequem hin, schließe die Augen und atme dreimal tief ein und aus. Alles Alte lasse ich mit dem Ausatmen los, neue positive Energie nehme ich über das Einatmen auf.

Ich spüre bewusst in meine Füße hinein und lasse über sie lange Wurzeln in die Erde wachsen. Durch alle Erd-, Wasser- und Gesteinsschichten, bis meine Wurzeln die »Erdsonne« im Mittelpunkt erreichen. Ich verbinde mich mit der rotorangen, nährenden, wärmenden, tragenden Erdenergie und ziehe sie mit jedem Atemzug über meine Wurzeln in meine Füße hinein, in meine Beine, in den Unterleib, den gesamten Oberkörper und in mein Herz.

Gleichzeitig öffne ich meinen Scheitel und lasse die gleißend helle, goldene himmlische Lichtenergie dort einfließen und sich in meinem gesamten Kopf, meinem Hals und dann im Körper ausbreiten, ich lasse sie in mein Herz und über meine Beine und Füße in Mutter Erde hineinfließen.

Beide Energien, die Erdenergie und die Lichtenergie, verbinden sich zu einem mächtigen Energiestrom, der mich ausfüllt, umhüllt und durchströmt. Ich bin jetzt verbunden mit Mutter Erde und Vater Himmel, ich bin zentriert und in der Wahrhaftigkeit. So entspannt kann ich mich nun in meiner Vorstellung an einen wunderschönen Ort begeben. Ich spüre den Boden unter meinen Füßen, nehme den Wind in meinen Haaren wahr, die Düfte und das Plätschern des Wassers. In diesem wahrhaftigen Zustand ist alles möglich: Wunder, Spontanheilungen und andere wohltuende außergewöhnliche Geschehnisse.

Jetzt kann ich alle himmlischen Helfer, meine Schutzengel, Jesus oder den Engel der Gnade zu mir bitten. Ich bitte sie um Führung und Beistand, ich bitte sie um Erlösung und darum, mich in meiner Heilung zu unterstützen, und danke ihnen gleichzeitig dafür.

Zusätzlich kann ich mir ganz sanft mit den Händen auf beide Beine oder Arme gleichzeitig klopfen, solange der Heilungsprozess läuft. Dadurch verbinde ich die Körperseiten miteinander, harmonisiere den Körper mit all seinen Befindlichkeiten und verankere diesen Zustand.

Jetzt kann ich in meiner Vorstellung nach und nach die Personen zu mir kommen lassen, mit denen ich noch etwas zu regeln habe, wenn es um Schuld, Anklagen, Verletzungen, Verrat et cetera geht. All die Menschen, mit denen ich noch über Schwüre, Pakte, Versprechungen oder Geheimnisse verbunden bin. Ich lasse mich von den Lichtkräften vertrauensvoll führen. Ich kann auch meine Erkrankung als energetische oder personifiziert imaginierte Erscheinung zu mir kommen lassen. Es geschieht genau das Richtige: Die richtigen Personen und Energien erscheinen.

Ich weiß mich im göttlichen Licht beschützt, geborgen und geführt, von Mutter Erde liebevoll umarmt und getragen. Alle übernommenen, nicht zu mir gehörigen Anteile gehen jetzt wieder gnadenvoll zu ihrem Ursprung zurück. Alle Anteile, die zu mir gehören, kommen im Licht der Gnade wieder geheilt zu mir zurück und werden harmonisch in meinem System integriert.

Ich lasse mich vertrauensvoll führen, ich weiß mich angeleitet und getragen auch von der Lichtenergie, von der unendlich liebenden, starken göttlichen Kraft. Ich lasse alles geschehen, was dem höchsten Sinne entspricht, und erfahre Heilung, Frieden und Harmonisierung auf allen Ebenen.

Ich begebe mich vertrauensvoll in die allerhöchste Lichtenergie und öffne mich meiner Heilung. Ich stelle mich in das lodernde, reinigende göttliche Feuer, das alles heilt und zusammenführt, was zusammengehört. Ich kann auch die Personen und Erscheinungen zur Transformation in ihr göttliches Feuer stellen. Ich öffne mich für wichtige Erkenntnisse, Erfahrungen und für meine Heilung.

Ich danke aus vollstem Herzen für die Heilung auf allen Ebenen. Dankbarkeit ist eine vehemente Kraft. Ich stelle mir jetzt voller Dankbarkeit meinen erwünschten heilen Zustand vor. Ich lasse meinen heilen Zustand über positive Gerüche erscheinen, über schöne bewegte Bilder, über die schönsten Farben und herrliche Musik.

Ich bleibe so lange in der Vorstellung meines erwünschten heilen Zustands, bis sich alles in mir harmonisch anfühlt. Ich bin es wert, heil, glücklich und gesund zu sein.

Habe ich das Gefühl innerer Harmonie, das Gefühl, dass alles in mir »rundläuft«, danke ich den Licht- und Erdkräften aus vollstem Herzen für ihre Unterstützung und Heilung. Ich verankere diesen harmonischen Zustand mit einem wunderschönen imaginierten Symbol in mir. Anschließend komme ich ganz bewusst mit all meinen zu mir gehörenden Anteilen wieder ins Hier und Jetzt und öffne die Augen.

Danke, danke, danke!

17 SCANN MICH MIT DER APP!

BEISPIELE AUS LEBEN UND PRAXIS

Beispiele verdeutlichen uns Zusammenhänge besonders gut und erleichtern es uns, eigene Erfahrungen einzuordnen.

Hier am Ende dieses Buches möchte ich Ihnen noch einige Fallbeispiele aus meiner Praxis (und auch aus meiner Familie) vorstellen. Ich hoffe, dass Sie anhand dieser Texte noch leichter in Ihre Arbeit an den Schatten Ihrer Ahnen hineinkommen.

DAS BEISPIEL MEINER MUTTER

Meine Mutter war ihr Leben lang für ihre Familie, für ihre Kinder und ihren Mann da. Sie kümmerte sich um alle Angelegenheiten des Haushalts, organisierte sie und führte sie zum Teil selbst aus. Es gab drei Mahlzeiten am Tag, sie kaufte ein und kochte, organisierte alle Termine für die Kinder, versorgte Haus und Garten und noch etliches andere mehr. Sie hatte Ehrenämter inne und kümmerte sich um soziale Belange, unterstützte mit ihrem Engagement viele wichtige Institutionen. Sie konnte nachts oft nicht schlafen, da ihr die anstehenden Aufgaben für den nächsten Tag durch den Kopf gingen.

Meine Mutter kannte von ihrer Mutter her das gleiche Verhalten und kam gar nicht auf die Idee, etwas anders zu machen. Für meine Mutter bedeutete die Übernahme dieses pflichtbewussten Rollenverhaltens in ihrem Unterbewusstsein ganz klar das »Dazugehören« und im Endeffekt das (Über-)Leben.

Doch hat sie dieses übernommene Rollenverhalten wirklich glücklich gemacht? Fand sie ihre Erfüllung oder funktionierte sie eher? Meine Mutter litt an Rheuma und starb an Bauchspeicheldrüsenkrebs, übrigens genau in dem Alter, in dem auch ihre Mutter gestorben war. Die wirkliche Süße fehlte wohl in ihrem Leben und wurde durch Verbitterung ersetzt. Eine unbewusste oder auch bewusste Verbitterung, die Fülle im eigenen Leben nicht für sich selbst genutzt zu haben.

Meine Mutter hatte Malerei studiert und spielte wunderschön Klavier. Sie war eine begabte Künstlerin, doch für beides nahm sie sich viel zu wenig Zeit. Sie gestand sich ihr Talent, das sie definitiv hatte, nicht wirklich zu. Woher kam das? Nun, keine Frau in ihrer Ahnenreihe hatte ihr jeweiliges Talent anerkannt, geschweige denn es ausgeübt. So war meine Mutter in ihrem übernommenen Korsett von Ahnenmustern gefangen und vergaß sich selbst dabei.

Sie war oft unglücklich wegen der fehlenden Anerkennung ihrer Kinder für all das, was sie für sie getan hatte.

Sicher geschah das alles in anderen Zeiten und unter anderen Umständen als heute. Dennoch: Wenn wir glauben, unser Lebenssinn bestehe darin, für andere da zu sein, werden wir auf Dauer frustriert, unglücklich und unausgeglichen sein. In Wirklichkeit sind wir ärgerlich auf uns selbst, weil wir uns die Anerkennung und Wertschätzung im Leben nicht gegeben haben.

Erst wenn wir wenigstens in gleichem Maße etwas für uns selbst tun, können wir aus dem Herzen heraus auch etwas für andere tun. Indem wir für andere da sind, sind wir dann gleichzeitig für uns da; indem wir für uns da sind, sind wir gleichzeitig für die anderen da. Wir sollten uns in unserem Leben nicht selbst vergessen. Wir sollten aus der inneren Freiheit heraus, aus unserem Potenzial heraus nach unserem Seelenplan leben. Das Entschlüsseln der inneren unbewussten Steuerungen ist so wichtig, um die inneren Angstmuster, Schuldübernahmen, -zuweisungen,

Verurteilungen, Lügen und Illusionen zu erkennen und zu erlösen. So können wir ein selbstbestimmtes Leben in der Fülle führen und unser Potenzial ausleben, ohne unbewusst Angst dabei zu haben, irgendeinem Ahnen »auf die Füße zu treten«.

EIN »FREEZE«-ZUSTAND

Eine junge Frau kam wegen Problemen in ihrer Ehe in meine Praxis. Sie fühlte sich manipuliert und unfrei. Sie verliebte sich immer wieder in andere Männer, obwohl sie verheiratet war. Sie nahm sich dennoch stets vor, in ihrer Beziehung durchzuhalten und ihrem Mann »treu« zu bleiben. Doch sie konnte so nicht mehr unbeschwert, fröhlich und glücklich sein. Sie hatte das Gefühl, in einer Zwangsjacke zu stecken. Sie hatte auch keine Lust mehr, irgendjemandem Rechenschaft ablegen zu müssen. Sie fühlte sich dauernd schuldig, fühlte eine schwere Trauer und eine ganze Menge Angst.

Wir stellten fest, dass die junge Dame über ihre Mutter (die mit zu unserem Termin in die Praxis gekommen war) von ihrer Großmutter einen emotionalen Schock-»Freeze«-Zustand übernommen hatte. Ihre Großmutter lebte zu Kriegszeiten. Sie hatte jüdische Wurzeln und verkaufte ihren Körper, um ihre Eltern und sich selbst im Dritten Reich zu retten, und sie erlebte gleichzeitig drei Tode ihrer eigenen Kinder. Spätestens nach dem zweiten Todesfall kam sie aus der Schocksituation nicht mehr heraus. Sie war in einen emotionalen »Freeze«-Zustand gegangen: Sie hatte ihre Gefühle zu ihrer eigenen Sicherheit eingefroren, um so nochmaligem Schmerz und weiterer Trauer vorzubeugen. Erschwerend hinzu kamen die Tode ihrer inzwischen drei Männer.

Es ist nachvollziehbar, dass diese Großmutter alles, aber auch wirklich alles, was in ihrem Leben negativ war, eingefroren, abgespalten und verdrängt hatte.

Nun hatte sie noch zwei Töchter, die lebten. Sie war nach den ganzen Todesfällen aber nicht mehr in der Lage, eine wirkliche emotionale Nähe zu ihnen herzustellen. So hatte die Mutter der jungen Dame, die bei mir in der Praxis war, keine wirkliche Emotionalität ihrer Mutter miterlebt. Auch sie war daraufhin nicht fähig, ein enges emotionales Band der Nähe zu wiederum ihrer Tochter herzustellen. Außerdem war sie über den zu frühen Tod ihres Vaters zusätzlich traumatisiert.

Folglich konnte die junge Dame energetisch, wenn es um die Nähe zur Mutter und zur Großmutter ging, in sich nur die Auswirkungen des »Freeze«-Zustands spüren: Sie verband emotionale Verbundenheit mit Eiseskälte. Ebenso fror sie unbewusst ihre eigene Weiblichkeit und Emotionalität ein. Zu alledem war sie über den Schock- und »Freeze«-Zustand mit ihrer Mutter und Großmutter verbunden. Nur diese emotionale Verbindung hatte sie diesbezüglich in ihrem System gespeichert. So waren ihre tiefe Traurigkeit, die mangelnde Fähigkeit, sich einlassen zu können, und ihr Unglück programmiert. Wir entschlüsselten folgende grotesken unterbewussten Überzeugungen:

- »Nur aus dem ›Freeze‹-Zustand heraus kann ich aktiv sein.«
- »Nur aus diesem Zustand heraus ist Nähe möglich.«
- »Nur in diesem Zustand kann es mir emotional gut gehen.«
- »Nur in diesem Zustand bin ich sicher und geborgen.«
- »Eine sexuelle Verbindung ist mit dem Tod verbunden.«
- »Nur über den ›Freeze‹-Zustand kann ich mich vor Verrat, Missbrauch und Tod schützen.«

Sie war zusätzlich eine Symbiose mit Mutter und Großmutter eingegangen. Die Angst, »das Gesicht zu verlieren« und erpressbar zu sein, kam dazu. Aus der gespeicherten Erfahrung heraus glaubten sie, ihre jüdische Herkunft verstecken und diesen ihren Teil über Verleugnung verraten zu müssen. So entstanden weitere Glaubenssätze bei diesen drei Frauen, zum Beispiel:

- »Ich bin erpressbar über das Liebste, das mir nahe ist.« (von der jüdischen Großmutter)
- »Ich habe Angst davor, entblößt zu werden.«
- »Ich werde über das Liebste verraten.«
- »Ich werde über meine Liebe verraten sein.« (Durch den Tod der Männer und Kinder entstand in der Großmutter das Gefühl, sie sei verlassen und im Stich gelassen worden.)
- »Über meine Emotionen bin ich dem Tod nahe.«

So ging der Schmerz einher mit dem Verlust der eigenen Autorität und Macht sowie dem Verlust der Eigenverantwortung, der emotionalen Anteile, des Sich-einlassen-Könnens, des Vertrauens ins Leben. Die echte zwischenmenschliche Beziehung war dadurch sehr eingeschränkt.

Ein weiterer der Glaubenssätze der jungen Frau lautete: »Demütigung ist Bestandteil der Beziehung.« Durch die Erniedrigung lehnte sie sich selbst ab und in der Ablehnung war sie mit ihren Ahnen vereint, war dies doch die gängige verschobene Emotionsebene der Frauen in der Sippe.

Wir lösten all diese unbewussten negativen Glaubenssätze und integrierten positive Überzeugungen (siehe Seite 292):

- »Ich bin es wert, ein Leben mit intensiven, schönen Gefühlen zu leben.«
- »Ich bin es wert, eine bedingungslos liebende, achtungsvolle herzliche Beziehung zu haben.«
- »Ich vertraue mir und meiner inneren Kraft und Macht.«
- »Ich schöpfe aus der Liebe heraus und gestalte mein Leben voller Freude und Leichtigkeit.«

Als wir all die alten Muster gelöst und die neuen Glaubenssätze integriert hatten, gewannen die junge Dame und ihre Mutter eine völlig andere Ausstrahlung. Sie fühlten sich wie neugeboren.

Sie hatten jetzt Klarheit und brauchten keine Fluchtwege mehr. Die Beziehung der Klientin zu ihrem Mann konnte herzlich und gefühlvoll werden.

ERERBTES GELD

Ein sehr gepflegt wirkender Herr kam in meine Praxis, denn ihm war seit einiger Zeit in seinem Beruf kein Erfolg mehr beschieden. Er hatte früher ordentlich verdient und seine Familie gut versorgt. Auf einen Schlag verlor er seinen Job und tat sich nun schwer, eine neue Anstellung zu finden.

Was war geschehen? Exakt in dem Moment, da er als Testamentsvollstrecker des Erbes seiner Frau aktiv wurde, als auch er als Partner das Geld aus dem Erbe seiner Frau empfing, verlor er seine Arbeitsstelle.

Wir testeten, dass er als Ehemann seiner Frau die »Ehrerweisung« dem Erbe gegenüber mit übernommen hatte. Dies bedeutete, unbewusst dem Erbe dienen zu müssen, indem er »stillhielt«: Ein weiterer Geldfluss galt in seinem System ebenso wie in dem seiner Frau unterschwellig als »verboten«. So hatte das Erbe der Ehefrau den dominanten Platz über dem Beruf des Mannes eingenommen.

Außerdem war an das Geld des Erbes viel übernommene Schuld gebunden. Erschwerend hinzu kam der Glaubenssatz des Ehemannes, als »Herr« und »Ehrenmann« nicht um Geld kämpfen zu dürfen. In seiner Familie war das Geldverdienen immer mit einem eigenen Unternehmen verbunden und galt als etwas Selbstverständliches. Seit seiner Generation war das Unternehmen allerdings nicht mehr vorhanden und er musste in fremden Firmen arbeiten. Dennoch war es ihm bisher stets gelungen, in eine privilegierte Position zu gelangen.

All dies führte dazu, dass er unbewusst die Botschaft ausstrahlte, genügend Geld zu haben und nicht darauf angewiesen zu sein, etwas »dazuverdienen« zu müssen. So lehnte er unterschwellig den Broterwerb aus einer gewissen Notwendigkeit heraus ab, verstärkt über das Erbe seiner Frau, das ihm das Gefühl vermittelte, bereits in einer bevorzugten Position zu sein. Über diese Programmierung war er auch unbewusst bereit, den Deal, der mit dem Erbe zusammenhing, einzugehen. Er glaubte unbewusst, nur als Unternehmer dem »Herrsein« zu entsprechen und nur so weiterhin zur Sippe zu gehören. Seine Frau wiederum glaubte, ihren Mann beruflich entmachten zu müssen, um ihr Erbe zu schützen. All das sind natürlich wieder unbewusste Programmierungen.

Das Gefühl für die eigene Wertigkeit spielt beim Geldverdienen selbstverständlich eine entscheidende Rolle. So lösten wir die alten Muster und integrierten die folgenden gesunden Überzeugungen in das System des Mannes:

- »Ich bin es wert, Geld zu verdienen, ohne Verluste in irgendeiner anderen Richtung zu verursachen.«
- »Ich bin es wert, meinen eigenen beruflichen Weg zu gehen.«
- »Ich kann in meinem Erwachsenen-Ich bleiben, wenn es um das Empfangen von Geld geht.«

Wir lösten die übernommenen Muster des Klienten und seine innere Einstellung änderte sich vollkommen. Er gründete schließlich eine eigene Beratungsfirma.

ÜBERNOMMENE UNFÄLLE

Manchmal haben wir Unfälle, deren energetisches Muster wir von unseren Ahnen »übernommen« haben und die wir auf den Tag genau »nachmachen«. Wenn es zu viele Unfälle werden, kann es aber auch noch an ganz anderen Ursachen liegen. Ich hatte zum Beispiel einen Klienten, der sich dauernd verletzte. Der Leidensdruck war bei ihm mittlerweile so stark, dass er schließlich zu mir in die Praxis kam und wir die folgenden Umstände testeten beziehungsweise eruierten:

Er hatte ein Zwillingsgeschwisterchen, das allerdings gleich nach der Empfängnis wieder abgegangen war. Davon wusste keiner etwas, doch kompensierte er durch die ganzen kleineren und größeren Unfälle seine energetisch empfundene Überlebensschuld diesem Zwilling gegenüber. Gleichzeitig bremste er sich mit den Unfällen oft aus. In dem Moment, in dem es ihm gut ging und er mal aus eigener Kraft nach vorn marschierte, konnte er davon ausgehen, dass dies durch einen Unfall wieder ausgebremst würde und er seinen Weg anschließend nur eingeschränkt (oft mit Krücken) würde weitergehen können.

Wir betrachteten seine Jugend. Er war das Nesthäkchen und wurde völlig überbehütet. Die Mutter organisierte alles für ihn und glaubte auch immer genau zu wissen, was richtig und was falsch für ihn war. Es blieb ihm kaum eine oder gar keine Chance, auch mal seinen eigenen Weg zu gehen. Alles war immer mit der Bevormundung durch seine Mutter verbunden. Sein Vater wusste auch stets alles besser und ließ ihm keine Freiräume. So vermochte er in seiner Entwicklung das selbstbestimmte Voranschreiten nicht wirklich zu lernen und zu üben. Und in seinem Unterbewusstsein war tief der Glaubenssatz verankert: »Mein Weg wird von Mächten bestimmt, die über mir stehen.«

Es ist erstaunlich, was wir alles unternehmen können, um die familiären Muster beizubehalten.

Als Erwachsener fing er zwangsläufig an, seiner Wege zu gehen, und musste mehr und mehr selbst bestimmen, was er wollte und was nicht. Das war gesteuert aus seinem Herzen und seinem Verstand. Das Unterbewusstsein gab jedoch etwas anderes vor. Hier war das Muster gespeichert, dass er sich an Mächten und Autoritäten von außen zu orientieren hätte, die ihm sagten, wo es langgeht. So suchte er sich unterbewusst immer wieder Mächte, Bremsen, eine äußere Autorität zum Beispiel in Form von Unfällen, bei denen die Ärzte dann anordneten, was gut oder nicht gut für ihn war, um wieder zu genesen.

Viele Zweifel und Ängste, seinen Weg selbstverantwortlich gehen zu dürfen, kamen hinzu. Allein schon der Gedanke, in Selbstliebe und -achtung voranzuschreiten, machte ihm Angst. So bremste er sich lieber aus, als aus der Sippe zu fallen, und bediente dadurch auch noch seine Ängste und Zweifel.

Wir holten alle seine abgegebenen Machtanteile wieder zu ihm und er gab die übernommenen an ihren Ursprung zurück. Er integrierte sein Erwachsensein und sein selbstverantwortliches Voranschreiten. Er hatte ja mittlerweile erkannt, dass er selbst es war, der die Unfälle in sein Leben zog. Aber auch, dass er selbst die Unfälle über das Lösen der eigenen Blockaden verhindern konnte. Er begann, auf sich selbst zu hören, nicht mehr auf andere, sich ernst zu nehmen und sich als Autorität anzuerkennen. Er ging in das Vertrauen zu sich selbst. Das alles ist nun schon eine ganze Weile her – und er hatte seitdem keine Unfälle mehr.

TRENNUNG

Trenne ich mich oder trenne ich mich nicht? Bleibe ich trotz allem mit meinem Partner zusammen und »halte durch«? Ist meine Liebe noch groß genug, um die Beziehung aufrechtzuerhalten? Solche und ähnliche Fragen bewegen immer wieder Menschen, in meine Praxis zu kommen. Eine Mutter von vier Kindern zum Beispiel, die aus einer sehr angesehenen konservativen Familie stammte – ihre Eltern waren seit knapp sechzig Jahren verheiratet –, konsultierte mich, weil sie es mit ihrem Mann »einfach nicht mehr aushielt«.

Erst einmal zeichneten wir ihre Sippe auf. Bereits bei den Großeltern fingen die Verschiebungen an. Die erste Frau ihres

Großvaters mütterlicherseits starb bei der Geburt ihres ersten Kindes, zusammen mit dem Kind. Der Großvater heiratete das zweite Mal, eine deutlich jüngere Frau, die eigentlich schon von ihrem Herzen her einem anderen »versprochen« war, der sich zu dieser Zeit kriegsbedingt in England befand. Doch die Eltern versteckten die ankommenden Liebesbriefe und überredeten sie, stattdessen den deutlich älteren Witwer zu heiraten. Er hatte bereits zu dieser Zeit eine Glatze, sah dadurch noch älter aus, war jedoch attraktiv und wohlhabend, sehr intelligent und erfolgreich. Er hatte viele außergewöhnliche Talente. Sie heiratete diesen Mann an genau dem Tag, an dem ihre verhinderte Liebe aus England zurückkam.

Die Schwestern der zweiten Frau des Großvaters mütterlicherseits waren zum Teil ein- bis dreimal geschieden. Beim väterlichen Zweig starb der Großvater zu früh und ein Cousin von ihm hatte sich wegen Spielschulden aufgehängt. Auch dessen Ehepartnerin verlor ihren Mann also viel zu früh. Noch eine Generation weiter oben gab es auch einige zu früh gestorbene Männer, zum großen Teil waren sie im Krieg gefallen.

Immer beeinflussen uns viele Gegebenheiten der Ahnenlinien. Doch bei genauerem Hinsehen entfaltet sich ein stimmiges Muster – und eine Lösung.

Die Mutter meiner Klientin hatte in ihrer sechzigjährigen Ehe dauernd Streit mit ihrem Vater und fühlte sich durch ihn eingesperrt; er war sehr eifersüchtig und beherrschend. Sie kam aus einem wohlhabenden Elternhaus und hatte dort viele Freiheiten genossen. Der Vater meiner Klientin hatte wiederum einen strengen, autoritären, nicht gerade liebevollen Vater, so kannte er es also nicht anders und dachte, als Mann müsse man autoritär sein. Die liebevolle Mutter ließ sich von ihrem Mann alles gefallen.

Eine wirklich aus dem Herzen gelebte Partnerschaft war weit und breit nicht in Sicht. »Wahre Liebe« kannte meine Klientin in ihrem System nicht, war sie in den vorherigen Generationen doch überall verhindert worden: Vor allem der Urgroßvater väterlicherseits hatte damals in zweiter Ehe die dreißig Jahre jüngere Frau geheiratet, die einen anderen Mann liebte. Außerdem war sein gesamtes Erbe an diese zweite Frau gegangen, obwohl er aus seiner ersten Ehe zwei Söhne und eine Tochter hatte.

Wo wir auch hinsahen, erkannten wir einen mehr oder weniger subtilen Verrat an der Liebe. Wenn eine Ehe hielt und nicht durch den Tod oder eine Trennung beendet worden war, handelte es sich eher um ein Durchhalten, als dass sich die Partner geehrt, geachtet, geliebt und geschätzt hätten. Einige Frauen litten sehr unter ihren Ehen, glaubten jedoch, nichts verändern zu können. Andere wiederum waren damals schon so fortschrittlich, dass sie sich von ihren Männern trennten, obwohl das eher unüblich war.

Was waren es für Programmierungen, die meine Klientin bezüglich der Ehe jetzt in sich trug? Auf der einen Seite die Informationen der Trennungen entweder über Tod oder eigene Entscheidung. Allerdings blieben ihre fortschrittlichen Großtanten am Ende allein und mussten von der Familie versorgt werden, da sie keinem Broterwerb nachgingen. Diese Information war natürlich ebenfalls gespeichert. Andererseits kamen die unerfüllten Trennungswünsche ihrer Mutter und Großmütter dazu: das Durchhalten auf Kosten des eigenen Lebens. Wir sahen also, wie diametral unterschiedlich ihre inneren Programmierungen waren, gemeinsam war ihnen nur eine negative »Grundstimmung«.

Meine Klientin konnte sich bei diesen ganzen übernommenen Programmierungen gar nicht mehr selbst erkennen. So lösten wir erst einmal die gesamten übernommenen Überzeugungen, holten verdrängte Anteile zurück, befreiten sie aus Symbiosen und sie gab die übernommenen Anteile in Liebe wieder zurück. Die alten Schuld- und Racheprogramme erkannten wir ebenfalls und erlösten sie.

Als wir Schicht um Schicht innere Klarheit geschaffen hatten, konnte sie das erste Mal für sich erkennen und entscheiden, was gut und was schlecht für sie war. Sie konnte das erste Mal in ihrem Ehemann ihren Ehemann sehen und nicht eine andere Personifizierung des Vaters, des Großvaters und so weiter. Sie blieb das erste Mal in ihrer eigenen Wahrnehmung, wenn es um Familie und Partnerschaft ging.

So konnte sie ihr Herz spüren ohne Angst, aus der Sippe zu fallen, sie konnte für sich eine achtende, liebevolle Beziehung mit ihrem Mann auf Augenhöhe anstreben. Sie wusste, dass sie allein die Verantwortung für ein eigenes glückliches Leben trug. In diesem Bewusstsein und dazu jetzt auch mit mehr Kraft versehen konnte sie sich in Ruhe und Gelassenheit alles gründlich ansehen, sich hineinfühlen und Klarheit für sich schaffen. Sie wusste: Was auch immer sie an Gutem für sich tat, es diente ihren Entwicklungsschritten, die sie über ihre Klarheit annehmen konnte. Ihr war ebenso bewusst: Geht es mir gut, geht es auch den anderen gut, zum Beispiel den Kindern. Die Kinder leiden unter einer schlechten Ehe nämlich oft mehr als unter einer friedlichen und verantwortungsvoll vollzogenen Trennung. Die Botschaft, die die Kinder dadurch bekommen, ist, dass Missstände erfolgreich verändert werden können. Man muss mutig sein, seinen eigenen Weg zu gehen.

Wie wir einmal mehr sehen, ist einfach alles möglich und alles hat viele Seiten gleichzeitig.

IMMER INDIVIDUELL

Ich hoffe, dass Ihnen auch diese abschließenden Beispiele helfen, sich Ihrer eigenen Ahnenthemen zuzuwenden. In jedem Genogramm entsteht ein einzigartiges Bild von Verbindungen, Mustern, Themen und Lösungsmöglichkeiten – und dennoch gelten jedes Mal die in diesem Buch beschriebenen Gesetzmäßigkeiten. Und immer ist die stärkste Heilkraft die Liebe.

EPILOG

Es ist kein Problem, Probleme zu haben, Muster und Glaubenssätze. Wir haben alle Möglichkeiten und Methoden, uns aus ihnen hinauszuentwickeln. Gönnen Sie sich das beste und schönste Leben, das Ihnen möglich ist.

Fast am Ende des Buchs angekommen, möchte ich Ihnen meine essenziellen Fragen und Wahrheiten nun aus der jetzt erhöhten Perspektive zusammenfassend vorstellen: die Fragen und Wahrheiten, die bei näherem Hinsehen und Erlösen unser ganzes Leben positiv verändern können.

Um ein Leben in eigenbestimmter Fülle leben zu können, sollten wir zuallererst wir selbst sein und mit unserer Wahrnehmung in der Gegenwart leben, statt unbewusst von Programmen und Mustern unserer Vorfahren aus dem Zellbewusstsein heraus gesteuert zu werden. Um dies zu erreichen, müssen wir uns erst einmal vergewissern, welche übernommenen Verhaltensweisen, Lebensanschauungen und Einstellungen energetisch in unserem System gespeichert sind, und diese ohne Bewertung als solche annehmen.

Mal wieder ist es unser tiefes Gefühl, das uns führt und uns unsere innere Wahrheit anzeigt. So können wir über uns selbst unser Leben positiv verändern. Wir entscheiden uns für das Heilsein. Wir entscheiden uns für ein eigenbestimmtes Leben. Wir entscheiden uns für unsere Eigenverantwortung. Dazu nehmen wir uns als Allererstes genau so an, wie wir sind. Mit all unseren Negativprogrammen. Dann entscheiden wir uns liebevoll, die uns noch behindernden Glaubenssätze anzusehen und uns von ihnen zu befreien. Die folgenden Fragen sind ein Weg dazu. Ihre Antworten führen Sie ein ganzes Stück weiter.

GRUNDSÄTZLICHE FRAGEN

Dies sind die aus meiner Sicht zentralen Fragen, die Sie unter Anwendung des kinesiologischen Muskeltests beantworten können – oder indem Sie einfach darauf warten, was vor Ihrem inneren Auge als Antwort auftaucht:

- ◇ Lebe ich in meiner eigenen Identität?
- ◇ Lebe ich in der Gegenwart?
- ◇ Wen versuche ich über mein Leben zu ersetzen?
- ◇ Lebe ich, um anderen zu gefallen, ihren Ansprüchen zu genügen, ihnen zu Diensten zu sein?
- ◇ Lebe ich mein Leben selbst oder lasse ich mich von außen leiten?
- ◇ Was kann ich tun und ändern, um mein Leben selbstbestimmt zu führen?
- ◇ Welche Einflüsse in mir machen mich noch unfrei?
- ◇ Welcher Teil von mir glaubt an mich, welcher Teil zweifelt an mir?
- ◇ Will mein konditioniertes Ego meine Schöpferkraft ersetzen und steuern oder kontrollieren?
- ◇ Gibt es Vernichtungs- und Bestrafungsmuster in meinem Inneren?
- ◇ Brauche ich unbefriedigende Erlebnisse, Ereignisse, um kein erfülltes Leben führen zu können?
- ◇ Verbinde ich Liebe mit Bedingungen?
- ◇ Ersetze ich mein tiefes Vertrauen zu mir durch äußere Sicherheit?

ESSENZIELLE WAHRHEITEN

Die folgenden Wahrheiten drücken aus, wie wir wahrhaft und erfüllt leben können. Wählen Sie sich die aus, die Sie berühren, und integrieren Sie sie: Versetzen Sie sich dazu in einen entspannten Zustand und verbinden Sie sich wie in den Lösungsübungen mit Mutter Erde und Vater Himmel. Wenn Sie ganz zentriert und verbunden sind, vergegenwärtigen Sie sich den Satz und sagen, dass er jetzt integriert ist.

- ◇ Die Veränderung beginnt in mir selbst.
- ◇ Über meine innere Veränderung verändere ich mein Außen, mein Umfeld.
- ◇ Ich bin der Mittelpunkt, der Dreh- und Angelpunkt meines Lebens.
- ◇ Mit meinen bereits gesammelten Erfahrungen befinde ich mich in meiner Wahrnehmung immer in der Vergangenheit. Mit meiner Wahrnehmung von »Ich bin« befinde ich mich in der Gegenwart.
- ◇ Ich höre auf, mich leben zu lassen, ich fange an, selbst zu leben.
- ◇ Meine mir innewohnende einzigartige Kraft nehme ich vertrauensvoll an.
- ◇ Ich verlasse die ausgetretenen Pfade und entdecke meinen eigenen einzigartigen Weg. Mein unerschütterlicher Glaube steht mir dafür zur Verfügung.
- ◇ Die Liebe ist die stärkste und wahrhaftigste Kraft.
- ◇ Ich liebe mich so, wie ich bin, aus vollstem Herzen.
- ◇ Ich bin ein Geschenk.
- ◇ Ich bin wundervoll.
- ◇ Ich bin liebenswert.
- ◇ Ich bin gesegnet und geliebt.

- Ich bin über mein schöpferisches Potenzial, lebend auf Mutter Erde, mächtig.
- Ich bin einzigartig und zutiefst geliebt.
- Ich kann alles erreichen, was aus meinem Herzen entspringt und in mir freigeschaltet ist, so das Schicksal es zulässt.
- Liebe heilt, verzeiht, vergibt und liebt.
- Jeder Gedanke, jedes Wort ist das, was ich glaube zu sein.
- Nur im Hier und Jetzt, verbunden mit der liebenden Mutter Erde, verbunden mit der heilenden, himmlischen Lichtenergie, kann ich etwas bewirken und materialisieren.
- Jeder Akt ist ein Akt der Selbstdefinition.
- Ich danke für jeden Tag und jede Erfahrung, die mir der neue Tag bringt.
- Dankbarkeit ist eine der größten Kräfte.
- Das Leben ist ein großes Abenteuer, ein Abenteuer der Selbstschöpfung.
- Ich habe die Wahl, mein Leben zu ändern.
- Ich zeige mich als das wunderbare Ich, das ich bin.

»O mein Gott, wie wundervoll ich bin!«, »O mein Gott, wie wundervoll du bist!« Das sollten wir zueinander sagen! Denn es stimmt. Und wir können uns auf diese Weise im anderen erkennen. Die Ahnenarbeit zeigt uns so deutlich wie kaum etwas, dass wir alle aufs Engste miteinander verbunden und verwoben sind – über den Raum und über die Zeit. Und wir können diese Verbundenheit in Liebe und im Bewusstsein unserer Schöpferkraft gestalten. Wir sind ihr nicht ausgeliefert, wir sind frei, wenn wir diese Freiheit für uns in Anspruch nehmen.

Jeder Mensch hat einen freien Willen, doch der wirklich freie Wille entspricht dem göttlichen Willen. Trennung ist Illusion. In Wirklichkeit gehören wir alle zusammen und sind miteinander verbunden.

Die Lösung liegt in uns selbst: erkennen, annehmen, anerkennen, lösen, verändern und loslassen. Wenn Sie mit den Angeboten dieses Buches schon zu arbeiten begonnen haben, dann wissen Sie: Sich selbst zu erkennen ist oftmals sehr anstrengend. Und es kann auch zeitweise frustrierend sein. Doch das große Geschenk, das aus der Anstrengung und dem Mut hinzusehen entspringt, ist die Erlösung und das neue, bessere Leben. Ein selbstbestimmtes Leben, in dem Sie den Ball in die von Ihnen selbst bestimmte Richtung werfen und nicht mehr nur die Ihnen entgegenkommenden Bälle auffangen müssen.

Ich hoffe sehr, dass Sie mithilfe dieses Buchs ein gutes Stück vorwärtsgekommen sind. Jedes Mal, wenn Sie erneut darin lesen, werden Ihnen sehr wahrscheinlich weitere zuvor unbekannte Zusammenhänge in Ihrem Leben klar werden. Unser Dasein ist ein unermüdlicher Veränderungsprozess.

Ich wünsche Ihnen viel Erfolg dabei, Ihr Leben von all dem »Stress« durch die blockierenden Muster aus der Vergangenheit zu befreien und mutig auf Ihrem Weg voranzuschreiten. Ich wünsche Ihnen ein freudvolles Leben in Gesundheit, Wohlstand und Glück!

GLOSSAR

In der systemischen Psychologie und Therapie sowie in der spirituellen Literatur werden bestimmte Begriffe verwandt, die in der Alltagssprache zum Teil eine andere, auch wertende Bedeutung haben. In diesem Buch sind sie nicht wertend gemeint, sondern sollen dazu dienen, systemische und spirituelle Zusammenhänge zu verdeutlichen. Im Folgenden finden Sie eine Auswahl solcher sowie weiterer Begriffe und ihrer Bedeutung.

Abgeben (eine Position): im Familiensystem in die Position eines anderen Mitglieds abgleiten.

Abmachungen: alte unbewusste und/oder unausgesprochene Versprechungen, (stillschweigende) Vereinbarungen, Pakte, Gelübde.

Adoration: Bewunderung (vom lateinischen Verb *adorare* für »anbeten«, »bewundern«).

Alles, was ist: allumfassende Lichtenergie, universale Energie.

Anteile: emotionale, geistige, seelische Teile der eigenen Persönlichkeit.

Anziehung, Gesetz der: siehe Resonanzprinzip.

Bedienen: mitmachen.

Bedürftigkeit: in einer Haltung des Brauchens sein, Opfer sein, Unvermögen als Muster.

Befüllen: jemanden über Teile der eigenen Persönlichkeit, über die eigene Energie stärken und vervollständigen.

Dualseele: Ursprünglich war die Dualseele eine Seele, die sich am Beginn der menschlichen Inkarnationen geteilt hat und in die Dualität eingetreten ist (vom lateinischen *dualis* für »zwei enthaltend«).

Epigenetik: Fachgebiet der Biologie. Die Epigenetik befasst sich mit der Frage, welche Änderungen der Genfunktion entstehen und übertragen werden, die nicht auf Mutation oder Rekombination beruhen (von den griechischen Wörtern *epi* für »dazu«, »außerdem« und *genesis* für »Ursprung«). Das heißt, dass – entgegen früherer Auffassung – auch Umwelteinflüsse wie Ernährung, Krankheit oder Lebensstil eine wichtige Rolle bei der Steuerung unseres Erbguts einnehmen.

Erbsünde: der christlichen Theologie zufolge ein (meines Dafürhaltens illusorischer) Zustand des Unheils, herbeigeführt durch den »Sündenfall« Adams und Evas, an dem jeder Nachfahre dieser fiktiven Urahnen teilhaben soll.

Erlöstes Ich: das früher abhängige Kleine oder »Ego-Ich«, wenn es von den Negativenergien, Programmierungen und so weiter befreit worden ist.

Ersatz(person): eine Person, die Mutter, Vater, Großmutter und so weiter »ersetzt«, das heißt an deren Stelle tritt.

Familienstellen: auch Familienaufstellung. Systemisches Verfahren, bei dem stellvertretend für bestimmte Mitglieder eines Familiensystems Personen im Raum angeordnet (gestellt) werden, um aus deren intuitiver Interaktion gewisse Muster innerhalb jenes Systems erkennen zu können, die für den, dessen Familie es ist, relevant sind.

Gaia: in der griechischen Mythologie die personifizierte Erde. Vertreter der »Gaia-Hypothese« betrachten die Erde als Lebewesen.

Genogramm: Stammbaum (abgeleitet von den griechischen Wörtern *genos* für »Geschlecht«, »Gattung«, »Nachkommenschaft« und *gramma, graphein* für »einritzen«, »schreiben«).

Höheres Selbst: unser allumfassendes, kosmisches, göttliches Bewusstsein.

Inkarnation: Fleisch-, Menschwerdung eines (göttlichen) Wesens beziehungsweise einer Seele (abgeleitet vom gleichbedeutenden lateinischen Substantiv *incarnatio*).

Karma: spirituelles Konzept, nach dem jede körperliche oder geistige Handlung eine Folge hat, die nicht nur im aktuellen, sondern auch in späteren Leben wirksam werden kann (vom Sanskritwort *karman* für »Tat«, »Werk«, »Schicksal«).

Kinesiologie: alternativmedizinisches Diagnose- und Therapiekonzept aus dem Bereich der Körpertherapie und der Chiropraktik. Die angewandte Kinesiologie geht davon aus, dass die Muskelspannung Rückschlüsse auf den funktionellen Zustand des Körpers zulässt (von den griechischen Wörtern *kinesis* für »Bewegung« und *logos* für »Wort«, »Lehre«).

Kleines Ich: unser gesteuertes, von Normen, Verboten, Programmierungen, Regeln, Vorgaben, Gesetzen, Ansprüchen und Anhaftungen unserer irdischen Welt beeinflusstes Ich.

Kompensieren (nicht übernommener Wesensmerkmale): Ausgleichen über gewisse Handlungen oder Befindlichkeiten (vom gleichbedeutenden lateinischen Verb *compensare*).

Morph(ogenet)isches Feld: feinenergetisches »gestaltgebendes« Feld, über das wir alle miteinander verbunden sind (von den griechischen Wörtern *morphe* für »Gestalt« und *genesis* für »Zeugung«, »Schöpfung«).

Pakte: Abmachungen, auch stillschweigende Vereinbarungen.

Psycho-Kinesiologie: Kinesiologie (siehe dort), die die Psyche miteinbezieht (nach Dr. med. Dietrich Klinghardt).

Psychosomatische Krankheit: seelisch, geistig und körperlich bedingte Krankheit. Psychische und energetische Dysbalancen können sich auch körperlich bemerkbar machen, indem sie sich als Krankheitssymptome manifestieren (von den griechischen Wörtern *psyche* für »Hauch«, »Atem«, »Seele« und *soma*, Genitiv *somatos*, für »Körper«).

Reinkarnation: Wiedergeburt. Siehe auch »Inkarnation«.

Resilienz: die seelische Widerstandsfähigkeit, trotz widriger Umstände ein glückliches Leben zu führen (vom lateinischen Verb *resilire* für »zurückspringen«, »abprallen«).

Resonanzprinzip: Gesetz des Lebens, nach dem Gleiches Gleiches anzieht. Wir gehen in Resonanz mit etwas oder mit jemandem, auf dessen Schwingungen unsere Schwingungen reagieren. Das Wort »Resonanz« stammt vom spätlateinischen *resonantia* für »Widerhall«, das wiederum vom lateinischen Verb *resonare* für »wieder ertönen« herzuleiten ist.)

Richtig: im Sinne der natürlichen oder systemischen Ordnung.

Sandwichkind: Unter einem Sandwich- oder Mittelkind versteht man ein Kind, das sowohl ältere als auch jüngere Geschwister hat. Es befindet sich bildlich gesprochen zwischen ihnen wie der Belag in einem Sandwich (nach dem Earl of Sandwich).

Schmerzkörper(-Wesenheiten): abgekoppelte emotionale Schmerzanteile, die sich mit anderen zusammengeschlossen haben und dadurch zu Wesenheiten geworden sind.

Schuldgemeinschaft, auch Schuldgruppenseele: mehrere Seelen, die über ihre Schuld zusammenhängen und immer wieder gemeinsam inkarnieren.

Sekundärgewinn: die vermeintlichen Vorteile, die man aus einer misslichen Situation oder einer Krankheit ziehen kann, wie zum Beispiel den Zugewinn an Aufmerksamkeit und die Beachtung durch das Umfeld.

Sippe: Verwandte, Vorfahren im Genogramm.

Sippenchef: Erstgeborener bei Geschwistern (der zuerst geborene noch lebende direkte Vorfahre in einem Familiensystem ist der älteste Sippenchef).

Sippenhaft: Man glaubt sich durch die Verwandtschaft in der Pflicht, die entsprechenden Übernahmen mitzutragen.

Spiegelsippe: Die angeheiratete Sippe zeigt uns die verdrängten und abgelehnten Programmierungen der eigenen Sippe auf, die sogenannten Schattenseiten.

Surrogat: Ersatz(mittel), Behelf. Wir sind in der Energie von einer anderen Person und vertreten sie, wir sind ihr »Stellvertreter« (vom lateinischen *surrogare* für »jemanden an der Stelle eines anderen wählen lassen«).

Symbiose, symbiotisch: Verschmelzung zu einer Einheit, ein destruktives Beziehungsmuster der Abhängigkeit, bei dem jeder die Integrität seines eigenen Selbst verliert (von den griechischen Wörtern *syn* für »zusammen« und *bios* für »Leben«).

System: der Körper in der Gesamtheit, das Familiensystem in seiner Gesamtheit (vom griechischen *systema* für »aus mehreren Teilen Zusammengesetztes und Gegliedertes«).

Übereinander leben: Jemand lebt über uns, wenn wir sein Leben an seiner statt leben.

Über-/untergeordnet: Rangfolge von Erstgeborenen und Nachgeborenen.

Überholen: Systemisch darf niemand Höherstehende (vor ihm Geborene) »überholen«, wenn er überleben will. Das heißt, es darf uns nicht besser als unseren Vorfahren gehen. Das ist in Wirklichkeit natürlich nicht der Fall, aber evolutionsbedingt als Muster in unserem Zellbewusstsein so gespeichert.

Überlebensschuld: Man fühlt sich wegen seines eigenen Lebens schuldig gegenüber einem bereits zu früh gestorbenen Geschwister und/oder Vorfahren beziehungsweise einem Kind. Man glaubt unbewusst, diese Schuld in seinem Leben ausgleichen zu müssen, um weiterhin in der Familie und Sippe bleiben zu dürfen und zu überleben.

Übertragen: Verhaltens- und Wesensmerkmale und so weiter übernehmen, übergeben.

Umkehr, in der Umkehr leben: das Ursprungsprogramm gegensätzlich leben. Jüngere Ahnen machen etwas genau andersherum als ihre »Vorgänger«.

LITERATUR

Alexander, Ingrid, und Sabine Lück: *Ahnen auf die Couch – Den Generationen-Code entschlüsseln und vererbte Wunden heilen*, Scorpio, München 2016

Baer, Udo, und Gabriele Frick-Baer: *Kriegserbe in der Seele*, Beltz, Weinheim 2018

Dieselben: *Wie Traumata in die nächste Generation wirken*, Semnos, Berlin 2014

Bode, Sabine: *Kriegsenkel*, Klett-Cotta, Stuttgart 2019

Bradshaw, John: *Familiengeheimnisse*, Goldmann, München 2015

Drexler, Katharina: *Ererbte Wunden heilen – Therapie der transgenerationalen Traumatisierung*, Klett-Cotta, Stuttgart 2018

Griebert-Schröder: *Eine Reise zu den Ahnen*, Allegria, Berlin 2015

Hackl, Monnica: *Kraftquelle Ahnen*, Ansata, München 2016

Huber, Michaela, und Reinhard Plassmann (Hg.): *Transgenerationale Traumatisierung*, Junfermann, Paderborn 2012

Konrad, Sandra: *Das bleibt in der Familie – Von Liebe, Loyalität und uralten Lasten*, Piper, München 2014

Klinghardt, Dietrich: *Lehrbuch der Psycho-Kinesiologie – Ein neuer Weg in der psychosomatischen Medizin*, Bauer, Freiburg 1998

Krüger, Wolfgang: *Die Geheimnisse unserer Großeltern – Unsere Wurzeln kennen, um fliegen zu lernen*, Books on Demand, Norderstedt 2015

Limmer, Stefan: *Versöhnung mit den Ahnen*, Arkana, München 2015

Müller-Ebeling, Claudia: *Ahnen, Geister und Schamanen*, AT, Aarau 2010

Rechtsteiner, Rosa: *Familie im Gepäck – Wie Sie sich aus alten Mustern lösen und zum eigenen Leben führen*, Patmos, Düsseldorf 2015

Schützenberger, Anne Ancelin: *Oh, meine Ahnen! – Wie das Leben unserer Vorfahren in uns wiederkehrt*, Carl-Auer, Heidelberg 2015

Wolynn, Mark: *Dieser Schmerz ist nicht meiner – Wie wir uns mit dem seelischen Erbe unserer Familie aussöhnen*, Kösel, München 2017

Wüstel, Jens-Michael: *Traumakinder – Warum der Krieg immer noch in unseren Seelen wirkt*, Lübbe, Bergisch Gladbach 2017

REGISTER

MEDITATIVE LÖSUNGSÜBUNGEN ZUM MITHÖREN

Mit der **GU MIND&SOUL PLUS APP** können Sie die vielfältigen meditativen Lösungsübungen dieses Buches als Audio hören. Von Christiane Leicher persönlich gelesen – einfach scannen, bequem machen und lauschend für Heilung sorgen.

Und so geht's:

1. App herunterladen
Laden Sie die kostenlose GU Mind&Soul Plus App im Apple Store oder im Google Play Store auf Ihr Smartphone. Starten Sie die App und wählen Sie anschließend dieses Buch aus.

2. Bild scannen
Scannen Sie das Bild mit dem Kopf, das Sie am Ende jedes Kapitels finden, mit der Kamera Ihres Smartphones und klicken Sie dann im Display den Button »Audio abspielen«.

IMPRESSUM

Projektleitung: Anja Schmidt

Lektorat: Ralf Lay, Dr. Diane Zilliges

Umschlaggestaltung und Layout: independent Medien-Design, Horst Moser, München

Coverillustrationen: The Noun Project (Untergrund); Shutterstock (Motiv)

Herstellung: Petra Roth

Satz: Uhl + Massopust, Aalen

Repro: Medienprinzen GmbH, München

Druck und Bindung: C.H. Beck, Nördlingen

ISBN 978-3-8338-7558-8

1. Auflage 2020

Syndication:
www.seasons.agency

www.facebook.com/gu.verlag

QUALITÄTS G|U GARANTIE

LIEBE LESERINNEN UND LESER,
wir wollen Ihnen mit diesem Buch Informationen und Anregungen geben, um Ihnen das Leben zu erleichtern oder Sie zu inspirieren, Neues auszuprobieren. Wir achten bei der Erstellung unserer Bücher auf Aktualität und stellen höchste Ansprüche an Inhalt und Gestaltung. Alle Anleitungen und Rezepte werden von unseren Autoren, jeweils Experten auf ihren Gebieten, gewissenhaft erstellt und von unseren Redakteuren/innen mit größter Sorgfalt ausgewählt und geprüft.

Haben wir Ihre Erwartungen erfüllt? Sind Sie mit diesem Buch und seinen Inhalten zufrieden? Haben Sie weitere Fragen zu diesem Thema? Wir freuen uns auf Ihre Rückmeldung, auf Lob, Kritik und Anregungen, damit wir für Sie immer besser werden können. Und wir freuen uns, wenn Sie diesen Titel weiterempfehlen, in Ihrem Freundeskreis oder bei Ihrem online-Kauf.

Sollten wir Ihre Erwartungen so gar nicht erfüllt haben, tauschen wir Ihnen Ihr Buch jederzeit gegen ein gleichwertiges zum gleichen oder ähnlichen Thema um.

KONTAKT
GRÄFE UND UNZER VERLAG
Leserservice
Postfach 86 03 13
81630 München
E-Mail: leserservice@graefe-und-unzer.de
Telefon: 00800 / 72 37 33 33*
Telefax: 00800 / 50 12 05 44*
Mo–Do: 9.00–17.00 Uhr
Fr: 9.00–16.00 Uhr (*gebührenfrei in D,A,CH)

GRÄFE UND UNZER

Ein Unternehmen der
GANSKE VERLAGSGRUPPE